Introdução ao Estudo dos Diálogos de Platão

Friedrich Wilhelm Nietzsche nasceu em 15 de outubro de 1844 em Röcken, localidade próxima a Leipzig. Karl Ludwig, seu pai, pessoa culta e delicada, e seus dois avós eram pastores protestantes; o próprio Nietzsche pensou em seguir a mesma carreira. Por causa da morte do pai e do irmão em 1849, a mãe mudou-se com a família para Naumburg, pequena cidade às margens do Saale, onde Nietzsche cresceu, em companhia da mãe, de duas tias e da avó. Em 1858 obteve uma bolsa de estudos, ingressando no Colégio Real de Pforta, local onde haviam estudado o poeta Novalis e o filósofo Fichte. Nietzsche morreu em Weimar em 25 de agosto de 1900. Entre suas obras, encontram-se: *Humano, demasiado humano, Assim falou Zaratustra, A gaia ciência, Para além do bem e do mal.* Por esta editora, foram publicadas *Sabedoria para depois de amanhã, Introdução à tragédia de Sófocles, Schopenhauer como educador* e *David Strauss, o confessor e o escritor.*

Friedrich Nietzsche
Introdução ao Estudo dos Diálogos de Platão

Tradução
MARCOS SINÉSIO PEREIRA FERNANDES
FRANCISCO JOSÉ DIAS DE MORAES

wmf **martinsfontes**

SÃO PAULO 2020

Esta obra foi publicada originalmente em alemão com o título
EINFÜHRUNG IN DAS STUDIUM DER PLATONISCHEN DIALOGE
Copyright © 2020, Editora WMF Martins Fontes Ltda.,
São Paulo, para a presente edição.

1ª edição *2020*

Tradução
MARCOS SINÉSIO PEREIRA FERNANDES
FRANCISCO JOSÉ DIAS DE MORAES

Acompanhamento editorial
Fernanda Alvares
Revisões
Marisa Rosa Teixeira
Janaína de Mello Fernandes
Produção gráfica
Geraldo Alves
Paginação
Renato de Carvalho Carbone

Dados Internacionais de Catalogação na Publicação (CIP)
(Câmara Brasileira do Livro, SP, Brasil)

Nietzsche, Friedrich, 1844-1900.
  Introdução ao estudo dos diálogos de Platão / Friedrich Nietzsche ; tradução Marcos Sinésio Pereira Fernandes, Francisco José Dias de Moraes. – São Paulo : Editora WMF Martins Fontes, 2020.

  Título original: Einführung in das Studium der platonischen Dialoge.
  Bibliografia.
  ISBN 978-85-469-0274-3

  1. Filosofia antiga 2. Nietzsche, Friedrich Wilhelm, 1844- -1900 3. Platão 4. Platão. Diálogos I. Título.

19-28326   CDD-184

Índices para catálogo sistemático:
1. Platão : Filosofia   184

Cibele Maria Dias – Bibliotecária – CRB-8/9427

Todos os direitos desta edição reservados à
Editora WMF Martins Fontes Ltda.
Rua Prof. Laerte Ramos de Carvalho, 133 01325.030 São Paulo SP Brasil
Tel. (11) 3293.8150 e-mail: info@wmfmartinsfontes.com.br
http://www.wmfmartinsfontes.com.br

ÍNDICE

Nota do tradutor.. VII
Platão e antiplatonismo em Nietzsche........................... XXV

INTRODUÇÃO AO ESTUDO DOS DIÁLOGOS DE PLATÃO

Introdução... 3

PARTE I

1. A literatura platônica mais recente...................... 7
2. A vida de Platão.. 31
3. A educação de Platão 47
4. Estadia em Mégara e as viagens.......................... 50
5. A atividade docente de Platão na Academia........ 56
6. Viagens mais tardias. Quadro cronológico.......... 58
7. Vista geral.. 64

PARTE II

Introdução aos diálogos particulares 67
Timeu 82
Crítias, um fragmento 89
Clitofonte 92
As leis 94
Fédon 104
Íon 119
Fedro 121
O banquete 129
Lísis 136
Eutidemo 138
Górgias 140
Protágoras 146
Parmênides 151
Crátilo 158
Teeteto 162
O sofista 166
O político 169
Filebo 170
Pequenos escritos 173

PARTE III

Capítulo II. A filosofia de Platão como testemunho proeminente do homem Platão [Esboço da filosofia de Platão] 183

NOTA DO TRADUTOR

> Para Marcos Sinésio Pereira Fernandes,
>
> *In memoriam*
>
> Na história do Ocidente, Platão torna-se o arquétipo do filósofo. Nietzsche não *designou* apenas a sua filosofia como uma inversão do platonismo. O pensamento de Nietzsche *foi* e é um único diálogo, com frequência muito dissonante, com Platão.
>
> M. Heidegger
>
> Esse será o traço essencial do Platão nietzschiano, um homem dividido entre a arte e a ciência, de algum modo reproduzindo a própria experiência reflexiva de Nietzsche nessa época, tal como ela se expressa de modo tão eloquente no *Nascimento da tragédia* ou nos escritos menores, não publicados.
>
> Marcelo Pimenta Marques

O que segue são notas de um professor para seus cursos. No caso, notas preparadas por Nietzsche, quando professor de filologia clássica em Basileia, para cursos introdutórios sobre os diálogos de Platão, ministrados entre 1871 e 1876. A partir de abril de 1869, Nietzsche, então com 24 anos, torna-se professor na Universidade de Basileia, Suíça, uma cidade medieval que à época relutava em abrir-se ao mundo moderno, e ali permaneceu como professor por quase uma década. A cidade possuía cerca de 30 mil habitantes e a Universidade, fundada em 1460, passava por momentos difíceis em decorrência de uma crise econômica provocada pelo declínio do preço das fitas de seda. Na época de Nietzsche, o número total de alunos nunca chegou a 200. Apesar disso, uma Associação voluntária acadêmica foi fundada para restaurar o antigo prestígio da Universidade e diversos ensaios filosóficos de Nietzsche foram apresentados em palestras públicas sob os auspícios da Associação. Em 28 de maio de 1869, Nietzsche profere sua primeira conferência na Universidade, intitulada: "Homero e a filologia clássica". Nessa conferência, assume um ponto de vista crítico em relação à filologia praticada em seu tempo, denuncia sua falta de unidade e dispersão em uma multiplicidade de atividades científicas e defende que ela seja impregnada de uma concepção filosófica que dê conta de uma unidade global[1]. Essa posição reflete sua visão crítica que já vinha da época de estudante de filologia em Leipzig, quando foi o aluno destacado de Ritschl, filólogo que publicou seus primeiros trabalhos sobre Teógnis, Diógenes Laércio e Demócrito. Em Basileia, Nietzsche dava aulas todas as manhãs, das sete às oito, totalizando cinco horas de aula semanais. Além disso, ensinava seis horas por semana no Pädagogium, o equivalente ao nosso ensino médio. Suas palestras na Universidade versavam sobre história da literatura grega, filosofia pré-socrática, retórica grega e romana, antiga religião grega, a vida e os ensinamentos de Platão, tragédias como *As bacantes*, de Ésquilo, e *Édipo rei*, de Sófocles, os *Trabalhos e os dias*, de Hesíodo. No Pädagogium, ensinou as obras de Platão *Apologia de Sócrates, Fedro, Fédon, O sofista, A república* e *Protágoras*; a *Ilíada*, de Homero, *Prometeu acorrentado*, de Ésquilo, e *Electra*, de Sófocles[2]. Em Basileia, Nietzsche

---

1. Machado, Roberto (org.). *Nietzsche e a polêmica sobre O nascimento da tragédia*. Trad. Pedro Süssekind. Rio de Janeiro: Jorge Zahar, 2005, p. 14.

2. Ibid., p. 116. Testemunho dessa atividade docente de Nietzsche é também o curso *Introdução à tragédia de Sófocles*, de 1871, traduzido para o português por Marcos Sinésio Pereira Fernandes e publicado por esta editora em 2014.

tornou-se respeitado como professor, travou conhecimento com Jacob Burckhardt, também professor da Universidade, conheceu seu amigo de vida inteira: Overbeck, e tornou-se íntimo de Wagner e de sua esposa, Cosima, cuja casa em Tribschen, próxima a Lucerna, frequentava com liberdade[3]. Nesse período, Nietzsche estava sob a influência poderosa de Schopenhauer e de Wagner, em quem depositava as esperanças de um renascimento da arte trágica. Seu primeiro livro, *O nascimento da tragédia*, foi publicado em 1872 por Ernst Fritzsch, editor de Leipzig de muitos trabalhos teóricos de Wagner. Em tentativa anterior, numa carta a outro editor de Leipzig, Wilhelm Engelmann, Nietzsche afirmara que o verdadeiro objetivo do trabalho, a despeito de oferecer uma perspectiva nova à filologia clássica, "era elucidar o estranho enigma (*Rätsel*) de nossa época: a relação de Richard Wagner com a tragédia grega"[4].

Nietzsche crítico da cultura e da história como ciência

Desde que decide trocar os estudos de teologia pelos de filologia, Nietzsche penetra num território repleto de

---

3. "Agora que falo das distrações de minha vida, preciso expressar uma palavra de gratidão pelo que mais profunda e cordialmente nela me entreteve. Que foi sem dúvida o trato íntimo com Richard Wagner. Faço pouco do resto de minhas relações; por preço algum estaria disposto a me desfazer dos dias em Tribschen, dias de confiança, de jovialidade, de acasos sublimes – de momentos profundos... Não sei das vivências de outros com Wagner: por nosso céu não passou jamais uma nuvem." *Ecce homo*. Trad. Paulo César de Souza. São Paulo: Companhia das Letras, 1995, p. 43, "Por que sou tão sábio?", § 5.

4. Young, Julian. *Friedrich Nietzsche: uma biografia filosófica*. Trad. Marisa Motta. Rio de Janeiro: Forense, 2014, p. 144.

tensões que o envolveriam profundamente. Por um lado, a paixão pelos clássicos, pelos gregos, abria caminho para uma dedicação integral e de pormenor, que logo fez aparecer seus talentos de pesquisador e lhe granjeou reconhecimento suficiente para tornar-se doutor sem defender uma tese e ser indicado para professor em uma importante universidade; por outro lado, a ideia mesma de uma filologia puramente científica não só não lhe era atraente como parecia trair o espírito genuíno do trabalho com os clássicos. Essas tensões teriam como resultado um crescente afastamento de Nietzsche em relação à filologia, na medida em que esta se considerava ciência autônoma. Nietzsche passa a encará-la, progressivamente, como uma ocupação profissional e, em certo sentido, instrumental[5]. A filologia, a seus olhos, deveria prestar-se a tarefa mais elevada e nobre do que ao conhecimento exato do passado em seus pormenores. Para Nietzsche, assim como antes para Winckelmann, Hölderlin, Goethe e Schiller, a Grécia era mais do que um território a ser explorado, era um modelo ideal a ser imitado e revivido. Ora, tal obra só seria alcançável mediante a arte e a filosofia. Essa subordinação da filologia à arte e à filosofia, tal como será realizada em *O nascimento da tragédia*, embora não significasse para Nietzsche a renúncia ao rigor científico e filológico, sofreu forte reação, praticamente unânime[6], dos filólogos da época, reação que culminou na resenha crítica do recém-doutor Wilamowitz-Mœllendorff intitulada "Filologia do futuro", na qual acusa

---

5. Reflexo disso foi a tentativa de assumir a cátedra de filosofia da Universidade de Basileia em 1871. Sua candidatura, no entanto, foi recusada.

6. Com a honrosa e praticamente solitária exceção de seu amigo Erwin Rohde, que assina a primeira resenha da obra e responde, com vigor, ao ataque de Wilamowitz.

Nietzsche de ser não um cientista, mas um místico pregador de uma religião dionisíaca, o qual não deveria estar na universidade[7].

Mas o teor fundamental da crítica que Nietzsche faz à filologia pode ser percebido mais claramente em três textos produzidos na época em que ele ainda era filólogo profissional e nutria esperanças de contribuir para a mudança dos rumos da própria ciência que praticava: duas das suas considerações extemporâneas, a saber, "Schopenhauer como educador" (1874) e "Da utilidade e desvantagem da história para a vida" (1873), e a série de conferências públicas que proferiu entre janeiro e março de 1872 no Akademisches Kunstmuseum de Basileia e que compõem o escrito inacabado: "Sobre o futuro de nossos estabelecimentos de ensino"[8].

O Platão de Nietzsche

É impossível hoje, para qualquer estudioso da filosofia platônica, ignorar a interpretação de Nietzsche. Mais ainda, com o rótulo de platonismo, Nietzsche pretendeu designar, criticamente, a própria filosofia enquanto metafísica, um tipo de pensamento que prepararia o triunfo do cristianismo e que se desdobraria no ideal ascético do sábio em sua busca de objetividade. Para o filó-

---

7. Toda essa polêmica encontra-se discutida e documentada na obra já citada: *Nietzsche e a polêmica sobre O nascimento da tragédia*.

8. Os textos mencionados foram traduzidos e publicados em português em duas obras: Nietzsche, F. *Escritos sobre educação*. Trad. Noéli Correia de Melo Sobrinho. Rio de Janeiro: Ed. PUC-Rio; São Paulo: Loyola, 2003, e *Segunda consideração intempestiva: da utilidade e desvantagem da história para a vida*. Trad. Marco Antônio Casanova. Rio de Janeiro: Relume Dumará, 2003.

sofo Nietzsche, Platão e o platonismo designam o fundo moral em que se baseiam a vontade de verdade, o ideal de transpor as aparências, de vencê-las, de destroná-las e substituí-las pela verdade, em suma: o idealismo como expressão do "instinto que degenera, que se volta contra a vida com subterrânea avidez de vingança"[9]. Platão e platonismo representam para Nietzsche, antes de tudo, a incapacidade de assumir e aceitar a realidade tal como ela se apresenta, em sua singularidade perturbadora, uma espécie de racionalização da vida, uma vontade de correção, que nada mais seria do que um desejo de vingança. Ao contrário dessa atitude, a tragédia, a arte trágica, assim como a filosofia na idade trágica, ou seja, a filosofia dos chamados pré-socráticos ou pré-platônicos, que é como Nietzsche os designava, se caracterizava, a seus olhos, por uma atitude oposta, qual seja, pela atitude de plena aceitação da realidade, pela ousadia de afirmar a realidade em sua inteireza, com tudo o que nela pode haver de problemático e terrível. Mas, se para Nietzsche Platão era o adversário a combater, de modo a fazer sobressair a grandeza da filosofia pré-socrática e da grande época da tragédia ática, como compreender a admiração que Nietzsche dispensa a Platão e a proximidade que ele acredita encontrar entre Platão e os filósofos pré-socráticos? Fica claro que a atitude de Nietzsche em relação a Platão é ambígua. Platão é visto por Nietzsche menos como aquilo que ele se tornou e mais como aquilo que ele poderia ter sido, não fosse a influência de Sócrates. "Platão foi o homem mais culto da época mais culta dos gregos." Mas o que significa ser culto? Essa é a pergunta fundamental que Nietzsche coloca a si mesmo num tempo em que se entendia como sinônimo de cultura a cultura

---

9. *Ecce homo*, "O nascimento da tragédia", § 2, op. cit., p. 63.

histórica, a simples erudição. Na verdade, para Nietzsche, não só o homem moderno é inculto como falta-lhe o mínimo entendimento sobre o que significa ser culto. A crença na razão, o absolutismo da razão, entre os modernos, cuja proveniência mais remota Nietzsche encontra no socratismo, é o veneno para o qual seria urgente encontrar um antídoto.

Os cursos

Não se espere encontrar no texto que segue o acabamento de uma obra preparada para publicação. Não obstante, o material que ora apresentamos aos leitores de língua portuguesa é bastante rico e fecundo, e não apenas nem principalmente por ser o testemunho da atividade docente de um pensador que marcou a filosofia e a cultura do século XX e que continua muito atual. A riqueza e a fecundidade do texto residem antes em fazer aparecer, de maneira muito clara, as linhas fundamentais de desenvolvimento do pensamento nietzschiano a partir de uma interpretação de conjunto da filosofia platônica, que era, justamente, venerada, no tempo do jovem Nietzsche, como modelo de profundidade de pensamento e de beleza de estilo. Que Nietzsche compartilhe a veneração a Platão não deve causar nenhuma estranheza, mas surpreende sim que a admiração cultivada por Nietzsche se direcione não mais aos temas tradicionais diletos aos eruditos da época, especialmente a forma estilística ou a construção sistemática, e mais para a vida acidentada do filósofo ateniense, em busca de uma transformação política. Nesse sentido, a chave de leitura adotada por Nietzsche é muito provocativa: o homem, a vida, de preferência aos escritos, e o sistema como via de acesso ao essencial e não como fim em si mesmo. Para Nietzsche, os escritos, por mais impressionantes, seriam apenas o *eídolon*, a imagem, para a recordação de diálogos efetivamente ocorridos na Academia. Manifesta-se, assim, algo que será recorrente nas célebres interpretações que Nietzsche fará dos chamados filósofos pré-platônicos: a tentativa de chegar ao pensamento através da reconstituição da personalidade viva dos filósofos. É o que se pode encontrar no pequeno texto que foi produzido por volta de 1873 intitulado: *A filosofia na idade trágica dos gregos*. O mesmo procedimento é adotado aqui por Nietzsche, com a diferença de que também são estudados as obras e os principais comentadores de Platão de seu tempo. Todo esse empenho denuncia o propósito de, mediante a leitura de Platão, realçar a diferença essencial entre a cultura grega e a cultura moderna, e sua tendência para o eruditismo, um tema que será recorrente na filosofia de Nietzsche. Assim, a figura de um Platão ao mesmo tempo filósofo e artista, que deixa entrever o que teria sido a vida filosófica dos filósofos anteriores, conflita claramente com a tendência de separar Sócrates e Platão da tradição precedente, rotulando-a de primitiva e instaurando um classicismo perfeitamente assimilável à civilização burguesa da época e seu iluminismo. Para Nietzsche, ao contrário, Platão representava a possibilidade de projetar, mediante uma construção ousada, um paradigma de vida filosófica, com a qual o jovem filósofo poderia identificar-se, sobretudo mediante a depuração da influência de Sócrates e da dialética[10]. Nietzsche pro-

---

10. "Imaginemos Platão perdido! E a filosofia começando com Aristóteles: como poderíamos tão somente imaginar, neste caso, aquele *filósofo* mais antigo, que era, ao mesmo tempo, *artista*?" Observação de Nietzsche na introdução ao curso que ora traduzimos. Ver p. 4 a seguir.

cura, assim, um Platão possível, um Platão que, como ele, vivia em si mesmo, intensamente, o conflito entre arte e ciência, entre arte e verdade, a fim de melhor identificar-se com ele, um exemplo do que ele chamará, em uma de suas considerações extemporâneas, de *história monumental*. O Platão possível de Nietzsche é o poeta convertido à filosofia, que queima suas tragédias após encontrar-se com Sócrates, segundo o relato de Diógenes Laércio[11].

O curso propriamente dito possui quatro partes: a literatura mais recente sobre Platão, a vida de Platão, uma apresentação dos diálogos particulares e, por fim, uma interpretação da filosofia platônica à luz de sua vida. Já na primeira parte, percebe-se claramente que a direção do trabalho de reconstrução da personalidade de Platão como via de acesso privilegiada à sua obra tem como pano de fundo a insatisfação de Nietzsche com as vertentes interpretativas que procuravam, de maneiras distintas, compreender a relação existente entre as obras escritas por Platão e sua assim chamada doutrina não escrita. Em questão estava a natureza propriamente dita dessas obras, o que Platão teria de fato pretendido com elas. Para o kantiano Tennemann, Platão teria elaborado um sistema, o qual, a despeito da perda dos *ágrafa dógmata*, seria possível reconstruir a partir dos escritos disponíveis. Ao contrário de Tennemann, Schleiermacher volta-se contra o despedaçamento anatômico e sua montagem posterior num sistema de pensamentos doutrinais. Nietzsche reconhece, não sem certa ironia, a superioridade da interpretação de Schleiermacher, inclusive

---

11. É manifesta a influência de Diógenes Laércio sobre a reconstrução feita por Nietzsche dos tipos filosóficos e aqui, em particular, sobre a visão de um Platão artista antes de tornar-se filósofo.

ressaltando a qualidade de sua tradução ("a melhor disponível até agora", apesar do "alemão empolado"), mas faz duas grandes objeções que reforçam sua própria interpretação. A primeira diz respeito ao caráter dos escritos. Schleiermacher acreditava tratar-se de uma espécie de curso completo de filosofia, que teria a finalidade propedêutica de levar aquele que ainda não sabe ao saber. Por isso, a forma escrita imitaria a melhor maneira de efetivar o aprendizado: o ensinamento oral. A escrita seria a segunda melhor maneira de realizar o ensinamento. Nietzsche recusa essa compreensão, atendo-se, de maneira literal e mesmo dogmática, à lição do diálogo *Fedro*, no qual Platão indica, por meio de Sócrates, que a única função da escrita seria a de rememoração. O escrito só teria utilidade para aquele que sabe, e nunca para aquele que não sabe[12]. Com isso, Nietzsche corrobora, em certo sentido, a célebre e bem mais recente interpretação da escola de Tübingen, que procura enfatizar exatamente o maior peso do ensinamento oral e das doutrinas não escritas de Platão em detrimento dos diálogos e das obras publicados[13]. Só que para Nietzsche o Platão propriamente esotérico estaria em sua atividade política e dialética, e não em um sistema acabado a ser reconstruído. Além disso, Schleiermacher teria ignorado um elemento fundamental presente nas obras escritas de Platão, um elemento ligado à sua personalidade viva: o

---

12. A desconfiança em relação à escrita, especialmente à medida que se converte em atividade literária desvinculada da vida, pode ser encontrada em um discurso fundamental do *Zaratustra*, intitulado: *Do ler e do escrever*, o que mostra que o diálogo com Platão, mesmo a inspiração platônica, não cessa de acompanhá-lo ao longo de todo o seu itinerário filosófico.

13. Cf. Reale, Giovanni. *Para uma nova interpretação de Platão*. Trad. Marcelo Perine. São Paulo: Loyola, 2004.

artista que é impelido ele mesmo a expressar-se. No fundo, a crítica de Nietzsche tem em mira a visão do erudito, do acadêmico, que procura igualar a atividade filosófica de Platão ao trabalho do intelectual alemão do século XIX, e que, assim, o torna assimilável. Platão não teria sido, de forma alguma, um homem teórico, um professor acadêmico, mas antes de tudo um reformador político disposto a correr grandes riscos, o fundador da Academia, o homem que queria transformar seu mundo: um revolucionário! "Os escritos teriam o sentido de reforçar os companheiros na luta", diz Nietzsche.

> A hipótese <de> Schleiermacher é somente possível em uma época *literária*. Enquanto Tennemann reconhece em Platão o professor acadêmico [...] com o sistema, Schleiermacher vê nele o *mestre literário* [...] que tem um público ideal de leitores e quer educá-lo metodicamente: mais ou menos como ele, nos *Discursos sobre a religião*, se dirige aos homens cultos.
> Parece, todavia, que, com esse quadro, Schleiermacher logrou aproximar bastante Platão de seus contemporâneos: ele o apresentou como um de nossos grandes clássicos. Encontramos, desde então, um culto a Platão, imitações em Schelling e Solger na forma dialógica e um zeloso trabalho dos filólogos, sobretudo Boeckh e Heindorf[14].

Se Schleiermacher, aos olhos de Nietzsche, comete o erro fundamental de supor "para toda a vida de Platão uma tendência que permaneceu igual, que reproduz a imagem de uma 'conversa filosófica', como se toda a atividade de escritor fosse como que um grande λόγος"[15], Hermann, ao contrário, contrapondo-se ao primeiro, bus-

---
14. Ver a seguir p. 12.
15. Ver a seguir p. 10.

ca afirmar o desenvolvimento realmente vivido, "puramente histórico" das obras, a partir da vida espiritual individual do autor. Essa abordagem historicista tampouco satisfaz a Nietzsche, uma vez que não haveria nenhum paralelismo necessário entre mudanças internas e externas na vida do filósofo. Para Nietzsche, de modo coerente com sua visão de conjunto, Platão inicia sua atividade literária com a fundação da Academia, e sua primeira obra escrita teria sido justamente *Fedro*. Da mesma forma, não caberia adotar como critério de autenticidade das obras o da perfeição estética, tal como pretendia Ast, na esteira de Schleiermacher. O intuito de Platão não era o da obra de arte. Tal perfeição estética teria sido alcançada aqui e ali "por acidente"! Sua força artística quase espontânea e involuntária acabou sendo paulatinamente reprimida e sobrepujada, como se pode verificar facilmente em *As leis*, sua última obra. O talento literário de Platão, sua força criadora, tem seu alcance reduzido ao máximo, sem, no entanto, ser suprimido.

Nietzsche apresenta a vida de Platão, seu percurso acidentado, não como critério de demarcação de sua produção literária, mas como o que efetivamente pode explicar sua natureza. Não faz sentido, para ele, falar em um Platão socrático, em um Platão ainda sob a influência de Sócrates, que mais tarde cederia lugar ao Platão autêntico. Este, para Nietzsche, nunca teria sido um socrático puro. Platão, certamente, não se explica sem Sócrates, mas tampouco pode ser visto como seu simples seguidor. Assim é que Nietzsche precisa retardar a viagem de Platão a Mégara, que, segundo algumas fontes, teria ocorrido logo após a morte de Sócrates. Em vez de ir atrás dos discípulos mais renomados de Sócrates, e Euclides de Mégara estava entre eles, e procurar um ambiente politicamente mais livre, por medo dos tiranos Platão teria ficado em

Atenas e ouvido os heraclíticos e os parmenídicos[16]. Segundo Nietzsche, o que o movia não era o medo dos tiranos, mas sim o medo da morte, um medo de caráter existencial! Platão teria por essa época 20 anos. Só mais tarde torna-se plausível uma viagem na qual o filósofo ateniense empregaria toda a sua fortuna e que se estenderia por 13 anos, uma viagem de aprendizado que o levaria, possivelmente, de Mégara ao Egito, passando por Cirene e pela Itália[17]. De início, Platão procura um segundo filósofo, que lhe substituísse Sócrates. O Sócrates dos diálogos seria assim um "Sócrates ideal, reconstituído de memória, com saudade, e não uma imagem embelezada arbitrariamente a partir de princípios estéticos".

Em sua viagem, o encontro decisivo teria sido com os pitagóricos. Platão, que não havia renunciado a Heráclito, permanece fiel ao pensamento do movimento incessante, ainda que o restrinja, por influência de Sócrates, às coisas sensíveis, que não possuem essência verdadeira, mas conhece, por outro lado, novamente graças a Sócrates, os conceitos fixos e a ciência. Eis aí o impasse em que se encontrava e para o qual não vislumbrava saída. A ajuda dos pitagóricos veio com a ideia da preexistência e da transmigração da alma. Platão vincula esse pensamento pitagórico à sua rememoração das ideias, na qual se baseia sua teoria do conhecimento. Somente com isso chega a uma conclusão, não antes dos 40 anos. Aqui te-

---

16. É o que diz Diógenes Laércio: "Após a morte de Sócrates, Platão se liga a Crátilo, discípulo de Heráclito, e a Hermógenes, discípulo de Parmênides." Cf. *Vie, doctrines et sentences des philosophes ilustres*. Tomo I. Trad. Robert Genaille. Paris: GF Flammarion, 1965, p. 164. Hermógenes e Crátilo são justamente os interlocutores de Sócrates no diálogo *Crátilo*.

17. O ano da viagem bem como o itinerário são os fornecidos por Diógenes Laércio. Ibid., p. 165.

mos o Platão propriamente dito. Antes disso, não caberia supor uma atividade literária. A fim de desvincular, tanto quanto possível, Platão dos socráticos, Nietzsche não hesita em mencionar o diálogo *O sofista* para contrapor um "mundo dos conceitos inteiriçado" ao "mundo das ideias vivificado". Se os socráticos eram "lógicos", Platão teria sido um pensador da vida, um pensador com pretensões políticas, que decide ir ao encontro do tirano Dionísio para aplicar sua filosofia verdadeira e guiar para a maneira de viver filosófica o tirano de Siracusa, e isso por recear que, recusando a oportunidade oferecida por seu amigo, o siracusano Dion, todo o seu modo de viver pudesse parecer a si próprio mero palavrório. O insucesso de Platão em Siracusa coincidiria, para Nietzsche, com a fundação da Academia, cuja propriedade teria sido adquirida com o dinheiro do resgate do filósofo, convertido em escravo pelo tirano ressentido[18]. A própria fundação da Academia revelaria a intenção platônica de imitar o círculo pitagórico, com a tendência política deste último, "embora com uma finalidade mais elevada". Para Nietzsche, a vontade de Platão teria sido a sua "missão legisladora", tal como Sólon e Licurgo. Sem esse objetivo, "a vida ser-lhe-ia odiosa"! Assim, os diálogos escritos nada mais seriam do que rememorações dos diálogos efetivamente ocorridos na Academia. Platão, em sua fé incondicional em si mesmo, queria ser o modelo a imitar. Prova disso, segundo Nietzsche, é o fato de que ele não sabe idealizar Sócrates de outro modo que não seja "equiparando-o a si".

A reconstrução de Platão, levada a cabo por Nietzsche, atinge o seu ponto culminante na caracterização do filósofo ateniense como um tipo moral mediante uma

---

18. Mais uma conjectura feita por Diógenes Laércio. Ibid., p. 169.

interpretação muito peculiar da doutrina das ideias. Nietzsche precisa afastar a compreensão de que a referida doutrina teria uma origem estética, compreensão sustentada por ninguém menos que Schopenhauer[19]. A contemplação estética pressupõe a efetividade do visível, mas Platão chega à doutrina das ideias mediante os conceitos não visíveis, como os conceitos "justo", "belo", "igual" e "bom". Nietzsche chega a afirmar que "o autêntico prazer junto ao real, a plenitude do coração na contemplação do mundo, é totalmente estranha a Platão. Ele é de ponta a ponta um tipo moral". Assim, apoiando-se em ninguém menos que Aristóteles[20], credita a origem da doutrina das ideias ao questionamento ético e à busca socrática por definições, apresentando um Platão em radical descompasso, em total desajuste com seu mundo. A tarefa seria, para ele, encontrar um mundo onde o homem bom pudesse sentir-se perfeitamente em casa, sem o afluxo perturbador da sensualidade e da sensibilidade, um mundo onde o corpo fosse por completo silenciado. O protótipo de Platão, segundo Nietzsche, é precisamente Pitágoras e, junto a este, a apreciação religiosa da realidade e o pessimismo profundo, que levaria ao desejo de reformar politicamente e de instituir uma seita. A doutrina das ideias trai o desejo de corrigir a realidade típico do moralista, desejo que mais tarde Nietzsche chamará de vontade de verdade, uma subespécie da vontade de poder. A caracterização psicológica de Platão delineia toda a futura filosofia de Nietzsche, como se pode reconhecer facilmente na seguinte passagem: "O homem do conceito correto [...] quer corrigir [...] e dominar: a crença de possuir a verdade torna fanático. Essa

---

19. *Parerga*, II, 78.
20. *Metafísica*, A, 6, 987 a 32- 987 b 33.

filosofia parte do menosprezo pela realidade e pelo homem: logo cedo ela manifesta uma veia tirânica."[21]

O Platão que brota da tinta de Nietzsche nada mais seria do que uma projeção do filósofo alemão, uma imagem distorcida, uma caricatura destinada a referendar suas próprias posições? Qual o ganho filosófico do empreendimento do jovem professor Nietzsche de "traduzir o escritor Platão para o homem Platão"? O que Nietzsche procurava tão vivamente no filósofo ateniense? Um espelho? Uma identificação? Não há dúvida de que Nietzsche procura reconhecer-se em Platão. Assim como ele, tratar-se-ia de uma natureza profundamente dilacerada pela oposição entre arte e ciência, entre a vocação artística inegável e a paixão pelo conhecimento. Mas a solução encontrada por Platão, que, aos olhos de Nietzsche, nunca foi um homem teórico, um erudito, mas um "homem de ação", de renegar a arte e abraçar a dialética, encontra-se em oposição extrema ao projeto nietzschiano de acolher incondicionalmente, tragicamente, as aparências. Nietzsche não podia deixar de reconhecer em Platão a grande enfermidade, a grande doença da moral, o próprio niilismo: "Eu, Platão, sou a verdade"[22]! Mas em seu embate apaixonado com Platão, em sua tentativa de reabilitar e valorizar novamente a arte e o artista como o tipo humano superior, o tipo da grande saúde, Nietzsche, devoto de Dionísio, encarna como nenhum outro o empenho platônico de potencialização da vida, seu inconformismo revolucionário, e talvez nos ajude a reconhecer um Platão depois do platonismo, um Platão não dogmático, um Platão que, como o ateniense de *As leis*, é capaz

---

21. Ver a seguir p. 192.
22. Nietzsche, F. *Crepúsculo dos ídolos*. Trad. Paulo Cesar de Souza. São Paulo: Companhia das Letras, 2013, p. 31.

de reconhecer no vinho, dom de Dionísio, o *phármakon* que facilita à alma a aquisição do pudor e ao corpo a aquisição da saúde e da força. Rubor de vergonha[23]?

Sobre a tradução

A presente tradução partiu de uma iniciativa de meu entusiasta e incansável amigo Marcos Sinésio Pereira Fernandes, com o qual traduzi em 2008 o livro *A vontade de poder* e que já havia traduzido dois outros trabalhos de Nietzsche, ambos publicados por esta editora, a saber: *Introdução à tragédia de Sófocles* e *A visão dionisíaca do mundo e outros textos de juventude*, este último em parceria com Maria Cristina dos Santos de Souza. Somente graças a ele foi possível levar adiante este projeto, que já se encontrava em andamento quando foi interrompido bruscamente em virtude de seu falecimento. Sinto que mais uma vez trabalhamos em conjunto, mas assumo completa responsabilidade pelas escolhas e possíveis equívocos. Agradeço o convite da Cristina e a confiança desta Editora para dar seguimento ao projeto e dedico a tradução ao Marcos.

Para o presente trabalho, utilizei a edição da *Kritische Gesamtausgabe* das *Nietzsche Werke* (II, 4), estabeleci-

---

23. Em seu escrito intitulado *Como o mundo verdadeiro tornou-se uma fábula: história de um erro*, Nietzsche divide os períodos da história da filosofia ocidental em seis etapas. A primeira etapa corresponde à afirmação citada acima: "Eu, Platão, sou a verdade"; já a penúltima etapa, imediatamente anterior ao aparecimento de seu *Zaratustra*, entendido como última etapa, intitulada "fim do longo erro", é assim caracterizada: "O 'mundo verdadeiro' – uma ideia que para nada mais serve, não mais obriga a nada –, ideia tornada inútil, *logo* refutada: vamos eliminá-la! (Dia claro; café da manhã; retorno do *bon sens* [bom senso]; rubor de Platão; algazarra infernal de todos os espíritos livres.)." Ibid., p. 32.

da por Giogio Colli e Mazzimo Montinari, continuada por Wolfgang Müller-Lauter e Karl Pestalozzi, cujas *Vorlesungaufzeichnungen* (WS 1871/72 – WS 1874/75) foram reeditadas por Fritz Bornmann e Mario Carpitella. Berlim--Nova York, Walter de Gruyter, 1995. Uma primeira edição dos cursos de Nietzsche sobre Platão foi publicada em 1913 pela Kröner, a qual foi republicada, sem modificações, pela editora Musarion em 1921. Trata-se de uma edição incompleta, que serviu de base para uma primeira tradução para o francês por Olivier Berrichon-Sedeyn. Paris: Éditions de l'éclat, 1991. Sempre que possível servi-me dessa tradução. Importante também para o presente trabalho foi o texto do professor Marcelo Pimenta Marques (UFMG), renomado estudioso de Platão, falecido recentemente: *Platão e antiplatonismo em Nietzsche*, que repercute justamente a tradução francesa dos cursos de Nietzsche aqui no Brasil.

Francisco José Dias de Moraes

PLATÃO E ANTIPLATONISMO EM NIETZSCHE

A questão que proponho aqui implica distinguir três elementos ou planos. Antes de tudo, temos o *platonismo*, tal como é pensado por Nietzsche, em certa história da metafísica. Nesse sentido, compreendo que platonismo é uma corrente de pensamento desenvolvida a partir de Platão, mas que de modo algum coincide com sua filosofia, como a encontramos nos diálogos. Para Nietzsche, o platonismo seria uma das matrizes da filosofia ocidental, assim como ele a vive, concretamente, nas instituições acadêmicas alemãs, na segunda metade do século XIX; *antiplatonismo* é tanto um modo de agir contra essa efetividade institucional quanto a mobilização de um indivíduo contra um fundo de cultura. Em segundo lugar, temos Platão tal como é lido por Nietzsche: Platão, o indivíduo na sua singularidade, o indivíduo e as forças que ele mobiliza, nos termos de uma psicologia histórica ou genealógica. Finalmente, temos o que compreendo que seja a filosofia de Platão, sua obra e seu pensamento enquanto objetos da história da filosofia, tal como são visados pela perspectiva histórico-filológica contemporânea.

Meu foco se volta principalmente para o primeiro e o segundo planos, apoiado, evidentemente, no terceiro. Pretendo discutir e opor Platão e platonismo, enquanto dois construtos internos à obra de Nietzsche, cujo escopo será limitado, aqui, ao período de Basel.

Minha estratégia de leitura implica tomar o termo "Platão" como um dispositivo do texto nietzschiano que deve ser lido em dupla chave, seja como o indivíduo ou a personalidade singular que se manifesta em sua filosofia, seja como o movimento de pensamento, platonismo, objeto da famosa inversão, matriz geradora da filosofia nietzschiana.

1. Antiplatonismo

Ao ler Platão e escrever sobre ele, Nietzsche não visa estabelecer um quadro histórico, mas desenvolver uma avaliação da tradição filosófica ocidental como um todo, no sentido de construir uma nova interpretação dessa tradição. Nesse processo, que começa com o confronto mesmo com Sócrates e Platão, ele propõe e exerce um novo modo de filosofar no qual conceitos e imagens se articulam de maneira complexa e inusitada[1]. Nietzsche não toma os textos como documentos, ele não faz história da filosofia, no sentido usual da historiografia; ele toma os textos e as doutrinas mais como imagens, imagens da personalidade do filósofo singular, a partir do

---

1. Sarah Kofman fala da dificuldade de escrever sobre Nietzsche através do mero discurso conceitual, mas também de como esse paradoxo é inevitável. "Escrever conceitualmente, sabendo que o conceito não tem mais valor que a metáfora, que ele mesmo é um condensado de metáforas..." (1972, p. 11).

qual emite juízos e avaliações que concernem à totalidade da história da filosofia ocidental.

Uma das questões fundamentais nesse método de leitura original concerne à relação entre a filosofia e a cultura na qual ela é produzida e exercida. Para Nietzsche, a atividade intelectual de Platão, enquanto mestre e escritor, só adquire sentido se inserida na cultura política da cidade-Estado; uma das máscaras de Platão que Nietzsche pretende levantar é a do intelectual desinteressado, mostrando que, na verdade, ele tem um projeto político definido. O filósofo é, na verdade, um ativista político. Ao fundar a primeira escola de filosofia, ele visa educar a classe dirigente ateniense para mudar radicalmente a cidade e transformar o mundo, diz Nietzsche[2].

No *Nascimento da tragédia* (1872), Nietzsche desenvolve a já consagrada (tornada clássica, para nós, hoje) oposição entre o apolíneo e o dionisíaco, princípios antagônicos, através dos quais faz sua análise da cultura ocidental. Mas essa oposição, enquanto derivada da cultura grega antiga, não tinha nada de clássica quando ele a propôs, na Alemanha, no fim do século XIX. Pelo contrário, ele a propõe contra determinada compreensão da cultura antiga, na qual se via cristalizado um ideal de humanidade isento de conflitos e de contradições, um ideal, este sim, propriamente clássico, no sentido convencional da palavra. Sua nova compreensão da cultura grega antiga, enquanto atravessada pelo conflito trágico, alimenta-se da oposição, anterior, entre arte e ciência, vivida, assimilada e desenvolvida, por sua vez, durante sua formação em filologia clássica (Machado, 1985).

Antes de lutar contra a tradição filosófica, Nietzsche enfrenta a tradição filológica alemã. Não seria demasia-

---

2. *Introduction à la lecture des dialogues de Platon*, 1991, p. 7.

do afirmar que, na discussão que ele suscita em torno da filologia clássica, podemos encontrar os motivos e as origens de seu pensamento filosófico[3]. De modo que poderíamos dizer que ocorre a seguinte sequência: exercício e formação em filologia, negação da filologia, posição da filosofia, negação da filosofia.

No contexto maior da guerra franco-prussiana e da unificação tardia da Alemanha, um processo ao mesmo tempo político, econômico e cultural, num primeiro momento, Nietzsche entusiasma-se ao vislumbrar as possibilidades de crescimento e amadurecimento da nação alemã, mas logo percebe o antagonismo entre os valores políticos do projeto em gestação e os valores propriamente culturais. No drama musical wagneriano crê reconhecer o ressurgimento do espírito trágico antigo, o que alimenta sua esperança de promover uma renovação cultural.

Em 1872, pronuncia na Sociedade Acadêmica de Basel a conferência "Sobre o futuro de nossos estabelecimentos de ensino"[4], na qual faz um duplo diagnóstico das instituições pedagógicas alemãs, alertando contra as tendências opostas, mas igualmente nocivas, seja de uma restrição da cultura aos valores e aos interesses do Estado, seja de uma expansão e popularização excessiva dos valores culturais, própria dos Estados democráticos modernos. Alerta contra a lógica da eficiência aplicada aos processos culturais, a busca do lucro, a formação técnica de quadros burocráticos para o Estado emergente, a busca de resultados rápidos etc. Nessa conferência, fica clara a utilização de temas e noções relativos à Antiguidade clássica, não como objetos de pesquisa teórica mas

---

3. Girardot, 1966, Prólogo.
4. Referência bibliográfica principal: Nietzsche, F. W. *Opere*. Ed. de G. Colli e M. Montinari. Milão: Adelphi, 1973.

como meios de ação pedagógica, isto é, visando à educação moral. O autor critica a massificação da educação assim como a tendência à especialização técnica, mas o filósofo já aparece como sendo ou devendo ser o verdadeiro educador.

De algum modo, Nietzsche tenta retomar os valores propagados pela reforma do ensino médio implantada no início do século, na Alemanha, por Friedrich Wolff e Wilhelm von Humboldt, que defendiam certa concepção de educação enquanto desenvolvimento integral e integrado das potencialidades humanas, formando o novo homem através da cultura clássica, como cultivo do próprio espírito, para além dos fins pragmáticos; sem, entretanto, confundir a defesa dos valores culturais com sua utilização política, tal como ocorria na glorificação do exército prussiano, num contexto de nacionalismo exacerbado.

A imagem da Antiguidade grega que marcava de modo decisivo o horizonte cultural de sua época era composta de diferentes elementos, desenvolvidos por grandes pensadores e homens de letras[5]. A perspectiva de Herder, por exemplo, de algum modo concretizada na obra de Goethe, opera uma verdadeira revolução ao propor que *o divino no homem é sua humanidade*, transformando a teologia em antropologia, reconhecendo as fraquezas e as imperfeições humanas, mas transformando o ser, a finitude e a humanidade do homem em referências absolutas. Revolução essa que é feita tomando o homem antigo como modelo de perfeição e arquétipo de plenitude do gênero humano. Com Wolff, o primeiro a ser considerado um "filólogo clássico", há uma valorização da *ciência aplicada ao conhecimento da Antiguidade*, buscando a fundamentação rigorosa dos estudos clássicos, que passam

---

5. Sigo, em linhas gerais, a exposição de Girardot, 1966.

a ser chamados "ciências da Antiguidade", ciências que devem ter seu objeto bem delimitado e seus métodos bem definidos. Já em Humboldt, podemos encontrar a busca de conciliação entre essas duas tendências: por um lado, o entusiasmo com a Grécia idealizada, modelo de uma moral humanitária, numa verdadeira embriaguez helênica e, por outro lado, a exigência de rigor científico, através de uma Grécia supostamente mais real, modelo de padrões e métodos rigorosos de pensamento, o homem como ser sóbrio, consciente e racional capaz de manejar os instrumentos da razão.

Em sua formação em Pforta, a partir de 1858, Nietzsche respira esses ares, e já os assimila e traduz num estilo próprio de pensamento: compreender o horizonte histórico-espiritual de sua época, no centro do qual encontra a Antiguidade grega, mas sempre através de sua própria prática e vivência pessoais, singulares. Ele pensa a Antiguidade como um valor, mais do que como um processo histórico. Pensar a história, sim, mas através da filologia, e, ainda, sempre no âmbito da subjetividade e da intensidade do sujeito que pensa e sente. Já nos seus exercícios iniciais de filologia, vive o conflito entre objetividade científica e subjetividade artística.

Seu professor Ritschl segue a tendência racionalista de Wolff, no exercício científico da filologia, à qual aplica o método indutivo das ciências naturais, marcado pelo rigor e pela absoluta redução ao texto. Trata-se de uma compreensão do trabalho científico que valoriza a objetividade do anonimato e que exige a submissão do individual aos parâmetros maiores do empreendimento científico. Nessa perspectiva, o trabalho de crítica textual aproxima-se da experimentação científica, para estabelecer sua credibilidade. Nietzsche trabalha com manuscritos, estabelecimento de textos, dedicando-se integralmente ao trabalho científico. Participa da Sociedade Filológica e publica trabalhos e recensões no Rheinisches Museum.

É justamente durante esse período de formação filológica, em moldes científicos, que emergem, através da relação com Wagner (que conhece em 1868), seu interesse e sua paixão pela arte, expressa numa reação contra a imagem clássica dos gregos, excessivamente solene e serena. É a partir desse contexto filológico que formula, filosoficamente, a oposição entre arte e ciência, subsumindo nela as oposições entre sentimento e espírito analítico, intuição e conhecimento teórico, adesão apaixonada e escolha racional.

Em 1869, em Basel, escreve *Homero e a filologia clássica*. Nietzsche volta-se contra a filologia compreendida a partir do modelo das ciências naturais e exatas, valorizando a exceção e a dissonância que representam os elementos subjetivos do pensador filólogo ou do filólogo tornado poeta. Seu caminho é o de destruição de certa racionalidade técnica, expressão de valores de uma burguesia ilustrada, em favor de um pensamento trágico que não suprima o irracional. Sua insatisfação com a filologia exige que ele faça uma filosofia da filologia. Sua crítica à filologia confunde-se com uma crítica à ciência, perguntando por seus pressupostos e fundamentos culturais e filosóficos. Vai contra a pretensão da ciência filológica em constituir-se como referencial absoluto. A filologia é limitada e incapaz perante as artes, em particular, a música. Nietzsche associa música e filosofia no seu enfrentamento com a filologia e as ciências e traduz essas oposições em termos de força e debilidade, juventude e senilidade, florescimento e agonia, num aparente naturalismo ou vitalismo filosófico.

Mais que uma pesquisa de perspectiva teórica (ontológica ou epistemológica), encontramos no texto de Nietzsche tomadas de posição de um pensador que efetivamente age ao falar ou escrever. Seu texto apresenta-se concretamente como ação em processo (*práxis*) ou como tomada de posição; as oposições poderiam parecer inócuas, em perspectiva teórica, mas, em Nietzsche, tornam-se conflitos morais, embates valorativos; a vida presente, antes de ser objeto de conhecimento, é a fonte maior de valor, que se sobrepõe à arte e à ciência.

A arte passa a ser o campo no interior do qual são confrontadas as pretensões da ciência. A primeira, por sua vez, devendo ser confrontada no campo maior da própria vida. A ciência deve submeter-se à arte, que deve submeter-se à vida, todas sendo pensadas enquanto conjunto de valores que orientam práticas e modos de pensar e agir efetivos. Em 1870, escreve "ciência, arte e filosofia crescem em mim de tal modo que um dia ainda vou dar à luz centauros" (*Fragmentos póstumos*, 1870). Um desses centauros poderia perfeitamente ser chamado de "Platão", tal a complexidade da imagem construída por Nietzsche, ou "platonismo", tal o amálgama de ideias e tendências sintetizadas nesse conceito.

Em 1871, Nietzsche solicita a mudança de cátedra, de filologia clássica para filosofia. Essa atitude traduz uma exigência e uma esperança na direção da filosofia e um estranhamento e afastamento em relação à filologia. Talvez o que ocorre seja, não uma negação da filologia propriamente dita, mas sua transfiguração em filosofia ou sua absorção na filosofia. De qualquer modo, é interessante destacar a nova imagem da Antiguidade grega que está sendo fabricada, uma imagem que se apresenta livre da pretensão racionalista de dominar e propor modelos ideais perfeitos, modelos que seriam, por sua vez, expressões únicas de uma verdade originária; no presente texto, interessa-me ver como essa imagem informa sua leitura de Platão.

Poderíamos dizer que Nietzsche exerce uma "filologia de artista", que traduz mais seus *a priori* filosóficos que os resultados de uma pesquisa analítica. Os abusos e as ousadias que comete significam uma provocação em relação à filologia científica, incidindo diretamente sobre seus fundamentos e explicitando seus pressupostos filosóficos. É nessa perspectiva que devemos compreender o modo como relaciona Sócrates e Eurípides, por exemplo, suas reflexões sobre o nascimento da tragédia, suas investigações sobre a métrica grega e os juízos que emite em relação a Sócrates e Platão (Girardot, 1966).

Em sua filosofia filológica emergente, é importante perceber uma utilização da Antiguidade grega como contraponto valorativo à modernidade intelectual e filosófica que respira e que vive, e contra a qual pensa e escreve, na academia alemã do fim do século XIX. A Antiguidade é construída como eixo de contraposição para pensar a modernidade. Mais que um conceito histórico, cientificamente sustentável, temos uma imagem da Antiguidade que condensa precisamente os valores evocados no processo de destruição crítica que empreende contra os valores hegemônicos na cultura europeia moderna. É explícita sua "exigência de converter o passado no ponto de referência do presente para um futuro melhor".

A Antiguidade grega passa a ser vista como "substância canônica do presente". Girardot expressa bem essa postura: "Nietzsche constrói uma Grécia, ele não a interpreta no sentido filológico estrito." "Sua imagem da Antiguidade é anterior à imagem que se pode deduzir dos textos." "Nietzsche não busca fatos empiricamente comprováveis, mas as grandes linhas, o *a priori* da Antiguidade." Finalmente, "em Nietzsche, o que para nós é conjectura, para ele é evidência". Por exemplo, é contra o Sócrates proposto por Herder, modelo de excelência humana, racionalista e iluminista, que Nietzsche cria um Sócrates sintoma do niilismo e da decadência ocidentais, objeto de sua explosão crítica[6].

No âmbito acadêmico, a reação crítica à filologia praticada por Nietzsche é arrasadora, por parte de um Willamowitz, por exemplo: a imagem da Antiguidade, contrária a tudo o que se pensava até então – antirracionalista, não harmônica, antiolímpica – carece de fundamentos científicos, resulta de uma reflexão externa à filologia propriamente dita, é incapaz e não rigorosa (Girardot, 1966). É nesse contexto filosófico de destruição dos supostos ideais clássicos gregos e da metafísica idealista em que foi transformada a filosofia platônica que devemos situar seu antiplatonismo.

Em *Cinco prefácios para cinco livros não escritos* (1872), os temas são os mesmos do *Nascimento da tragédia*: os gregos, a crítica à cultura e o papel do filósofo, mas a perspectiva se torna mais ampla e mais aprofundada. No "Estado grego", um dos prefácios, Nietzsche explicita os fundamentos atrozes e cruéis da civilização grega, em particular justifica a escravidão como necessária para que grandes criações fossem realizadas, o que pode ser compreendido como o início do enfrentamento com o cristianismo (*Opere*, v. 3, p. 385). Nesse contexto, destaca-se a relação vital que o filósofo deve manter com a cultura,

---

6. De minha parte, não pretendo, no âmbito deste artigo, discutir a correção ou a falsidade das afirmações de Nietzsche em relação a Platão, seja no que concerne ao contexto histórico, seja no que concerne à exatidão textual. Interessa-me, antes, explicitar a significação de seus construtos no contexto de sua própria obra, em particular o período de Basel.

que não é unívoca, mas complexa. O filósofo é modelo de grandeza que representa, de algum modo, uma diferença com o presente. No *Páthos da verdade*, texto profundamente atravessado pelo ardor juvenil, Nietzsche mostra o quanto ele respira os ares elevados da ética aristocrática grega, tratando de glória, grandeza e imortalidade. Já no modo como formula o tema, percebemos seu viés particularíssimo: a verdade como uma paixão, um afeto cuja significação não é evidente, um valor a ser pesado, um sintoma a ser interpretado, uma tarefa a ser decifrada. O filósofo é afetado por uma exigência de grandeza e perfeição que o faz engajar-se num combate efetivo, um desafio para os melhores. Enquanto cavaleiro buscador de glória, o filósofo deseja autarquia, mestria de si, elevação, mas encontra precariedade e indeterminação, limitações que o levam à beira do desespero: tal é a verdade de sua condição de eterno condenado à não verdade. A verdade lhe parece a loucura visionária de um deus, *páthos* estranho aos homens comuns: um plano último, extremo, do qual é apenas capaz de constatar a impossibilidade. Nessa situação trágica, arte e filosofia combatem por sua adesão: entre as potências do sono e da vigília, o filósofo oscila entre a sonolência que favorece a vida e o conhecimento que o faz tender à aniquilação porque o faz esquecer-se dos limites e da loucura de seu empreendimento passional, que, sendo excessivamente valorizado, acaba por fazê-lo preterir a própria vida e sacrificá-la em nome de incertas e orgulhosas conquistas.

Vejamos, através do *Nascimento da tragédia* (§ 10-14), os termos nos quais a oposição é formulada. Eurípides ensina o povo a raciocinar; as multidões começam a filosofar e a discutir os negócios públicos; o homem cotidiano invade a cena; a massa, cuja força reside unicamente no número, começa a pensar, a calcular e a agir em cena.

A ação crítica e racionalista mata a paixão trágica; e a culpa é de Eurípides. Ele destrói a essência musical da tragédia, sua dimensão pulsional, tonal, e a torna racional, razoável. Eurípides transforma a tragédia em drama burguês. Sócrates faz na moral o que Eurípides faz na poesia trágica; no fundo, trata-se do socratismo estético e ético, isto é, a hipertrofia do espírito crítico e racionalista, do inteligível e da consciência, da natureza lógica em detrimento da beleza trágica, pelo excesso de um de seus dois polos constitutivos. Sócrates, pela sua ação racionalista, corrompe os jovens atenienses. Até mesmo o divino Platão!

> O Sócrates moribundo tornou-se o novo e jamais visto ideal da nobre mocidade grega: mais do que todos, o típico jovem heleno, Platão, prostrou-se diante dessa imagem com toda a fervorosa entrega de sua alma apaixonada.[7]

O diálogo platônico subordina a arte à ciência, o otimismo do diálogo mata a música trágica. Nietzsche aceita o Platão de Diógenes Laércio (*Vidas*, III): um jovem poeta trágico que queima seus poemas; mas, levado pela imperiosa necessidade artística, teve que criar uma forma de arte análoga às formas que reprovava. Platão tentaria evitar a crítica que fez à arte, de ser imitação de aparências, fazendo uma incursão que ultrapasse a realidade empírica, para buscar a ideia que mal se deixaria representar nessa falsa realidade. Segundo Nietzsche, o diálogo platônico assimila todas as obras de arte precedentes, misturando todos os estilos e formas; ele oscila entre a narrativa, o lirismo e o drama, entre prosa e poesia.

---

7. *O nascimento da tragédia*, § 13.

> O diálogo platônico foi, por assim dizer, o bote em que a velha poesia naufragante se salvou com todos os seus filhos: apinhados em um espaço estreito e medrosamente submissos ao timoneiro Sócrates, conduziam para dentro de um novo mundo que jamais se saciou de contemplar a fantástica imagem daquele cortejo [...]
> uma nova forma de arte [...] onde a poesia vive com a filosofia dialética em uma relação hierárquica semelhante à que essa mesma filosofia manteve, durante muitos séculos, com a teologia, isto é, como *ancilla* [escrava, criada]. Essa foi a nova posição a que Platão, sob a pressão demoníaca de Sócrates, arrastou a poesia.[8]

Em Platão, o pensamento filosófico se sobrepõe à arte, a tendência apolínea se transforma em esquematismo lógico e a emoção dionisíaca é transposta em sentimentos naturalistas. Sócrates, herói dialético do drama platônico, assume um papel análogo ao do herói euripidiano que desenvolve seu drama recorrendo a razões e argumentações.

Em síntese, a ciência emerge na proporção da exaustão da arte, pela dificuldade ou mesmo incapacidade de enfrentar a não compreensão, a obscuridade; essa busca por certezas é incompatível com o artístico e acaba desembocando no científico: no limite da ciência, só a arte pode resgatar a complexidade das coisas.

Em *Filosofia na idade trágica dos gregos* (1873), o tema do grande homem atravessa a pesquisa dos filósofos pré-platônicos: o pensamento como uma planta que serve para significar o solo onde brotou; os textos e as doutrinas como caixa de ressonância da personalidade do filósofo individual; os supostos sistemas são evocados esquematicamente, sempre em função de esclarecer uma

---

8. *O nascimento da tragédia*, § 14.

disposição pessoal, de explicitar um modo de viver, de "deixar soar novamente a polifonia da alma grega". Nessa obra, a erudição acadêmica é sacrificada em favor de uma perspectiva crítica e prática de emulação, que destaca a dimensão pessoal dos filósofos. Heráclito é o filósofo por excelência.

Para o perspectivismo nietzschiano, a verdade do pensamento é avaliada em função da circunstância do pensador, os sistemas são tidos como verdadeiros apenas para seus criadores e como "um erro enorme para os posteriores"; por oposição aos sistemas já refutados, fulguram as personalidades dos filósofos, jamais refutáveis.

Sócrates é incluído entre os velhos mestres gregos, que constituem uma sociedade de filósofos idealizada, todos talhados de uma só pedra, contra as convenções, e vivendo uma solidão extraordinária (p. 20).

Com Platão, algo novo se inicia: o caráter misto, poligonal. Platão é um misto extraordinário, por oposição à pureza de tipos pré-socráticos. A posição do filósofo em relação à cidade muda radicalmente; ele não encontra mais lugar junto aos seus, sua condição é de exílio, injustificado, como se devesse estar sempre sendo julgado. Falta ao filósofo um vínculo de integração orgânica com a cidade, ele está acima da cidade e pensa contra a pátria (pp. 23-4).

> O próprio Platão é o primeiro caráter misto extraordinário, tanto na sua filosofia como na sua personalidade. Na sua teoria das Ideias, encontram-se unidos elementos socráticos, pitagóricos e heraclíticos: é por isso que ela não é nenhum fenômeno do tipo puro. Também como homem, Platão mistura em si os rasgos da reserva real e da moderação de Heráclito, da compaixão melancólica do legislador Pitágoras e do dialético perscrutador de almas Sócrates. [...]

Mas agora, desde Platão, ele encontra-se no exílio e conspira contra a pátria.⁹

Parmênides, por sua vez, ao empreender a crítica das possibilidades do conhecimento, teria dissociado sentidos e pensamento abstrato, forjando uma cisão radical entre espírito e corpo "que, sobretudo desde Platão, pesa como uma maldição sobre a filosofia". Pode-se dizer de Platão e do platonismo aí presente o que Nietzsche diz do filósofo de linhagem parmenídica, isto é, que ele "odeia precisamente o sangue das suas vítimas, o sangue da realidade empírica por ele sacrificada" (p. 67).

Submeter-se a Sócrates significaria recusar o sensível e a aparência (que seria sempre falsa) em nome do ser que seria não sensível e oculto (sempre verdadeiro)¹⁰. Essa postura epistemológica e ontológica seria, na verdade, uma postura moral, de desprezo pela realidade efetiva, que, para Nietzsche, é a dos seres e dos eventos singulares; realidade que é tomada não como objeto de pesquisa teórica mas como algo a ser valorado, no âmbito da ação. Sócrates desprezaria racionalmente e teoricamente os homens reais; ele recusaria "a carne, o corpo, a cólera, a paixão, a volúpia, a raiva...". Nietzsche não discute a dimensão gnosiológica da experiência ou da percepção sensível, no contexto dos diálogos e a partir deles, como seria de esperar. Ele toma o encontro com o sensível ou com o singular como a adoção de um valor, no âmbito de uma moral, de um modo de existir e agir na vida. Ele se propõe como tarefa filosófico-prática desmascarar o teórico como embuste, a *bíos teoretikós* como

---
9. *A filosofia na idade trágica dos gregos*, II, p. 24.
10. *Introduction...*, 1991, p. 40.

máscara, para revelar a humanidade excessiva do singular existente humano precário, contraditório, trágico, desesperado sonhador do universal e do apodítico. Ao não separar a reflexão teórica sobre os modos e níveis de conhecimento da efetividade dos valores que norteiam, dirigem a ação, ele, de algum modo, visa a subverter uma configuração cultural e uma maneira de filosofar. Ele subverte a sociedade ou a cultura (no sentido forte da palavra) europeia na qual vive, cultura que, efetivamente, serve-se da esfera do conhecimento, da pesquisa acadêmica para fazer valer, para exercer uma dominação, para impor um modo de organizar a sociedade e a vida comum.

Ao criticar Platão, Nietzsche está criticando, não a filosofia dos diálogos, mas o platonismo que é produzido nas sucessivas leituras e apropriações dos diálogos, isto é, a supervalorização do pensamento lógico e da dialética, a negação do fundamental da cultura arcaica trágica, a incapacidade do homem teórico de suportar o absurdo da existência, a fuga para uma fé ilusória na razão, na raiz da ciência moderna, o otimismo metafísico da racionalidade dialética que pensa ser possível dissolver as contradições fundamentais da vida, a onipotência do *lógos* científico, a ciência (o saber) como remédio universal, que cura as feridas da existência[11]. Nesse sentido, antiplatonismo em Nietzsche significa uma revolta contra a hipertrofia do apolíneo, pensado como excesso e exclusivismo lógico; contra o não reconhecimento ou mesmo a supressão da dimensão conflitante e antilógica, legado estrutural presente na cultura grega e também na filosofia platônica dos diálogos; mais do que isso, antiplatonismo significa ir contra a operação de supressão da dimensão trágica (aporética, contraditória) presente na vida antiga

---

11. Giacoia, 2000, pp. 22-5, 36.

e na vida cultural e filosófica, mas suprimida pelo (neo) platonismo eclesiástico e acadêmico; significa, ainda, ir contra a hipertrofia do racionalismo teórico em detrimento da racionalidade prática, num positivismo sufocante; contra a absolutização do valor do saber científico e da razão universal.

> Supondo que a verdade seja uma mulher – não seria bem fundada a suspeita de que todos os filósofos, na medida em que foram dogmáticos, entenderam pouco de mulheres?[12]

Abrindo assim o prólogo de *Além do bem e do mal. Prelúdio a uma filosofia do futuro* (1886), Nietzsche dirige a crítica mais contundente ao platonismo; platonismo que, nessa passagem, é plenamente identificado a *filosofia, tout court*. Toda a filosofia até então foi dogmática e, portanto, imprópria para a conquista da verdade. Todo o aparato conceitual filosófico, as construções elevadas não passam de nobre infantilidade e de coisa de iniciantes, baseada em superstições do sujeito, jogos de palavras, seduções gramaticais e generalidades que prometem e não cumprem. A filosofia, com suas pretensões supraterrenas, não passaria de uma astrologia, com seus monstros e caricaturas.

À primeira vista, poderíamos pensar que se trata de Platão falando dos sofistas e não estaríamos equivocados. A generalidade do enfoque é a mesma em ambos os casos, tanto de Platão em relação à sofística como de

---

12. *Para além do bem e do mal*, Prólogo. Permito-me recorrer a um texto posterior ao período de Basel por ele se prestar particularmente bem aos meus propósitos neste artigo. De algum modo, esse texto retoma, sinteticamente, algumas posições expostas no *Sobre verdade e mentira no sentido extramoral*, de 1873.

Nietzsche em relação ao platonismo. Em ambos os casos, opostos e simétricos, não se trata de compreender um filósofo individual, Protágoras ou Platão, mas de criticar tendências, correntes de pensamento que se expressam ou se encarnam na cultura e que são, então, reduzidas a uma generalidade (um *génos*), num esforço demolidor necessário à posição criativa de novos conceitos e perspectivas, seja por parte de Platão, seja por parte de Nietzsche. Em ambos os casos, o efeito demolidor é tal que a leitura desatenta corre o risco de perder o pensador individual, nos escombros do movimento filosófico demolido.

O que proponho fazer, em certa medida, é explorar os escombros do platonismo, recuperando, nele, a imagem multifacetada de Platão. Acredito que algo semelhante pode ser feito, por exemplo, em relação a Protágoras, nos escombros da sofística demolida por Platão (Marques, 2000). Mas o que significa essa tentativa de "recuperar" Platão? Precisamente o seguinte: diferenciar os momentos nos quais se pode perceber que Nietzsche está inequivocamente falando do indivíduo, do interlocutor privilegiado, da personalidade (irrefutável) que foi Platão.

Todo filósofo é dogmático e filosofia, por excelência, é platonismo. O que Nietzsche quer realizar com esse tipo de ataque? Dois pilares sustentam o dogmatismo platonista: a invenção do puro espírito e a do bem em si. Independentemente da fidedignidade histórica em relação ao pensador singular, Platão, temos que reconhecer que são duas armas poderosas mobilizadas pelos platonistas. O inteligível puro, a inteligibilidade absoluta, pensada como sendo separada de tudo, em todo seu excesso de luminosidade e tendo existência real, efetiva. Por outro lado, o valor pensado em seu fundamento absoluto, como existência objetiva, verdadeira fonte de todos os valores e parâmetro firme para todas as aspirações e ações. Nenhum indivíduo, nenhuma civilização atravessa imune esse flerte audacioso com o absoluto. Nietzsche tem razão ao destacar esses dois pilares da civilização europeia, que, pelo uso que deles, é feito e, pelas consequências que são tiradas, vão muito além da filosofia platônica dos diálogos. Não temos como não reconhecer as implicações e os riscos que esse tipo de pensamento, que se arvoraria a um acesso direto ao absoluto, acarreta para os seres humanos, essas marionetes dos deuses, oscilando entre fios de aço e de ouro, joguetes das forças cósmicas e dos caprichos divinos (*As leis*, I).

Mas hoje, segundo Nietzsche, o pesadelo acabou, o platonismo está superado; resta ao filósofo contemporâneo a vigília permanente, para que os dogmatismos não aflorem mais. E, nesse combate de titãs, a força engendrada vai agora propulsionar um novo arco, vai distender um novo esforço; esse arqueamento do espírito cria um novo percurso filosófico na direção do futuro. Contra a pretensão de falar da verdade de modo absoluto, excludente e exclusivo; contra a negação da perspectiva, condição básica para toda a vida, o antídoto de Nietzsche pretende operar a inversão do platonismo, recuperar o perspectivismo, da vida e dos valores, relativizar, multiplicar, opor às abstrações absolutas a dinâmica viva de forças humanas, finitas e que se contradizem.

O termo "Platão", nesse prólogo, significa, de modo exemplar, coisas totalmente distintas, a duas linhas de distância. Num primeiro momento, Nietzsche pergunta pelo destino do indivíduo, "o mais belo rebento da Antiguidade", e afirma que sua enfermidade lhe teria vindo do efeito corruptor produzido por Sócrates; duas linhas abaixo, fala da "luta contra Platão" e ele mesmo explica o que significa Platão ou "a pressão cristã-eclesiástica de milênios" ou "platonismo", ou "cristianismo para o povo".

No mesmo *Além do bem e do mal*, no § 90, uma passagem confirma mais uma vez a formulação do problema, tal como estou propondo: "Existe algo na moral de Platão que não pertence realmente a Platão, mas que se acha apenas em sua filosofia; quase se poderia dizer, apesar de Platão: trata-se do socratismo, para o qual ele realmente era nobre demais."

Na sequência, Nietzsche parte para criticar a ideia do mal involuntário, próprio da ética socrática. Como sabemos em relação à ética platônica, tanto a teoria da alma (*A república* IV) como o mito de Er (*A república* X) mostram claramente que Platão vai além de seu mestre, em relação a esse ponto, reconhecendo uma complexidade maior, seja do ponto de vista das motivações, seja do ponto de vista da responsabilidade do indivíduo, ao agir. Mas o que me parece que fica evidente aqui é que Nietzsche separa Platão do socratismo. Ele lê, no mal involuntário, pragmatismo moral e cheiro de plebe atribuíveis ao socratismo (de Platão).

Nietzsche diferencia Platão do mestre e indica que, para tornar essa ideia mais nobre, o autor se implica totalmente no seu personagem, a ponto de se tornar comparável à Quimera da *Ilíada* (VI, 181): um ser múltiplo, cuja identidade é questionável, tal é a radicalidade de sua mistura: leão na frente, serpente atrás, cabra no meio. O Sócrates de Platão parece ter um pouco mais de consistência, porque se trata de Platão atrás, no meio e na frente. E, no fim do parágrafo, não se trata mais de platonismo ou socratismo, mas de Sócrates como a principal máscara de Platão. Platão modula o tema Sócrates em uma infinidade de variações.

A luta contra o platonismo é uma luta maior, contra a pressão cristã-eclesiástica de milênios. O cristianismo é o platonismo para o povo. Essa luta produziu uma magnífica tensão no espírito, o retesamento de um arco através do qual o filósofo pode, hoje, pretender muito mais, visar a alvos mais longínquos.

Em sua análise do antiplatonismo de Nietzsche, R. Wiehl parte da ideia de que, como a pesquisa histórico-filológica não consegue resolver todas as ambiguidades e contradições dos textos de Nietzsche, devemos pensar que na ambiguidade e na contradição há intenção e método e que na obscuridade há clareza e deliberação[13]. Num estilo de escrita no qual predominam a polissemia e a metaforização, teríamos um perspectivismo radical, sem ponto de vista central que resgatasse a totalidade e a unidade. Ele discute o que o antiplatonismo de Nietzsche não é, diferenciando-o seja do aristotelismo, seja das correntes contemporâneas materialistas, empiristas ou nominalistas. Ele o exclui do âmbito acadêmico de oposições antitéticas, para situá-lo como forma de expressão autônoma, na vida e na civilização europeias, no âmbito propriamente do vivido, onde trava um combate extremo. Trata-se, antes, de uma retórica crítica, ação determinada contra valores vividos e concretizados na civilização europeia, para além do jogo de argumentos e teses. Nesse sentido, haveria uma clareza total em Nietzsche. Seu antiplatonismo é determinado e inequívoco: contra o dogmatismo, isto é, contra a negação da perspectiva, contra o espírito e o bem absolutos, contra a divinização da verdade.

Segundo Wiehl, ao platonismo Nietzsche oporia o próprio Platão, "o mais belo rebento da Antiguidade", "a figura mais marcante da história do pensamento europeu" (p. 30). Se o platonismo é a doença que acometeu o filósofo ateniense, na sua juventude, o discurso retórico

---

13. Wiehl, 1995, pp. 25-6.

nietzschiano seria o instrumento diagnóstico do médico da cultura, perspectiva que o aproxima diretamente do Protágoras do *Teeteto*[14]. E a terapia consistiria, acrescento eu, em recuperar a vitalidade do jovem paciente, do filósofo artista, que se confunde com o teórico e o reformador político. Para além de uma retórica da aparência enganosa, da persuasão pela estupefação ou da sedução, a terapêutica filosófica de Nietzsche exerce uma verdade que visa ao homem como um todo, não apenas à parte mais elevada de sua alma, numa objetividade que se assume enquanto subjetividade (p. 33), enquanto remédio que é, sim, veneno. Wiehl propõe a inversão do dito aristotélico tradicional: amigo da verdade sim, mas, antes, amigo de Platão, propondo que, entre Nietzsche e Platão, a relação é pessoal, assim como com o platonismo a relação é totalmente impessoal. Wiehl multiplica as passagens nas quais essa relação particular com Platão fica evidente (p. 34). Em *Humano, demasiado humano* (1878), § 48, ao descer ao Hades, ele oferece seu próprio sangue a certos mortos, dentre os quais Platão: almas que o observam e com as quais está em diálogo permanente, perante as quais se explica, se avalia; em *Sobre o futuro de nossos estabelecimentos de ensino*, III, § 164, ele declara seu prazer em ler Platão[15].

Finalmente, adverte Wiehl, o trânsito entre Platão e platonismo é delicado. As declarações de Nietzsche sobre Platão não se sobrepõem, elas são ambivalentes, contraditórias; além disso, o diálogo com Platão se entrecruza

---

14. Narcy, Michel. Introdução à tradução de Platon. *Théétète*, 1994.

15. Também em *Aurora* (1881) 544: "Aquele que não percebe o júbilo constante que atravessa toda afirmação e toda réplica em um diálogo platônico, o júbilo que proporciona a descoberta nova do pensamento racional, que compreende ele de Platão, que compreende ele da filosofia antiga?"

com outros tantos diálogos, com Epicuro, Montaigne, Goethe, Espinosa, Rousseau, Pascal e Schopenhauer. Como sugeri no início, o antiplatonismo de Nietzsche é feito de muito mais do que de Platão, há muitos outros ingredientes nesse amálgama.

Aceitando a advertência de Wiehl, relembro que a presente pesquisa se limita aos primeiros escritos de Nietzsche, nos quais, efetivamente, vemos como a oposição arte-ciência tem função estrutural, sendo um de seus principais eixos conceituais. As anotações dos cursos sobre a filosofia de Platão são atravessadas pela oposição entre a imagem de um Platão artista e a de um Platão homem-teórico, oposição que, a meu ver, deve ser articulada à imagem do reformador político. É o que passo a discutir.

2. Imagens de Platão

Volto-me agora para a *Introduction à la lecture des dialogues de Platon*, que consiste em anotações dos cursos de Nietzsche sobre Platão, contemporâneos da redação e da publicação do *Nascimento da tragédia*: inverno de 1871-72, inverno de 1873-74 e verão de 1876. O livro é dividido em dois capítulos: o primeiro trata da literatura recente sobre Platão, sua vida e seus diálogos, cada um sendo analisado separadamente; entretanto o corpo do texto, tal como foi publicado na edição francesa que utilizo, só contém uma parte dos diálogos anunciados no índice; o segundo capítulo trata da filosofia de Platão enquanto testemunho do homem Platão, temas diversos sendo recortados dos diálogos.

A imagem de Platão é multifacetada: por um lado, ele é um guia da juventude, dotado de uma natureza filosófica transbordante, exuberante, sua obra escrita sendo reconhecida como de grande importância; por outro lado, ele é visto como um filósofo artista, com grande talento dramático. Finalmente, filósofo e artista se articulam à imagem do ativista político, moralista, crítico radical das ações dos homens e das instituições de sua época. Enquanto guia filosófico da juventude, sua obra é apropriada para a utilização em cursos introdutórios de filosofia. Não só sua obra é marcada por um caráter protréptico inegável, como sua própria vida encarna e ilustra o apelo da filosofia como modo de vida.

Nietzsche avisa logo que dará destaque ao homem, que é ainda mais singular que sua obra; como toda singularidade, ele é visto como sendo marcado pela complexidade e pela multiplicidade, mas uma ambiguidade principal atravessa a descrição nietzschiana: Platão é visto como capaz tanto de visões grandiosas e fulgurantes como também do trabalho dialético, paciente da reflexão e do conceito. Esse será o traço essencial do Platão nietzschiano, um homem dividido entre a arte e a ciência, de algum modo reproduzindo a própria experiência reflexiva de Nietzsche nessa época, tal como ela se expressa de maneira tão eloquente no *Nascimento da tragédia* (Rodrigues, 1998) ou nos escritos menores, não publicados.

A imagem proposta é a de uma natureza transbordante, inflamada pelo desejo (*Trieb*) de filosofar, suscitando a admiração e o *páthos* próprios da filosofia nos seus leitores. Entretanto, já de início, uma afirmação surpreende – a teoria das ideias é avaliada positivamente como preparação valiosa para a compreensão do idealismo kantiano, que propõe a oposição entre a coisa em si e o *phainómenon*[16]. Segundo Nietzsche, todos os meios uti-

---

16. Essa oposição entre a ideia, compreendida como a coisa em si inatingível e a aparência, implica certa formulação da perspectiva kan-

lizados por Platão visam ensinar essa estrita oposição, ponto de partida de toda filosofia verdadeiramente profunda. Platão é, assim, visto positivamente como um representante do idealismo grego (sic) (*Introduction...*, pp. 5-7). Na verdade, essa questão concerne mais à constituição do platonismo do que à imagem do filósofo Platão.

Assim como em outros escritos, nas notas de aula, nas passagens em que Nietzsche faz referência a Platão e ao platonismo, os termos não se recobrem exatamente: há uma distinção inegável entre o indivíduo e o movimento de pensamento que ele cria, ou entre o pensador e a força civilizatória que deriva de seu pensamento, isto é, o platonismo. Sócrates, o mestre do racionalismo, corrompe o discípulo, que é visto como fazendo parte da *jeunesse dorée* ateniense, com grande sensibilidade e ta-

---

tiana recebida via Schopenhauer. Ela delimita o campo no qual se dará a discussão dos contemporâneos com Heidegger, em relação à suposta inversão da metafísica ou do platonismo operada por Nietzsche. Na perspectiva de Heidegger, Nietzsche seria o último dos metafísicos e Platão o primeiro (Heidegger, 1991, v. I, pp. 200-10); mesmo invertendo o platonismo, Nietzsche permaneceria no âmbito da metafísica, pois a aparência em si seria posta no alto, e a essência embaixo, polo de menos valor. É contra essa inversão que, na verdade, não inverte, pois Nietzsche permaneceria no âmbito da metafísica, que se voltam os contemporâneos, como o famoso trio Foucault, Derrida e Deleuze, todos produzindo "Platões pós-modernos", como diz o autor americano Zuckert (Zuckert, 1996; Wolff, 1985). Por outro lado, é importante distinguir esse tipo de leitura kantiana via Schopenhauer, adotada por Nietzsche, da que será a interpretação neokantiana de Platão, da Escola de Marbourg, que se desenvolve também a partir da segunda metade do século XIX, via Cohen e Natorp. Nessa abordagem, as ideias se tornam os transcendentais, não a realidade objetiva em si; elas configurariam as formas da sensibilidade e categorias do entendimento, e a participação seria uma metáfora literária para descrever a síntese operada pelo intelecto entre os dados sensíveis e as categorias lógicas do próprio intelecto (Fronterotta, 2001, pp. 145-70).

lento artístico. Assim, Nietzsche reúne-se aos 500 jurados atenienses que condenaram Sócrates à morte, em 399, e, de certo modo, isenta o indivíduo Platão, visto como jovem vítima do socratismo[17].

Nietzsche destaca a importância de termos acesso aos escritos de Platão, os diálogos, principalmente pelo fato de não termos acesso aos escritos dos pré-platônicos[18]. A genialidade do escritor, em um primeiro momento, é claramente reconhecida por Nietzsche: ele ressalta a diversidade de registros linguísticos e literários que ele domina, refere-se a ele como "o homem mais culto da época mais culta", reconhece o grande talento dramatúrgico demonstrado na composição de seus diálogos[19]. Mas seus

---

17. Ao lembrarmo-nos de que os jurados condenaram Sócrates por corromper as crenças e os (bons) costumes dos jovens e por discutir e questionar as representações usuais dos deuses (*Apologia* 24B-28B), é irresistível a aproximação com o próprio projeto filosófico de Nietzsche: que faz ele senão tentar demolir, nos seus próprios fundamentos, a ética idealista e a religião cristã, hegemônicas na sociedade alemã de sua época? A sugestão implica que, assim como o jovem Platão, o jovem Nietzsche foi contaminado, senão pelo socratismo, certamente por Sócrates.

18. Vale lembrar que o trabalho dos filólogos Diels e Kranz, que determinaram decisivamente o modo como foram lidos os pré-socráticos no século XX, só foi publicado cerca de 20 anos depois deste curso de Nietzsche. Nietzsche faz um comentário, perguntando como seria se não tivéssemos os escritos de Platão e a filosofia só começasse com Aristóteles. Nosso filósofo, suposto antiplatônico por excelência, parece tremer de pavor perante tal possibilidade. Explorando esse exercício bem-humorado de imaginação, pergunto-me o quanto seria diferente nossa imagem dos pré-platônicos (e do próprio Platão) se tivéssemos a totalidade dos textos deles, assim como é o caso em relação a Platão, de quem nos chegaram todos os diálogos escritos.

19. Ao comentar o fato de que Nietzsche revê seus primeiros passos no *Nascimento da tragédia*, ponderando sobre se não deveria ter cantado, em vez de ter escrito o que escreveu, Kofman reconhece na escrita

juízos acabam sendo contraditórios; o mesmo professor Nietzsche, na sequência, no calor da discussão que se segue com os comentadores, diminui os méritos literários de Platão e põe em dúvida a importância dos escritos, que ele discute em termos de motivação estética, em oposição à motivação dialética.

Quanto à questão da significação da escrita na filosofia de Platão, Nietzsche parece adotar, à primeira vista, uma postura semelhante à dos esoteristas[20] que defendem hoje a tese das doutrinas não escritas. Segundo ele, os escritos são apenas uma imagem (*eídolon*) de algo não escrito, um apoio para os que já conheciam seu pensamento vivo, o que se aproxima, até certo ponto, de posições como as de G. Reale (1991) ou de M. Erler (1991). Outro ponto é o fato de ele sustentar que só um pequeno número de pessoas seria capaz de compreender a teoria platônica das ideias (p. 23); haveria em Platão algo de esotérico e de misterioso. Suas reformas políticas dependem sempre de conhecimentos dialéticos de uma esfera suprema, da qual ele não fala aos não iniciados. A própria oposição entre "mundo do fenômeno" e "a realidade que se esconde por trás" seria algo estranho e sem sentido para a maioria dos indivíduos. Mas essa aproximação é parcial, pois o que Nietzsche destaca, antes de tudo, através da imagem gráfica do pensamento de Platão, é, não a doutrina, mas o homem, o mestre, o cidadão, o ho-

---

de Nietzsche exatamente o que ele atribui a Platão, a saber, a mistura de todos os gêneros, constituindo uma singularidade irredutível a qualquer outra forma de expressão, uma filosofia que não tem nada de tradicional, inaudita e insolente (Kofman, 1972, p. 13).

20. Sigo a distinção proposta por Brisson entre *esotérica* (doutrina reservada a um pequeno número de indivíduos) e *esoterista* (a abordagem segundo a qual Platão tinha uma doutrina esotérica), em Brisson, 2000, p. 43, n. 1.

mem público, o ativista político, inconformado com a cidade na qual vive, que quer mudar o mundo e cuja atividade escrita vem em segundo lugar.

Entretanto, num segundo momento, podemos dizer que, ao diminuir a importância dos escritos, nessa mesma ação política, Nietzsche fornece elementos para que seja produzido um Platão dogmático, compatível com o Platão menos dialético dos esoteristas, que transmite doutrinas positivas desenvolvidas, aparentemente, não dialogicamente. Nesse ponto vemos claramente a pertinência da distinção e da relação entre Platão e platonismo a que venho me referindo. Em Nietzsche, o dogmatismo platônico está presente, mas não pode ser simplesmente identificado à figura do pensador individual; dogmatismo associa-se a platonismo: um construto nietzschiano, composto de uma diversidade de elementos, principalmente modernos e contemporâneos, que é erigido com o objetivo explícito de ser derrubado, ou, se quisermos, invertido[21].

Seja como for, cabe a ressalva: a interpretação feita por Nietzsche da restrição do valor da escrita, por parte de Platão, é distinta da que é feita pelos esoteristas, que atribuem ao filósofo Platão, para além das imagens gráficas que são seus diálogos, todo um sistema positivo de

---

21. A meu ver, para além do contexto nietzschiano, não se justifica a tendência a minimizar a tal ponto o papel da escrita em Platão. Ora, se a Academia é escola de formação de cidadãos (Diógenes Laércio, III; Isnardi Parente, 1996) e, portanto, de líderes políticos, sua ação pedagógico-filosófica é preparar os discípulos para o combate político. A escrita é bem mais do que recurso de apoio à memória; ela é continuação da ação ética e política, perpetuação da reflexão filosófica, instrumento de combate. Segunda, sim, em relação ao diálogo vivo, direto, mas de significativa importância ainda como prolongamento da prática oral (Caizzi, in Platone, *Eutidemo*, 1996, p. 11).

teses, de doutrinas específicas (a teoria dos princípios), independentes e, às vezes, contrárias ao espírito deles. Contrárias, na medida em que, tal como são formuladas por alguns de seus expoentes, enfraquecem a dimensão negativa ou dialética que, a meu ver, marca fundamentalmente seu pensamento, em favor de uma positividade doutrinária[22]. Para os esoteristas, as doutrinas não escritas seriam respostas, fixas, que visam solucionar certas questões levantadas nos diálogos. Essas teses superariam definitivamente as dúvidas e as aporias dos diálogos. Haveria uma construção, um plano teórico posterior (a teoria dos princípios), que está ausente dos escritos e que acaba por lhes ser sobreposto. Essa postura interpretativa faz dos escritos meros vestígios, imprecisos e lacunares de algo que não está neles[23]. As lacunas dos textos não são compreendidas como os interstícios de significação que tornam possíveis as diferentes interpretações, mas lacunas a serem preenchidas por conteúdos doutrinais precisos.

As considerações de Nietzsche sobre Platão escritor, por outro lado, são mais genéricas, referem-se às diferenças entre uma Antiguidade essencialmente oral, do homem público, que faz viagens políticas, e uma modernidade literária do intérprete, na qual o intelectual é es-

---

22. Ver minha crítica à interpretação que M. Erler propõe das aporias do *Eutidemo*, em Marques, 2003.

23. Num plano maior, minha objeção consiste em perguntar por que, justamente no estudo do autor do qual a tradição nos legou a totalidade da obra, decidimos recorrer a outra esfera de documentos, para neles buscar o pensamento autêntico do filósofo. O que poderia justificar tão curiosa postura metodológica, a de fabricar filologicamente fragmentos pós-socráticos e tomá-los como os textos que tratam da verdadeira doutrina platônica, supondo que ela existe (Canto-Sperber, 1997, pp. 199-202; Brisson, 2000).

sencialmente um escritor e apenas secundariamente um homem de ação. Ele não precisa a tal ponto, assim como fazem os esoteristas, o conteúdo das lições na prática oral da Academia, mesmo que tome o platonismo como expoente da filosofia dogmática, o momento fundante da linhagem metafísica doutrinária. O curioso é observar que o que Nietzsche critica como negativo em Platão e no platonismo os esoteristas ressignificam como positivo, ou seja, justamente a limitação do valor da escrita e o dogmatismo. É verdade que, para além das considerações sobre a função da escrita na sua relação com o projeto platônico de reforma política, isto é, se ela fica ou não restrita a um suposto âmbito acadêmico esotérico, a posição de Nietzsche é que o homem teórico, o dialético, o lógico que foi Platão acaba inaugurando o que será o objeto de seu mais profundo antagonismo, a hipertrofia do racionalismo e a metafísica ocidental, que encontrarão no cristianismo seu desdobramento "natural". Mas insisto que, em Nietzsche, o dogmatismo é marca do platonismo, não de Platão, mesmo que em certas passagens, nos escritos de Basel e também nos posteriores, o termo "Platão" seja, muitas vezes, uma etiqueta intercambiável com platonismo ou razão ocidental.

Considero o exemplo da passagem do *Crepúsculo dos ídolos* exemplar, para compreendermos a sobrecarga semântica que o termo "Platão" recebe em Nietzsche: "O mundo verdadeiro, acessível ao sábio, ao religioso, ao virtuoso – ele vive nele, ele mesmo é esse mundo. (A forma mais antiga da ideia, relativamente inteligente, simples, convincente. Perífrase da proposição: 'Eu, Platão, sou a verdade.'"[24])

---

24. *Crepúsculo dos ídolos. Como o mundo verdadeiro torna-se enfim uma fábula*, § 1.

Logo no início de *Introduction...*, Nietzsche revisa a literatura da sua época sobre Platão; infelizmente, dos diversos autores discutidos, a edição francesa dos cursos reproduz apenas algumas passagens dos comentários, principalmente as críticas que faz a Schleiermacher (1991, pp. 9-16). Mesmo que a tradução dos diálogos, feita por Schleiermacher, seja reconhecida como a melhor do ponto de vista da elegância da língua alemã, Nietzsche não aprecia seu estilo, "nefasto" como o de Hegel, segundo ele. Quanto às suas interpretações, a crítica é ferrenha: acreditar que através dos diálogos "alguém que não sabe é conduzido ao saber" estaria em contradição flagrante com o texto do *Fedro*, segundo o qual o escrito só serve para aquele que já sabe, como meio de recordação. Os escritos pressuporiam necessariamente a existência da Academia. Segundo Nietzsche, Schleiermacher estaria, por sua vez, pressupondo uma unidade e uma constância no pensamento e no ensino, um mesmo "*cursus* propedêutico" por parte de Platão, que não seriam confirmados pelos diálogos.

Ainda segundo Nietzsche, Schleiermacher não leva em consideração o artista "que experimenta a necessidade de se expressar", nem as necessidades e exigências do reformador político (que sempre visou a uma reforma do Estado), nem as do mestre (Platão não se dirigiria primeiramente a um público de leitores letrados, mas aos seus discípulos). A hipótese de Schleiermacher seria própria de uma época literária como a nossa. No mesmo sentido, ele vê se desenvolver certo "culto a Platão", cujos adeptos seriam, entre outros, Schelling, Solger e Ast. Segundo esse último (1991, p. 11), a forma e a matéria dos diálogos surgiriam de um único modelo, que seria a característica propriamente platônica, presente nas obras maiores, tomado como critério para medirmos as outras, recusando-as se fosse o caso. A norma é a perfeição literária, um critério fundamentalmente estético, em franco desacordo com a rememoração em Platão.

Para Nietzsche, Platão não teria a intenção de fazer uma obra de arte. Em primeiro lugar, com a escrita dos diálogos, trata-se de fixar uma conversação que realmente ocorreu. Só que Platão trabalha como os escultores gregos que idealizam um retrato, pois nem o filósofo nem os artistas gregos eram realistas. O diálogo escrito seria, então, a idealização, própria dos gregos em geral, e, portanto, inevitável para Platão, de algo que realmente ocorreu. O estilo em Platão existiria apesar dele mesmo.

Em relação a Sócrates, a ambiguidade persiste; no entanto, ele faz um comentário que reforça a distinção que venho indicando: não poderia haver diálogos autenticamente socráticos escritos por Platão, porque ele nunca foi um autêntico socrático (p. 23). Mais ainda: segundo Nietzsche, "a natureza de Platão não é absolutamente lógica", ele é antissocrático por natureza; seus momentos de incoerência lógica (não socráticos) são seus momentos fortes! Entretanto, nos seus diálogos, Platão estaria criando uma mitologia própria, como na tragédia, na qual os autores tratam de temas atuais, através de figuras míticas. Portanto, por outro lado, ele tenderia a identificar-se, sim, com Sócrates, pois as construções dramáticas estariam sempre a serviço da construção da demonstração. Em relação ao uso de personagens históricos, ele discute se Platão não se importaria com os anacronismos. Mas isso é um problema só para alguém que, como Nietzsche, insiste que os diálogos são escritos como rememoração "de encontros que ocorreram efetivamente" com os alunos da Academia.

Em 1871-72, Nietzsche escreve *Notas sobre o* agón *homérico*. *Agón* é compreendido no sentido de jogo, luta contra o otimismo racionalista e a razão pura, contra a humanidade universal de Goethe e a dialética histórica de Hegel. Essas oposições se desdobram em uma série de outras: entre tom e *métron*, entre ritmo e melodia, entre acústica e ótica, entre embriaguez e sobriedade, excitação e contemplação serena, antigo e moderno etc. Nietzsche aplica sua perspectiva agonística em todas as análises dos poetas e filósofos gregos, inclusive, obviamente, na de Platão. Tal como Nietzsche o utiliza, o *agón* sintetiza sua oposição à filologia clássica predominante e, *a fortiori*, à filosofia idealista. O fundamental é o conhecimento não de conceitos e ideias, ou mesmo de suas contradições, no sentido lógico estrito, mas de impulsos e forças, juízos e decisões em conflito.

Nesse texto, Nietzsche discute a ideia de humanidade na sua relação com a natureza; o humano não se opõe ao natural; o suposto fundo não humano é o terreno mais fecundo de onde surge toda humanidade. Os gregos, os homens mais humanos da Antiguidade, são também os mais cruéis, insaciáveis. Atravessando as linhas serenas e puras do mundo homérico, Nietzsche desenterra a noite e o horror, o desejo, a luta e o engano. A luta é salvação, e a crueldade da vitória é o ápice da alegria de viver. Ele discute a noção mítica de Éris, em torno da qual se contrapõem aniquilamento, inveja, crime, mas também a boa ambição e a competição criativa e benéfica.

No ataque de Xenófanes a Homero, Nietzsche vê a prefiguração do ataque que, mais tarde, empreenderá Platão, por seu desejo desmedido de assumir a posição e a glória do herói nacional da poesia grega (*Opere*, v. 3, p. 250). O impulso agonístico é o núcleo do dinamismo ético grego que favorece sempre o acesso a mais grandeza.

Um caso extremo e, aparentemente, exemplar de agonismo positivo, que incide diretamente sobre a concepção de obra de arte, é Platão. A competição com os artistas de seu tempo – oradores, sofistas e poetas dramáticos – é decisiva para a realização de seus diálogos. Nietzsche o imagina dizendo: "Olhem, sou capaz de fazer o que fazem meus grandes rivais, e sou capaz de fazer melhor que eles. Não há um Protágoras que tenha criado mitos tão belos como os que criei, não há um dramaturgo que tenha criado um todo tão cheio de vida e tão cativante como é o *Banquete*, não há orador que tenha composto um discurso tal como eu apresento no *Górgias*: pois bem, eu rejeito tudo em conjunto e condeno toda arte imitativa. Só o agonismo fez de mim poeta, sofista, orador" (*Opere*, v. 3, p. 253). A diferença de Platão com seu tempo, com a cultura e a arte de seu tempo, é de algum modo exemplar para o filósofo. Sua negação dos padrões sociais de pensamento é signo de grandeza, de movimento rumo a mais excelência. Assim Nietzsche, ao enfrentá-lo, é tomado pela vertigem das alturas e parece querer contaminar-se pela excelência de seu rival maior. A oposição de Nietzsche ao platonismo aparece sob uma nova luz se a aproximamos da oposição de Platão à arte e à cultura de seu tempo.

Nietzsche reconhece o artista em Platão, mas tenta minimizá-lo. Platão é um filósofo artista mas sua preocupação instintiva com a forma é a expressão artística involuntária do grego; desse modo, Platão não pode ser considerado unicamente como artista. Ele o é em oposição ao seu conhecimento socrático. Seu poder artístico é gradativamente reprimido (ele remete aos diálogos de velhice e cita as *Leis*)[25].

---

25. Curiosamente, essa discussão ainda é atual. Ver Gill; McCabe, 1996.

Em *A visão dionisíaca do mundo* (1870), Nietzsche utiliza pela primeira vez as noções de apolíneo, para referir-se à clareza de Sócrates, e dionisíaco, em relação aos cortejos e à vida natural. No *Drama musical grego* (1870), ele aponta no drama antigo, em geral, o que reconhecerá como sendo típico do diálogo platônico: a pluralidade de modalidades artísticas articuladas numa unidade. "A essência do diálogo platônico, por outro lado, é a falta de forma e de estilo, produto da mistura de todas as formas e de todos os estilos existentes."

Em *Sócrates e a tragédia*, também de 1870, Nietzsche enfoca o desprezo socrático pelo que é instintivo: "[...] também o divino Platão sobre esse ponto caiu vítima do socratismo: ele que na arte precedente via apenas a imitação de imagens ilusórias" "[...] inclui igualmente a sublime e muito louvada tragédia – assim se exprime – entre as artes adulatórias que representam unicamente o que é agradável, o que adula a natureza sensível e não o que é desagradável" "[...] mas resulta ao mesmo tempo útil".

Ele aproximaria, por isso, deliberadamente, a arte trágica da arte do vestuário e da cozinha. Uma arte tão múltipla e variegada é oposta a um caráter sensato e constitui, ao contrário, uma provocação perigosa para um caráter sensível e excitável; razão suficiente, esta, para caçar os poetas trágicos do Estado ideal. "A condenação da arte [...] tem em Platão algo de patológico" (como um furor contra a própria carne) "[...] ele reprimiu, a favor do socratismo, sua natureza profundamente artística. Isso revelaria que a mais profunda ferida do seu ser ainda não foi cicatrizada."[26]

---

26. *Opere*, v. 3, t. 2, pp. 37-8.

A capacidade narrativa do poeta não leva à essência das coisas; ela é posta no mesmo plano do talento dos adivinhos; aos artistas irracionais, contrapõe o artista filósofo, a verdade artística, e dá a entender que ele (Platão) foi o único a ter alcançado esse ideal e que seus diálogos podem ser lidos no Estado perfeito.

O traço artístico é comum entre os gregos; o que é específico, próprio a Platão, é o elemento político-dialético. O estético não é buscado por ele, mas combatido. O diálogo não é algo de dramático, mas de dialético. Contra o grau de perfeição estética, Nietzsche propõe a visada de uma rememoração que busca uma verdade como critério de compreensão e avaliação de um diálogo platônico. O dialético nos diálogos é, para Nietzsche, frequentemente entediante ou cômico. Para Platão e sua época, a dimensão dialética era o traço distintivo do filósofo, algo raro, único. Ele sugere que, talvez, fosse o caso de julgarmos os diálogos em termos de "perfeição dialética", se isso fosse possível, critério que, para Nietzsche, opõe-se frontalmente à perfeição estética.

Em suas anotações de curso (p. 14), ele destaca que Hermann acredita em um desenvolvimento orgânico dos escritos de Platão, "não um desenvolvimento do qual o próprio Platão desse o exemplo aos seus leitores ou do qual ele já conhecesse o fim e o objetivo, mas um desenvolvimento efetivamente vivido, cujo curso seria paralelo ao da escrita". A unidade espiritual da obra não exige um encadeamento metódico nem uma concepção do mundo constante ou uniforme, mas é determinada pela própria "vida espiritual do autor". Entretanto, ele também adverte seus alunos sobre os excessos do historicismo: há limites para a correspondência estrita entre eventos vividos e as mudanças interiores do autor. Sua potência artística, na escrita, diminui progressivamente, diz Nietzsche, ele não leva a arte tão a sério quanto nós; são poucos os diálogos que são realmente compostos artisticamente; em certo sentido, a força dramática de Platão é superestimada. Na verdade, a tendência artística é apenas uma tendência acessória em sua natureza, ele opõe-se, portanto, às naturezas artísticas contemplativas.

Curiosamente, em certo momento de seus comentários, Nietzsche parece cometer um ato falho, invertendo sua perspectiva até então, ao dizer: "A perspicácia dialética devia necessariamente retroceder perante a força da expressão poética." O próprio tradutor francês faz uma nota comentando a inversão da perspectiva de Nietzsche que, para ser coerente, deveria dizer que "a perspicácia dialética devia necessariamente fazer recuar a força da expressão poética", e não o inverso, como vem escrito. Uma vez que Nietzsche pensa que Platão só escreveu a partir dos 41 anos, ele acredita em uma diminuição progressiva do dom de composição artística. O que significa o ato falho: que, na verdade, ele pensa que Platão escreve bem, sim, mas que ele não deseja que Platão escrevesse tão bem? Que, de algum modo, ele tem que diminuir os talentos artísticos de Platão, para que ele fique menos complexo e se preste melhor às críticas que quer formular ao platonismo?

Em síntese, Platão, o filósofo artista, aparece com grande força: um pensador com grande talento dramático, artista e crítico da arte de sua época. Nos comentários biográficos, especial atenção é dada à formação de Platão, em particular, à formação artística: em música, em pintura, sua inclinação para a poesia (ele teria escrito epopeias, tragédias e mesmo uma tetralogia). Uma natureza com dons artísticos universais, incluindo nesse item também a ginástica.

Entretanto, o filósofo artista é crítico ferrenho dos poetas e dos artistas em geral. Essa questão clássica ganha força em Nietzsche, apesar de reconhecer a importância central da dimensão ético-política da *démarche* platônica. A questão é: perante tal Platão, conhecedor e juiz da arte, podemos ainda pensar num Platão artista? O conflito entre o artista e o homem teórico é agudo, dilacerante e, ao mesmo tempo, estruturador tanto da própria filosofia de Nietzsche como da imagem multifacetada que constrói de Platão.

Enquanto homem político, Platão é um crítico ativo dos padrões e dos comportamentos ético-políticos de sua época. Sem seus escritos, não poderíamos compreender a reviravolta que representou Sócrates, por sua oposição radical ao mundo existente: em política, ética e arte. Nessa linha, Platão teria sido o único grego que, ao final da época clássica, adotou uma atitude crítica, chegando a ser um verdadeiro ativista e reformador político.

A partir de elementos biográficos, Nietzsche traça as aspirações políticas do jovem Platão: o engano em relação à oligarquia e também em relação à democracia, a desilusão com a injustiça cometida contra o homem mais justo que conhecia. A partir da morte de Sócrates, ele sonhará com seu próprio Estado, diz Nietzsche.

Nietzsche está convencido da ampla influência pitagórica em diferentes setores do pensamento de Platão: para explicar o acesso aos "conceitos estáveis" que são as ideias, sem passar pelas sensações, ele recorreria às noções pitagóricas relativas à alma, à reencarnação. Além disso, ele teria assimilado a cosmogonia pitagórica, assim como tomado como modelo a comunidade pitagórica para a fundação da Academia; e ainda, sua atividade pretenderia ter o mesmo alcance político, mas com objetivos mais elevados[27].

A análise que faz Zuckert do Platão pós-moderno proposto por Nietzsche parte de uma questão central em Nietzsche: desde que Kant nos leva à descoberta extrema, segundo a qual a busca da sabedoria culmina com o conhecimento de que não podemos conhecer, o que devemos fazer "deste empreendimento sisifiano que é a marca do ocidente?". Ele examina e avalia a tradição filosófica ocidental através da obra de Platão e de seu herói Sócrates[28]. O eixo de sua abordagem é que Nietzsche suspeita que Platão não acreditava realmente em suas próprias doutrinas, uma vez que elas diferiam em grande medida do modo como ele exercia e compreendia sua própria atividade filosófica; e ainda, sua obra foi fabricada para defender e proteger a filosofia da perseguição e para lhe conferir força política. Os filósofos posteriores constroem, então, seus pensamentos a partir de uma falsificação, uma mentira nobre, um mito! Se essa suspeita é verdadeira, toda a filosofia ocidental deve ser revista, de modo a que sejam explicitados suas origens e seus objetivos morais e políticos.

Se não há uma verdade eterna e imutável, toda significação deve assumir a forma particular, corpórea e limitada de uma existência humana individual; a filosofia vale enquanto modo de vida e o filosofar é atividade que confere sentido e valor às coisas, única atividade humana

---

27. O papel do pitagorismo não é discutido, mas pressuposto; Nietzsche não cita fontes. Atualmente, a dificuldade parece perdurar. Ainda não temos fontes confiáveis o suficiente para estabelecer e decidir do pitagorismo de Platão. O problema das fontes, seja do orfismo, seja do pitagorismo, é um fato incontornável, que gera muita fantasia e pouca fundamentação textual. Ver Brisson, 2000, pp. 54-6.

28. Zuckert, 1996, pp. 10-1.

satisfatória e única fonte possível de justificação para as outras formas de vida humana. Além do próprio Nietzsche, Platão, segundo Zuckert, seria o único outro exemplo desse tipo de vida. Nesse sentido, a verdadeira questão deve ser posta sobre a relação entre filosofia e política. Platão oculta a verdadeira natureza de sua atividade através de máscaras, em particular, da máscara plebeia de Sócrates, mas sempre visando produzir um efeito político.

A imagem do Platão mestre e líder político é decisiva em Nietzsche: "ele tinha, aos 41 ou 42 anos, um objetivo político determinado (alimentado por Dion), um sistema acabado, só lhe faltavam os homens, dos quais ele faria filósofos, para fundar, um dia, junto com ele o novo Estado"[29].

Para Nietzsche, o ponto central do "querer" platônico seria sua missão de legislador, na linha de Sólon e Licurgo. Tudo o que ele faz, ele faz com esse objetivo; ele queria ser um modelo seguido pelos outros; ele precisava viver cada vez mais de acordo com seu ideal; evoca a *Carta VII* e as *Leis* como provas disso. O fato de jamais conseguir chegar ao seu ideal seria uma fonte terrível de dor para ele. Platão teria uma crença sem reservas em si mesmo: ele só idealiza Sócrates, personagem que potencializa seu desejo, para fazer de si mesmo seu igual! Ele considera sua proposta política como a única capaz de garantir a salvação ou o bem-estar da cidade e, por isso, é extremamente hostil a outras tentativas. Segundo os antigos[30], Platão seria um *philótimos*, um amante da glória, marcado por um forte exclusivismo, destacando o caráter sublime de seu próprio empreendimento teórico-político; ele se posicionaria consistentemente contrário aos homens

---

29. *Introduction...*, p. 21.
30. Diógenes Laércio, III.

mais bem-dotados; o *páthos* mais elevado está presente em tudo o que faz; ele sequer ria de modo excessivo[31].

Ao comentar a *República* (1991, pp. 24-7), Nietzsche associa o fim supremo do Estado a um além, a uma significação transcendente, uma "fuga do mundo sensível rumo a um mundo ideal". Nietzsche faz paralelos com as instituições da hierarquia medieval e com a Cidade de Deus agostiniana, sugerindo a relação de oposição entre padres e leigos. É curiosa a assimilação sugerida (por ele mesmo) entre a cidade ideal da *República* e a Igreja católica. Fica patente que, na sua tentativa de interpretação, Nietzsche projeta sobre Platão as oposições que ele mesmo vive, subjetiva e intelectualmente, nessa época de juventude; e assim ele fabrica um Platão e o platonismo nos moldes da imagem da Antiguidade que vimos no início.

Ao se perguntar se é possível decidir se Nietzsche, afinal de contas, é um platônico ou um antiplatônico, ou se suas declarações fazem justiça ao pensamento de Platão, Wiehl indica que, mais que soluções, essas questões geram procedimentos hermenêuticos férteis, como o diálogo fictício (com o pensador), que simplesmente nos permitem continuar a pensar, nos questionando sobre qual seria mesmo a doutrina professada por Platão ou qual é mesmo o nosso ponto de vista sobre seu pensamento[32].

Segundo Wiehl, a explicitação do diálogo de dois pensadores, Epicuro e Espinosa, que tomam Platão como interlocutor, é uma oportunidade para Nietzsche construir seu antiplatonismo, principalmente em chave moral (pp. 38-44). Entretanto, em sua análise, Wiehl quer tam-

---

31. Ver Rodrigues, 2004, onde a autora explora a presença surpreendente de temas éticos platônicos, na reflexão nietzschiana: autogoverno, autonomia e soberania.

32. Wiehl, 1995, pp. 37-8.

bém mostrar o quanto de platonismo há no pensamento de Espinosa – discussão do princípio platônico do uno, noção de automotricidade da alma associada à *causa sui* etc. Mais que isso, como explicar os destinos tão distintos do racionalismo ético no platonismo, por um lado, e em Espinosa, por outro? A chave parece estar na revisão da noção de causalidade ou na de conhecimento como afecção ou paixão. Ele termina sugerindo que, ao exercerem seu antiplatonismo na direção de uma crítica da moral, Nietzsche e Espinosa acabam por encontrar o sentido originário do empreendimento platônico[33].

Para concluir: Platão é um interlocutor privilegiado de Nietzsche, e do debate entre eles surge uma relação com vários níveis, que é só parcialmente esclarecida pela metáfora da inversão[34]. Em certo sentido, é como se Nietzsche retomasse o papel do sofista[35] e revidasse os golpes desferidos por Platão; o que é uma tarefa muito difícil, pois implica estar à altura do embate, em termos de dignidade intelectual, e em enfrentar a complexidade da relação que o filósofo ateniense desenvolveu com os sofistas. A perspectiva de Nietzsche é profundamente agonística e nisso ela é certamente platônica. Ele pensa, com razão, que para compreendermos Platão temos sempre que situá-lo na oposição a alguma instância fundamental da cultura: seja na crítica aos poetas, aos sábios arcaicos ou modernos, seja na confrontação política do tribunal que condena Sócrates.

---

33. Wiehl, 1995, p. 45.

34. *Fragmentos póstumos* 1870-1871, 7 [156]: "Minha filosofia, platonismo invertido (*umgedrehter Platonismus*): quanto mais nos distanciamos do ente verdadeiro, mais puro, mais belo, melhor é. A vida na aparência como objetivo."

35. Giacoia, 1997.

Assim como no todo da reflexão nietzschiana do período de Basel, a oposição entre arte e ciência tem um papel central também nas suas reflexões sobre Platão; o artista e o homem teórico se confrontam para buscar sua solução no reformador político. A crítica radical ao homem teórico revela o alcance dos problemas morais implícitos. O artista deve articular seu fazer ao projeto ético-político; mas, em Platão, o artista, escritor submete-se às pretensões dialéticas socráticas e, ao empreender a valoração do saber racional como modo de vida, acaba por gerar forças morais e civilizatórias que o ultrapassam enormemente.

Nietzsche pensa com e contra Platão. Com Platão, ele desenvolve a ideia de que o filósofo se constitui como um híbrido feito do artista, do homem teórico e do político, mas que não coincide com nenhum deles isoladamente; contra o platonismo, ele propõe que a hipertrofia de uma dessas atividades, a ciência, se dá sempre em detrimento das dimensões artística e moral, portanto, da verdadeira filosofia.

Marcelo P. Marques[36]

Bibliografia

BRISSON, Luc. *Lectures de Platon*. Paris: Vrin, 2000.
CANTO-SPERBER, Monique (org.). *Philosophie grecque*. Paris: PUF, 1997.

---

36. Marcelo Pimenta Marques (1956-2016) foi professor titular do Departamento de Filosofia e do Programa de Pós-graduação em Filosofia da Faculdade de Filosofia e Ciências Humanas, da Universidade Federal de Minas Gerais (UFMG).

DIOGENES LAERTIUS. *Lives of eminent philosophers*. Trad. R. D. Hicks. Londres/Cambridge: Harvard University Press, 1991.

DIXSAUT, Monique. "Nietzsche, lecteur de Platon". In: NESCHKE-HENTSCHKE, Ada. *Images de Platon et lectures de ses oeuvres. Les interprétations de Platon à travers les siècles*. Louvain-Paris: Peeters, 1997, pp. 295-313.

ERLER, Michael. *Il senso delle aporie nei dialoghi di Platone. Esercizi di avviamento al pensiero filosófico*. Trad. C. Mazzarelli. Milão: Vita e Pensiero, 1991.

FRONTEROTTA, Francesco. "De Platon à Kant. Épistémologie et ontologie dans l'interprétation néokantienne de Platon". In: NARCY, Michel. *Platon. L'amour du savoir*. Paris: PUF, 2001.

GIACOIA Jr., Oswaldo. *Labirintos da alma: Nietzsche e a autossupressão da moral*. Campinas: Editora da Unicamp, 1997.

_____. *Nietzsche*. São Paulo: Publifolha, 2000.

_____. "O Platão de Nietzsche. O Nietzsche de Platão". *Cadernos Nietzsche*, 3, 1997, pp. 23-36.

GILL, Christopher; MCCABE, Margaret M. (orgs.). *Form and argument in late Plato*. Oxford: Clarendon Press, 1996.

GIRARDOT, Rafael G. *Nietzsche y la filología clásica*. Buenos Aires: Eudeba, 1966.

HAAR, Michel. *Nietzsche et la Métaphysique*. Paris: Gallimard, 1993.

HEIDEGGER, Martin. *Nietzsche*. Trad. D. F. Krell. Nova York: Harper Collins, 1991.

ISNARDI PARENTE, Margherita. *Platone*. Collana: Il Pensatore Politici, 1996.

KOFMAN, Sarah. *Nietzsche et la métaphore*. Paris: Galilée, 1972.

MACHADO, Roberto. *Nietzsche e a verdade*. Rio de Janeiro: Rocco, 1985.

MARQUES, Marcelo P. "A significação dialética das aporias no Eutidemo de Platão". *Revista Latinoamericana de Filosofia* XXIX, 1, 2003, pp. 5-32.

_____. "O sofista: uma fabricação platônica?" *Kriterion*, 102, 2000, pp. 66-88.

MARTON, Scarlett. *Extravagâncias. Ensaios sobre a filosofia de Nietzsche*. São Paulo: Discurso, 2000.

NIETZSCHE, Friedrich. *A filosofia na idade trágica dos gregos*. Trad. M. Andrade. Rio de Janeiro: Elfos, 1995.

_____. *Além do bem e do mal. Prelúdio a uma filosofia do futuro*. Trad. Paulo César de Souza. 2. ed. São Paulo: Companhia das Letras, 1998 [1992].

_____. *Introduction à la lecture des dialogues de Platon*. Trad. O. Berrichon-Sedeyn. Paris: Eclat, 1991.

_____. *O livro do filósofo*. Trad. Ana Lobo. Porto: Res, 1984.

_____. *O nascimento da tragédia ou helenismo e pessimismo*. Trad. J. Guinsburg. 2. ed. São Paulo: Companhia das Letras, 2000 [1992].

_____. *Obras incompletas*. Trad. R. R. Torres Filho. São Paulo: Abril Cultural, 1978. (Col. Os Pensadores).

_____. *Oeuvres*. Ed. de J. Lacoste e J. Le Rier. Trad. Henri Albert, D. Halevy e R. Dreyfus. Paris: R. Laffont, 1993.

_____. *Opere*. Ed. ital. de G. Colli e M. Montinari. Milão: Adelphi, 1973.

_____. *Sämtliche Werke. Kritische Studienausgabez*. Ed. de G. Colli e M. Montinari. Berlim; Nova York: Walter de Gruyter, 1999.

PLATON. *Théétète*. Trad. M. Narcy. Paris: GF-Flammarion, 1994.

PLATONE. *Eutidemo*. Trad. Fernanda D. Caizzi. Milão: Bruno Mondadori, 1996.

REALE, Giovanni. *Per una nuova interpretazione di Platone*. Milão: Vita e Pensiero, 1993.

REY, Jean-Michel. "A genealogia nietzschiana". In: CHATELET, François (org.). *História da filosofia*. V. 8: O século XX. Trad. M. J. Almeida. Rio de Janeiro: Zahar, 1973.

RODRIGUES, Luzia G. "Nietzsche e Platão: arte e orquestração das paixões". *Kriterion*, 45, 109, 2004, pp. 136-58.

_____. *Nietzsche e os gregos: arte e mal-estar na cultura*. São Paulo: Annablume, 1998.

SAFRANSKI, Rüdiger. *Nietzsche. Biografia de uma tragédia*. Trad. Lya Luft. São Paulo: Geração, 2001.

SCHLEIERMACHER, Friedrich D. E. *Introdução aos diálogos de Platão*. Trad. Georg Otte. Belo Horizonte: Ed. UFMG, 2002.

SOUTO, Marcelo L. V. "Lições sobre os filósofos pré-platônicos e A filosofia na época trágica dos gregos: um ensaio comparativo". *Cadernos Nietzsche*, 13, 2002, pp. 37-66.

WIEHL, Reiner. "L'antiplatonisme de Nietzsche". In: DIXSAUT, Monique (org.). *Contre Platon II. Le platonisme renversé*. Paris: Vrin, 1995.

WOLFF, Friedrich. "Nietzsche e a razão". *Kriterion*, 74-75, 1985, pp. 67-100.

ZUCKERT, Catherine H. *Postmodern Platos*. Chicago; Londres: University of Chicago Press, 1996.

INTRODUÇÃO AO ESTUDO DOS DIÁLOGOS DE PLATÃO

INTRODUÇÃO

> Platão e seus predecessores. Uma tentativa de auxiliar aqueles que querem ler Platão e que, para tanto, sentem a necessidade de se preparar.
>
> PLATO AMICUS SED —

A tarefa principal encontra-se indicada no título: Introdução aos diálogos. Portanto, tratamento de *todos* os diálogos individuais com o fim de uma leitura meticulosa. Antes de tudo, os pressupostos, tempo, nomes de pessoas, depois a *disposição* do diálogo. Em seguida, a forma artística. A notar, os traços de caráter e belezas. Como introdução, ela deve comportar: 1) uma visão sinóptica sobre a literatura mais recente e sobre as questões propriamente platônicas, 2) um esboço da vida segundo as fontes originais acompanhado da tentativa de traçar a personalidade de Platão.

Em exames dessa espécie tem-se em vista a filosofia ou os filósofos; queremos a última alternativa: apenas utilizamos o sistema. O homem é ainda mais notável do que seus livros.

Platão sempre foi considerado, com todo direito, o guia filósofo propriamente dito da juventude. Ele mostra a imagem paradoxal de uma *transbordante* natureza filosófica, igualmente capaz de uma grandiosa visão de conjunto *intuitiva* e de um trabalho dialético do conceito. A imagem dessa natureza transbordante inflama o impulso para a filosofia: provoca justamente o ϑαυμάζειν[1], que é o πάϑος[2] filosófico. A doutrina das ideias é algo muito espantoso, é uma inestimável preparação para o idealismo kantiano. Aqui é ensinada por todos os meios, inclusive por meio do mito, a oposição correta entre coisa em si e fenômeno, com a qual toda filosofia profunda começa: à medida que aqui sempre se há de superar a primeira e usual oposição entre corpo e espírito.

Para o *filólogo*, a valorização de Platão intensifica-se ainda mais. Ele há de nos valer como um substituto para os grandiosos escritos dos filósofos pré-platônicos que foram perdidos. Imaginemos Platão perdido! E a filosofia começando com Aristóteles: como poderíamos tão somente imaginar, neste caso, aquele *filósofo* mais antigo, que era, ao mesmo tempo, *artista*? Não teríamos nenhum exemplo de quanto o idealismo grego penetrou a época clássica: não compreenderíamos, absolutamente, a comoção profunda e inteiramente nova através de Sócrates, o qual, com um inacreditável radicalismo, opôs-se ao mundo existente em política, ética e arte. Platão é o único grego que no fim da época clássica dispôs-se a uma crítica: para nós o grande ϑαῦμα[3], quando pensamos no alto valor daquele mundo que Platão pôs diante de seu *forum*.

Como escritor, Platão é o prosador ricamente dotado, altamente versátil, dominando todas as espécies de tom, o mais perfeitamente culto da época mais culta. Na composição mostra um grande talento dramático. Não se deve nunca deixar escapar, todavia, que o escritor Platão

---

1. Trata-se, segundo o próprio Platão, da disposição filosófica fundamental, como se pode encontrar em *Teeteto*, 155d. Todas as notas são do tradutor; quando não, serão indicadas.

2. Disposição.

3. Espanto.

é somente um εἴδωλον[4] do Platão propriamente doutrinador, uma ἀνάμνησις[5] com relação aos discursos no jardim de Academos. Também para isso temos que utilizar os escritos, para restaurar o espírito daquele círculo filosófico. Para uma época literária como a nossa é muito difícil reter o caráter rememorativo dos diálogos platônicos. Não se trata aqui de nenhum mundo fantasioso e meramente literário (como em todos os diálogos modernos). Precisamos tentar traduzir o escritor Platão para o *homem* Platão; enquanto nos homens modernos, como de hábito, a obra (os escritos) tem mais valor do que o trato com o seu autor (os escritos contêm a quintessência), era de outro modo nos helenos, que eram inteiramente públicos e só de maneira secundária literários. Obtém-se de algumas *ações* legadas pela tradição (por exemplo, as viagens políticas) um quadro mais correto sobre o rasgo essencial de Platão do que sobre seus escritos. Não podemos considerá-lo um sistemático *in vita umbratica*[6], mas antes um agitador político que quer tirar o mundo inteiro de seus gonzos e, *entre outras coisas*, também com esse fim, é escritor. A fundação da Academia é, para ele, algo muito mais importante: ele escreve para fortalecer seus companheiros de academia na luta.

---

4. Imagem, simulacro.
5. Recordação.
6. Que vive na sombra, de vida subterrânea.

PARTE I

1. A literatura platônica mais recente

A primeira obra abrangente é a do kantiano Tennemann intitulada: *Sistema da filosofia platônica*, em quatro volumes, Leipzig, 1792-95 (o primeiro volume começa com a vida de Platão). Ele quer apresentar de maneira sistemática os pensamentos platônicos. Com esse intuito, considera os escritos que foram conservados como exotéricos e propedêuticos; lamenta, por exemplo, a perda dos ἄγραφα δόγματα[1] (Aristóteles, *Física*, IV, 2). Platão teria uma "filosofia dupla", uma "externa e outra secreta". Os escritos mesmos são apenas fragmentos de sua filosofia propriamente dita. Apesar disso, Tennemann acredita poder construir o sistema, à medida que separa os pensamentos de seu revestimento e de seus trajes exteriores. Pois acredita em um sistema de Platão e rejeita a conjectura de Meiners. Ele não pôs a questão acerca da conexão interna dos escritos. A forma estética aparece apenas como o traje exterior, atrás do qual Platão escon-

---
1. Doutrinas não escritas.

dia seus pensamentos por medo da turba ignorante e fanática. Portanto, 1) a exigência moderna de uma sistemática, 2) o desconhecimento da forma artística, 3) a falta de um desenvolvimento realmente vivo, a consideração individual dos diálogos em conexão com o Platão vindo a ser Platão (*werdenden Plato*).

Toda uma nova corrente de estímulos partiu de Schleiermacher (*Obras de Platão*, traduzidas do grego, duas partes em cinco volumes. Berlim 1804-10. Parte III, v. I, 1828) 3ª edição 1855-62. Até agora, a melhor tradução, mas com um alemão empolado (nota-se a sedução dos *Discursos sobre a religião* etc.)[2]. Ele faz parte dos estilistas fatídicos, como Hegel. Volta-se contra o despedaçamento anatômico e sua montagem posterior num sistema de pensamentos doutrinais. Justamente em Platão, a forma e o conteúdo seriam inseparáveis. Ele contrapõe, por isso mesmo, àquela montagem sistemática o seu empreendimento de apresentar o *organismo da obra de Platão*. Quer estabelecer as obras singulares em sua conexão natural: quer fazer reconhecer, junto ao filósofo, também o artista. Pela primeira vez, chama a atenção, energicamente, para a aposta de Platão em um trabalho da escrita em *Fedro* 275a. Lá, diz o rei egípcio Tamuz ao deus Thoth, inventor da escrita: 1) οὐ μνήμης, ἀλλ᾽ὑπομνήσεως φάρμακος ηὗρες[3], 2) σοφία δὲ τοῖς μαθηταῖς δόξαν, οὐκ ἀλήθειαν πορίζεις[4] (aquele acredita ter encontrado um φάρμακον μνήμης τε

---

2. Cujo alemão é muito admirado: eu, porém, o considero um alemão funesto e empolado, no qual pode-se perverter seu estilo e mesmo seu sentido para o estilo platônico. (N. de Nietzsche)

3. Não para memória (achaste) o remédio, mas para a rememoração.

4. Quanto ao aprendizado, só proporcionas a seus alunos uma sabedoria aparente, não a verdadeira.

καί σοφίας[5]). Em seguida, Sócrates declara que é ingênuo quem atribui ao discurso escrito qualquer outra utilidade que não seja a de relembrar *aqueles que já sabem*. Razões: 1) O escrito, uma vez publicado, circula sem critério por toda parte e não sabe escolher para si os auditores corretos; 2) O escrito não tem nenhuma resposta às questões dos que têm desejo de aprendizado: quem acredita aprender com ele não obteve o conhecimento correto, mas sim somente uma enganadora aparência de saber (igual às plantas que desabrocharam rapidamente no jardim de Adônis); 3) Ele não é capaz de defender-se contra ataques injustos. – Para recordação, porém, o escrito serve enquanto εἴδωλον[6] dos discursos proferidos. O ensinamento oral é uma ocupação séria: o escrever é somente um jogo, um jogo nobre e magnífico, decerto (παγκάλη παιδιά). Este serve ao que sabe no sentido de que ele junta para si mesmo um tesouro de meios de memorização para a idade mais propensa ao esquecimento, e para todos os outros que tenham seguido o mesmo rasto. – Por meio de uma falsa interpretação, Schleiermacher chega a estatuir uma classe de escritos cujo propósito seria o de "trazer o leitor que ainda não sabe ao saber". Tal foi demonstrado como erro por Überweg, no *Exame da autenticidade e sequência cronológica dos escritos de Platão*, Viena, 1861, p. 21. Daí conclui Schleiermacher que Platão há de ter procurado evidentemente tornar a sua doutrina escrita tão semelhante quanto possível à melhor, ou seja, à oral. Isso o conduz à consequência de supor na *totalidade* dos escritos uma progressão semelhante a como esta aparece nos diálogos individuais e, em geral, na conversa oral, supondo, portanto, a progressão de um modo esti-

---
5. Remédio para a memória e para a sabedoria.
6. Imagem, simulacro.

mulante para um modo expositivo. Assim, ele diferencia as obras de Platão em I (parte elementar) e II (parte construtiva) e intercala obras que enchem o espaço intermediário entre a parte elementar e a construtiva.

I) Contém as doutrinas fundamentais da dialética enquanto técnica da filosofia, as ideias como o objeto da filosofia. Elas portam o caráter de juventude. O prático e o teorético estão, nelas, separados. Há muito de mítico, que mais tarde se torna científico.

II) Eles tratam da aplicabilidade daqueles princípios, da diferença do conhecimento filosófico com relação ao conhecimento comum, em referência à ética e à física. Distinguem-se através de um caráter artístico mais seguro. São "indiretamente expositivos".

III) "Exposição objetiva e científica". Caráter da idade e da maturidade superior.

Em todas as classes, ele diferencia *obras principais e secundárias, como que satélites*: I. *Fedro, Protágoras, Parmênides*; II. *Teeteto, O sofista, O político, Fédon, Filebo*; III. *A república, Timeu, Crítias*.

Obras secundárias I. *Lísias, Laques, Cármides, Eutífron;*
II. *Górgias, Mênon, Eutidemo, Crátilo, O banquete*; III. *As leis*.

Além disso, "escritos de ocasião" para I. *Apologia, Críton* (depois, alguns inautênticos ou em parte autênticos <)>, para II. *Teages, Erastes, Primeiro Alcibíades, Menexeno, Hípias maior, Clitofonte*; para III. nada.

Essa diferenciação de três classes é válida tanto cronologicamente quanto objetivamente. Schleiermacher supõe para toda a vida de Platão uma tendência que permaneceu igual, que reproduz a imagem de uma "conversa filosófica", como se toda a atividade de escritor fosse como que um grande λόγος. Para aí conduziu-o o pensamento de que, através desses escritos, *"aquele que ainda não sabe deve ser levado ao saber"*; o que seria possível alcançar através da maior aproximação possível à melhor forma da doutrina: a conversação oral. Aqui encontramos o πρῶτον ψεῦδος [erro primordial]: toda a hipótese está em *contradição* com o esclarecimento no *Fedro*, e é apoiada por uma *falsa interpretação*. Platão diz que somente para aquele que sabe o escrito tem seu significado como meio de recordação. Por isso, o escrito mais perfeito deve imitar a forma oral do ensinamento: para recordar como aquele que sabe tornou-se sabedor. O escrito deve ser "um tesouro de meios de recordação para si e para seus companheiros filósofos". De acordo com Schleiermacher, ele deve ser o *segundo melhor meio* de levar o que *não sabe* a saber. A totalidade (dos diálogos) teria assim um propósito doutrinal e educativo comum. Mas, segundo Platão, o escrito não tem um fim doutrinal e educativo, mas sim somente um fim rememorativo para os já educados e esclarecidos. A explicação da passagem do *Fedro* pressupõe a existência da Academia; os escritos são meios rememorativos para os membros da Academia. O pensamento de Schleiermacher pressupõe que Platão tenha sustentado por *toda a sua vida* um curso de lições; um pensamento inacreditável: pois as pessoas mudam, as capacidades são diferentes. A παγκάλη παιδιά[7] do escrito seria uma inaudita afetação se desenhasse para si, por 40 anos, um curso de tipo propedêutico: portanto, abstraindo de seus próprios conhecimentos e da situação respectiva, mas antes apenas orientando-se segundo um desenvolvimento *inteiramente simulado de um escolar* que regularmente seria ensinado durante 40 anos. (Tivesse ele esse plano, deixá-lo-ia perceber: de outro modo, a fi-

---

7. Jogo perfeito.

nalidade do plano inteiro teria malogrado. Ele haveria de fornecer ao leitor uma indicação.)

Aqui não se tomou em consideração o *artista*: que é impelido ele mesmo a expressar-se. Tampouco se levou em conta o *reformador político*, que, certamente, não anunciaria a reforma do Estado somente na última metade de uma atividade de ensino de 40 anos. Considere-se que no quadragésimo ano de vida acontecem a primeira grande viagem e a fundação da Academia. Em terceiro lugar, não se considera o professor: o qual, com seus escritos, não se dirige primeiramente ao público, mas antes a seus alunos. A hipótese <de> Schleiermacher é somente possível em uma época *literária*. Enquanto Tennemann reconhece em Platão o professor acadêmico (*akademischen Professor*) com o sistema, Schleiermacher vê nele o *mestre literário* (*litterarischen Lehrer*) que tem um público ideal de leitores e quer educá-los metodicamente: mais ou menos como ele, nos *Discursos sobre a religião*, se dirige aos homens cultos.

Parece, todavia, que, com esse quadro, Schleiermacher logrou aproximar bastante Platão de seus contemporâneos: ele o apresentou como um de nossos grandes clássicos. Encontramos, desde então, um culto a Platão, imitações em Schelling e Solger na forma dialógica e um zeloso trabalho dos filólogos, sobretudo Boeckh e Heindorf. Uma consequência dos pontos de vista de Schleiermacher foi o livro de Ast: *Vida e escritos de Platão*, Leipzig, 1816. Forma e matéria do diálogo brotam de *um* único germe. Em parte alguma, poderá ser negado o traço distintivo de Platão. Nas maiores obras, deve-se perscrutar esse espírito: de acordo com ele, apreciar as outras obras e, se for o caso, rejeitá-las. Ele rejeita, desse modo, além das já rejeitadas por Schleiermacher – *Mênon, Cármides, Lísis, Laques*, ambos os *Alcibíades*, ambos os *Hípias, Me-*

nexeno, Íon, Eutífron, Apologia, Críton e *As leis*. Ele diferencia, de modo semelhante a Schleiermacher, três grupos. – Em primeiro lugar, *socráticos*, nos quais o poético e o dramático são predominantes, depois *dialéticos* e finalmente *socráticos-platônicos*, nos quais predominam o poético e o dialético. – Devemos considerar com muita desconfiança o próprio princípio da *athetese*[8]: a perfeição como critério: tal é, por sua vez, um critério estético universal, o qual não tem nada em comum com o próprio testemunho de Platão a respeito da ὑπόμνησις[9]. O intuito de Platão não era o da obra de arte: esta foi alcançada aqui e ali, quase por acidente. Primeiro, por rememoração, um diálogo real deve somente ser fixado: isso acontece tal como os escultores gregos costumavam idealizar o retrato. Não eram, de modo nenhum, "realistas": também Platão não o era. Mas é uma falsa exigência a de designar as obras, de acordo com o *grau dessa idealidade*, como autênticas e inautênticas: pois aqui se toma o critério estético como *soberano*! *A república* é um escrito bem mais proeminente do que o *Górgias* ou o *Banquete*, e, todavia, esteticamente, é muito inferior. Esse impulso plástico em Platão é algo semelhante ao que acontece em Heródoto ou Tucídides: é a involuntária exteriorização do heleno artístico; mas há que se ajuizar Platão o menos possível *somente como artista*. Ele o é, mas isso na forma de uma contradição em face de sua inteligência socrática; porém, sua força artística vai sendo, progressivamente, sempre mais reprimida, como, por exemplo, em Νόμοι[10].

---

8. Termo utilizado pela filologia que significa uma falha em uma posição textual descoberta pelo trabalho crítico e posta de lado como inautêntica.
9. Ação de relembrar, rememoração.
10. Leis.

Estamos em uma posição falsa se ele nos aparece como um tipo da espécie artística helênica, enquanto essa capacidade era justamente uma das mais universais; a capacidade *especificamente* platônica, isto é, a capacidade político-dialética, representa algo de único. O estético é, em Platão, não intencional, e pouco a pouco ele é francamente combatido. O diálogo não quer ser considerado como *dramático*, mas como rememorativo, como um percurso dialético. Portanto – *o grau de perfeição não é absolutamente um princípio crítico*: se a tendência de rememoração é uma verdade. Pois não conhecemos absolutamente as razões que, a cada vez, conduziram Platão à παγκάλη παιδιά: sejam elas importantes ou não. E muito menos sabemos minimamente a respeito de uma tendência mais elevada e estável, que deveria ser chamada de estética, em tudo o que escreveu. Há naturezas que só publicam, em geral, o que lhes parece perfeito: a maior parte é diferente. O que seria das obras completas de Goethe se quiséssemos formar um tal cânon crítico? – Por outro lado, Platão podia sentir-se, em tudo o que escreveu, perfeito – não no sentido estético, mas como mestre diante dos discípulos, como mestre dialético. O dialético em Platão é, *para nós*, frequentemente o aborrecido, faz-nos rir etc. Para ele mesmo, e para seu tempo, é o sinal distintivo do filósofo e valia como a mais rara capacidade. Cada diálogo dialético é algo perfeito nesta medida: na medida em que uma disposição muito rara pronuncia-se nele[11]. Seria mesmo o caso de formar um cânon segundo essa *perfeição dialética*: isso se ainda fosse possível, para nós, avaliar a gradação dialética! Em segundo lugar, a natureza de Platão não é absolutamente uma natureza

---

11. O trecho que vai de "O grau de perfeição" até "expressa-se" foi recebido na *Preleção sobre história da literatura grega*, § 11.

lógica, e por vezes suas forças estão justamente onde podemos notar certa desconsideração do curso lógico. Portanto, também não se deve empregar esse cânon. Nem a perfeição artística nem a dialética são um critério seguro[12].

De sentido semelhante ao de Ast, todavia de modo mais científico e filológico, é a obra de Socher, Munique, 1820, *Sobre os escritos de Platão*. Os critérios de autenticidade são retirados por ele das obras normais (*Normalwerken*): *Fédon, Protágoras, Górgias, Fedro, O banquete, A república* e *Timeu*. Ele supõe quatro períodos literários: 1) até a morte de Sócrates, inclusive, 2) do trigésimo ao quadragésimo ano de vida, até a fundação da Academia, 3) até os 55 ou 60 anos e 4) a idade mais avançada. Toda uma gama de diálogos insignificantes, como *Laques, Hípias II, Alcibíades I* etc., ele põe, contra Ast, nos primeiros períodos. Trata-se do gênero muito bem-aceito dos "escritos de juventude". Para nós, um conceito totalmente condenável. A experiência de todos os grandes gênios mostra que dos 20 aos 30 anos estes já trazem consigo todos os germes de sua mais própria grandeza, na maioria das vezes num ímpeto de vida pujante, rude, imperfeito, mas infinitamente rico. É algo inteiramente equivocado tratar diálogos estéreis como "escritos da juventude".

---

12. *Razões contrárias (Gegengründen) ao cânon da perfeição.*

1º Ele não era ao pé da letra um escritor para que se pudesse colocar um tal acento na perfeição. Era escritor só secundariamente: παγκάλη παιδιά.

2º Ele pensava o menos possível em apenas produzir obras de arte.

3º O caráter rememorativo acarretou muito de casual e de pequeno.

4º Justamente também no interesse de alguns discípulos ele registra, aqui e acolá, uma conversação.

5º A prova dialética passava, para ele, por ser a suprema: isso é algo que repugna à perfeição. (N. de Nietzsche)

Nós nos atemos à tradição de que o *Fedro* é, em geral, o primeiro escrito. Ademais, aquela representação de escritos da juventude 1) é contra o testemunho do próprio Platão, 2) é muito inadequada para uma época não literária. Naquele tempo, o impulso para *escrever* é ainda pequeno. O jovem, em particular, tinha, então, planos e impulsos completamente outros do que, justamente, escrever. – É importante que Socher, por razões de forma e de conteúdo, considere inautênticos três grandes diálogos: *Parmênides*, *O sofista* e *O político*. Diferentes sentenças importantes: Platão não escreveu *A república* em torno dos seus 37 anos; o *Fédon* não coincide temporalmente com *O banquete*; o *Górgias* não foi elaborado durante o período da prisão de Sócrates; *Protágoras* e *Fedro* não devem ser considerados primeiros escritos. O *Fedro* deve ser considerado programa inicial para o começo da atividade de ensino de Platão.

Subordinado ao ponto de vista de Stallbaum na meritória edição de *Platonis quae supersunt opera recogn.* [As obras que restaram de Platão. Obra revista] G. Stallbaum, Leipzig, 1821-26. 12 volumes completos. Nova edição: nove volumes, Gotha 1833-36. Do mesmo modo, H. Ritter, no segundo volume de sua *História da filosofia*, Hamburg, 1830. Muito significativo C. Fr. Hermann, *História e sistema da filosofia platônica*, Heidelberg, 1839, uma obra cheia de grande erudição e de autêntica perspicácia. Obra contraposta a Schleiermacher. Ele pergunta: se Platão, caso tivesse tido tal intenção metódica, a teria mantido tão oculta que nenhum dos seus contemporâneos chegou a notá-la – pois até Schleiermacher ninguém a notou! Também ele acredita no quadro de um desenvolvimento vivo de Platão nos escritos: não só em um desenvolvimento tal que Platão somente apresentasse em seu próprio exemplo perante seus leitores, e cujo fim e meta ele já conhecesse, mas sim um desenvolvimento realmente vivido, que corresse paralelo ao progresso da atividade literária. Ele nomeia isso um desenvolvimento "puramente histórico", em contraposição ao "pseudo-histórico" de Schleiermacher. A "unidade espiritual das obras" não reside nem [em] uma ligação metódica nem em uma visão de mundo sempre igual a si mesma, mas antes na *vida espiritual individual do autor*. Antes de tudo é requerido o entendimento do desenvolvimento filosófico de Platão. Hermann está convicto de que Platão não pode ter chegado à conclusão de seu sistema antes do retorno de sua grande viagem: todos os diálogos que foram escritos antes de seus 40 anos valem para ele como testemunho da história de seu desenvolvimento. Para um estudo da filosofia mais antiga, não se encontrava disponível, em Atenas, nenhum grande meio de auxílio: por isso ele precisou viajar. Ele teria partido da ética socrática: depois do abalador acontecimento da morte de Sócrates, ter-se-ia dirigido para junto de Euclides em Mégara; mais tarde, ter-se-ia ele ligado aos pitagóricos através da viagem à Sicília. O primeiro período contém os escritos socráticos, *Hípias II*, *Íon*, *Alcibíades*, *Cármides*, *Lísis*, *Laques*, depois *Protágoras*, *Eutidemo*, *Mênon* e *Hípias I*. No segundo período percebe-se a influência megárica: *Crátilo*, *Teeteto*, *Sofista*, *Político*, *Parmênides*. Já o terceiro tem à frente o *Fedro*, como programa, depois *Menexeno*, *O banquete*, *Fédon*. Esse período fecha com *República*, *Timeu*, *Crítias* e *Leis*. Primeiro período: caráter próprio da juventude; socratismo estreito; não traz nenhuma outra visão da vida diferente da que podemos conhecer por Sócrates e Xenofonte. Segundo período: depois de ter travado conhecimento com as opiniões doutrinais de seus predecessores, seus conflitos e fusão com o socrático. A perspicácia dialética havia de recuar diante da plasticidade poética: aqui e ali inabilidade e obscuridade. Esses diálogos são compostos a uma grande distância do seio materno do classicismo: daí as durezas e rudezas estilísticas. Terceiro período: com o seu regresso à pátria, retorna ele a si mesmo; depois que o conhecimento pitagórico enriqueceu-o com seu tesouro de imagens e ideais, sua realização lhe aparece, agora, como o coroamento de sua vida. Em um apêndice: conferência "sobre os motivos literários de Platão". Nas dissertações completas, Göttingen, 1849, pp. 281 ss., ele parte da passagem de *Fedro* e a interpreta contra Schleiermacher, no sentido de que Platão justamente explicou todo escrito como inútil para a comunicação científica e para o ensino. Ora, que posição os escritos tomam com relação à sua própria doutrina? O núcleo da doutrina não estaria contido neles, a "doutrina das ideias suprassensíveis" estaria reservada às comunicações orais. Os princípios supremos seriam mencionados nos escritos somente de passagem ou vagamente.

Tal ponto de vista nomeia-se especificamente "histórico". Não nos deixemos iludir com isso. Para a apresentação histórica de um grande homem, a maneira mais dileta é a de pressupor um paralelismo entre suas vivências externas e suas mudanças internas. Isso, porém, segundo os exemplos mais destacados, não é absolutamente necessário. Imagine-se, por exemplo, uma posteridade que se esforça por reencontrar a influência da "elevação alemã" sobre Goethe em seu entusiasmo pelas matérias e formas autenticamente alemãs: quão desviante não seria! (O mesmo acontece com o cânon da perfeição!) Especialmente complicado é encontrar algo semelhante em um *filósofo*: e junte-se a isso que muito pouco ainda se *sabe* sobre Platão; cada informação que por acaso falta teria produzido em Hermann um curso diferente de desenvolvimento!

Ele tem os "escritos de juventude". Depois, é moderna em demasia a concepção de que Platão não podia estudar a filosofia antiga o suficiente em Atenas, e que, por isso, fazia suas viagens. As "influências megáricas" são puro nevoeiro marinho: não se sabe quase nada da filosofia megárica. E por que Euclides haveria de estar pronto e Platão ainda não?

Múltiplas contradições, por exemplo, em Brandis: *Manual da história da filosofia greco-romana*, Berlim, 1844; e Zeller: *Filosofia dos gregos* (comprovado já em 1839 através dos *Estudos platônicos*), v. II, 1859. Por outro lado, tem um seguidor em Deuschle, depois em A. Schwegler (*Esboço da história da filosofia*) e sobretudo em Steinhart (*Para Hieron*, tradução alemã de Müller), o qual aceita o seguinte:

1) socráticos: *Íon, Hípias I e II, Alcibíades I, Lísis, Cármides* (404[13]), *Laques, Protágoras*;

2) na transição de Sócrates para a doutrina das ideias: *Eutidemo* (402), *Mênon* (399), *Eutífron, Críton* (399), *Górgias, Crátilo*, ambos a partir da estadia megárica;

3) os dialéticos: *Teeteto* (393), *Parmênides, Sofista, Político* (durante as viagens);

4) depois das viagens e do pitagorismo: *Fedro* (388), *O banquete* (385), *Fédon, Filebo, República* (367), *Timeu, Leis*.

Também *Susemihl* liga-se a Hermann em *O desenvolvimento genético da filosofia platônica exposto introdutoriamente*, Leipzig, 1855. Servindo de mediador. Inicialmente, os estágios do progressivo desenvolvimento de seu autor; mais tarde, um curso doutrinal elevando-se passo a passo.

---

13. Os números colocados junto aos diálogos são as datas (a.C.), quando são passíveis de serem estabelecidas, segundo o respectivo autor.

Numa perspectiva diferente, o livro de Suckow: *A forma científica e artística dos escritos platônicos exposta em sua singularidade até agora oculta*, Berlim, 1855. Importante aqui é o exame da autenticidade; são aduzidos os testemunhos externos, em particular os de Aristóteles. Não obstante *O político* e *As leis* serem atestados por Aristóteles, ele afirma, todavia, sua inautenticidade: Aristóteles ter-se-ia deixado enganar. A tronco autêntico: *Fedro, O banquete, República, Timeu*. A autêntica ramagem, muito embora não isenta de qualquer dúvida: *Fédon, Filebo, Teeteto, Sofista*. Um pretenso sinal de *autenticidade*: todo discurso deve possuir cabeça, tronco e pés; portanto, deve ser tripartite. Cada peça principal deve, por sua vez, ter dois membros. Análise tediosa.

Suckow não deixou de influenciar Munk em: *A ordem natural dos escritos platônicos*, Berlim, 1857. O fim literário de Platão seria "a imagem de vida ideal de Sócrates servindo como modelo de pensador e homem em uma série de cenas características planejadamente desenvolvidas". 1. A consagração de Sócrates ao filosofar: *Parmênides*. / 2. As lutas contra a falsa sabedoria: *Protágoras, Cármides, Laques, Górgias, Íon, Hípias I, Crátilo, Eutidemo, O banquete*. / 3. Ele ensina a autêntica sabedoria: *Fedro, Filebo, República, Timeu, Crítias*. / 4. Ele prova a verdade de sua doutrina através da crítica das opiniões contrapostas e por sua morte de mártir: *Mênon, Teeteto, Sofista, Político, Eutífron, Apologia, Críton, Fédon*. Esse é o "ciclo socrático". Os escritos de juventude *não* pertencem a ele: *Alcibíades I, Lísis, Hípias menor*, em parte, mais tarde, *Menexeno* e *As leis*. Platão teria modificado sua própria história de desenvolvimento de acordo com as circunstâncias externas da vida de seu mestre. A apresentação genética do conteúdo dos diálogos seria menos uma apresentação histórica do que uma apresentação ideal, e não condiz com a gênese propriamente dita.

Bonitz, em *Estudos platônicos*, Viena, 1858, quer reconhecer, novamente, o curso de pensamento efetivo, não, como até então, quais pensamentos Platão só pressentia, quais ainda não era capaz de apresentar. Ele está profundamente penetrado pela insegurança de todo o terreno. Exige análises simples e as fornece, análises do *Górgias*, *Eutidemo*, *Teeteto* e *Sofista*. Através dele, foi suscitada uma questão controversa em Viena, em 1859, a saber: se pela ordenação de Hermann realmente teria sido apresentada uma prova pretensamente repousando nos fatos históricos: Fr. Ueberweg, *Exames sobre a cronologia e autenticidade dos escritos de Platão e sobre os momentos capitais da vida de Platão*, Viena, 1861. Ele chega a uma posição entre Hermann e Schleiermacher: o pensamento fundamental de Hermann, de que se manifesta nos escritos um desenvolvimento progressivo, seria bem fundamentado, mas o essencial da forma metódica (segundo Schleiermacher) seria igualmente fundamentado; ambos os pontos de vista teriam sido, até agora, apreendidos de maneira por demais exclusiva; ambos os princípios haveriam de, em parte, limitar-se mutuamente, em parte completar-se. Método e autodesenvolvimento de Platão haveriam de ser conciliados. O mais importante é a segunda parte, da página 112 até a 296. Os testemunhos históricos sobre a vida e o desenvolvimento de Platão, assim como sobre a autenticidade dos diálogos; os vestígios externos mais seguros da época de elaboração; a relação interna de um diálogo com o outro. Nesse aspecto, ele ainda crê na referência à vida. É importante o tratamento dos testemunhos aristotélicos. Ele demonstra que *Sofista*, *Político* e *Filebo* são escritos tardios. Com relação à autenticidade, chega à seguinte gradação:

> *República*, *Timeu*, *Leis*, de acordo com Aristóteles, que cita Platão; *Fedro*, *Fédon*, *O banquete*, de acordo com Aristóte-

les, que não o cita, mas em ligação com testemunhos mais tardios.
Mênon, Górgias, Hípias menor, Menexeno, de acordo com Aristóteles, que não menciona propriamente Platão.
Teeteto, Filebo, a partir de referências feitas por Aristóteles, com a menção do nome de Platão.
Sofista e *Político,* muito provavelmente referências de Aristóteles, mas sem menção ao nome de Platão.
Apologia, muito provável referência de Aristóteles, mas sem menção ao nome de Platão.
Lísis, Laques, Eutidemo, Protágoras, referências não improváveis, mas sem menção de nome.
Atestados somente através de Aristófanes de Bizâncio: *Crítias, Minos, Epinomis, Eutífron, Críton, Cartas.*
Atestados somente por Trasilo: *Parmênides, Alcibíades I* e *II, Hiparco, Anteraste, Teages, Cármides, Hípias maior, Íon, Clitofonte.* Segundo Aristóteles, não pode haver nenhum *Hípias maior,* mas também nenhum *Parmênides.*

No que concerne ao último ponto, ele não considerou Diógenes Laércio, III, 61, rigorosamente. Lá não é dito expressamente quais escritos Aristófanes[14] põe somente καϑ'ἕν καί ἀτάκτως[15]. Mas ele menciona toda uma massa de ordenações para as quais, todas, o mesmo número de escritos passa por inautêntico. νοϑεύονται δὲ τῶν διαλόγων ὁμολογουμένως[16] etc. Porém, como escritos iniciais, são nomeados:
República/ Alcibíades μείζων[17]*/ Teages/ Eutífron/ Clitófon/ Timeu/ Fedro/ Teeteto/ Apologia*: os quais, portanto todos,

---
14. Portanto, atestado *antes* de Trasilo (*mais antigo* do que Demétrio da Magnésia) 1) Alcibíades I 2) *Clitofonte.* (N. de Nietzsche).
Trata-se de Aristófanes de Bizâncio, um erudito helenista.
15. Unidos e ordenados.
16. Aqueles dos diálogos que são inautênticos.
17. Referência ao Primeiro Alcibíades.

são pressupostos também no πίναξ[18] de Aristófanes de Bizâncio. Notável é também a concordância na νοθεύσις[19] de Μίδων ἢ Ἱπποστρόφος, Ἐρυξίας ἢ Ἐρασίστρατος, Ἀλκυών, Ἀκέφαλοι ἢ Σίσυφος, Ἀξίοχος Φαίακες Δημόδοκος Χελιδών Ἑβδόμη, Ἐπιμενίδες[20]. Portanto: conquanto a ordenação nas tabuletas (*Pinakografen*) seja muito diversa, domina, quanto à questão de ser autêntico ou inautêntico, uma completa concordância. Só se explica a crença de Trasilo nos números místicos (36 escritos, 56 livros, nove tetralogias) se ele tivesse encontrado previamente uma tradição indubitável e inatacável. Cf. N[ietzsche] *Contribuições para um estudo das fontes e crítica de Diógenes Laércio*. Programa do *Pedagogium,* Basileia, 1870[21].

Importante ponto de vista de Ueberweg: os diálogos *Eutidemo, Sofista, Político* seguem-se ao *Fedro,* tomando como referência a doutrina das ideias e porque o nome e o conceito da [doutrina das ideias] dialética são introduzidos no *Fedro* como algo novo, e nos outros diálogos são supostos como conhecidos. Na sequência seguem *Fedro, Timeu, Fédon,* de acordo com o seguinte desenvolvimento

Fedro 1º O que concerne ao princípio dura sempre, o condicionado é efêmero.

2º A alma é algo que concerne ao princípio, a saber, ἀρχὴ κινήσεως[22].

3º Por isso, a alma dura sempre.

---

18. Quadro.
19. Inautenticidade.
20. Mídon ou o criador de cavalos, Erixias ou Erasistratos (*nome de um dos Trinta Tiranos de Atenas – parênteses nossos*), Alcíon; Acéfalos, ou: Sísifo, Axíocos, Feácios, Demódoco, Andorinha, Sétima, Epimênides.
21. T. II 1, pp. 191-245, da edição alemã que serviu de base a esta tradução.
22. Princípio do movimento.

Timeu 1º Tal como em *Fedro*.

2º A alma não é algo concernente ao princípio, mas sim articulada pelo conformador do mundo a partir de diversos elementos, condicionada, em sua essência e em sua atividade, pelas ideias.

3º Por isso, ela é algo que veio a ser no tempo, é também, conforme sua natureza, sujeita à dissolução; nas suas partes mais inferiores, realmente atingida pela dissolução; em suas partes mais preciosas, porém, assegurada contra a dissolução pela vontade divina.

Fédon 1º Mesmo algo condicionado, se está relacionado a determinada ideia de maneira essencial e inseparável (por exemplo, à ideia de vida), participa da imperecibilidade.

2º Como no *Timeu*: a alma é condicionada pelas ideias, com a determinação mais próxima: ela se encontra inseparavelmente ligada à ideia de vida.

3º A alma é imortal. (pelo lado do futuro)

O *Mênon* viria antes do *Fédon*, a *República* antes do *Timeu*, o *Político* e o *Sofista* somente depois do *Fédon*. Ele põe o *Górgias* antes do *Fedro* e, antes do *Górgias*, o *Protágoras*. O *Mênon* depois do *Górgias*. Os diálogos menores, *Lísis*, *Laques*, *Cármides*, *Hípias II*, ele põe, junto com o *Protágoras*, ainda no tempo em que Sócrates era vivo[23].

---

23. No começo do *Esboço da filosofia prática*, Berlim, 1864, p. 97: depois de ele se deixar convencer pela inautenticidade de *Sofista* e *Político*, descreve assim o desenvolvimento:

Protágoras no extremo, depois os pequenos diálogos, também, provavelmente, o *Górgias*. No *Fedro* e em *O banquete*, sobrevém-lhe um novo espírito, o pressentimento de um mundo das ideias com um fluxo dis-

Portanto
Protágoras e os pequenos diálogos/ antes da morte de Sócrates. Depois disso, primeiramente *Apologia* e *Críton*
Górgias, depois da volta de Mégara para Atenas
Fedro em 386 ou 385, para a inauguração da atividade docente. *Mênon*: 382
República 382-367. Depois de *Fedro*: também *Eutidemo* e *Crátilo*
Timeu e *Crítias*
Fédon
/ *Teeteto, Político, Sofista* e *Filebo*/ de 367-361.
As leis, por último.

Inautêntico de acordo com Ueberweg: *Hípias maior*. Em *Metafísica*, IV, 29, 1025 A, 6, de Aristóteles, o *Hípias menor* é mencionado como ὁ ἐν τῷ Ἱππίᾳ λόγος[24]. O *Parmênides* não é mencionado em parte alguma por Aristóteles: como este poderia ignorá-lo? Deveras, Aristóteles nega, com secas palavras, que Platão tenha feito, alguma vez, investigações tais como nós as encontramos no *Parmênides*. Além disso, o *Parmênides* continha uma [um combate] oposição à doutrina das ideias contestada por

---

cursivo incomum. Ele fundamenta esse mundo dialeticamente e, de modo aproximado, sistematicamente na *República* e *Timeu*, aos quais se perfila o *Fédon* como fechamento do ciclo. Ele teria, aqui, somente aludido ao que é mais essencialmente princípio, o que seria completado pelos tratados orais de sua escola. O conteúdo dessas *diatribes*, ele teria revelado somente mais tarde, talvez somente num posterior acréscimo ao ciclo, no *Crátilo*, no *Teeteto* e no *Filebo*; por outro lado, com transformação essencial da doutrina das ideias e com influência concomitante de expressões aristotélicas, no *Sofista* e no *Político*, Aristóteles sendo um de seus alunos: a estes últimos diálogos parece perfilar-se, mais tarde, o *Parmênides*. *As leis*, que teriam sido elaboradas em idade avançada, situam-se fora do ciclo. (N. de Nietzsche)

24. O discurso de Hípias.

Aristóteles, portanto supunha a produção escrita de Aristóteles. Levando em conta todas as circunstâncias, o *Parmênides* deveria ser contado, por causa da forma da doutrina das ideias, entre os mais tardios escritos: mas isso também não é permitido. Talvez, poder-se-ia supor que Platão leve em consideração uma objeção de seu maior aluno: mas depois [ele] não teria podido calar Aristóteles e teria tido que opor-se novamente ao *Parmênides*. Portanto, o diálogo deveria ser considerado como inautêntico e composto por um platônico como oposição a objeções contra a doutrina das ideias: provavelmente logo após a morte de Platão. Ueberweg defendia a sua opinião contra ataques de Deuschle e Susemihl.

A *athétese*[25] do *Parmênides* teve uma consequência imediata: Schaarschmidt no *Rheinisches Museum* N.F. 18, pp. 1-28, e 19, pp. 63-96 (1862 e 1863) declarou serem inautênticos *O sofista* e *O político*. Formalmente, eles comporiam um todo com o *Teeteto*. Em oposição a isso, Hayduck, no Programa do Gynasium de Greifswalder, 1864, e Alberti. *Rheinisches Museum*, 1866, p. 130. Depois, seguiu-se a inautenticidade de *Crátilo*, defendida por Schaarschmidt, no *Rheinisches Museum* XX, 1865, p. 321: Alberti responde no *Rheinisches Museum*, 1866, XXI, p. 180, e Benfey, Göttinger, *Notícias da Academia*, março 1866, e *Sobre a tarefa do diálogo platônico Crátilo*, Göttingen, 1866. Em outro sentido, ceticamente, Heinrich von Stein (*Sete livros para a história do platonismo*, parte II, Göttingen, 1864) aniquilou as indicações tradicionais sobre a vida de Platão: o mito biográfico e a tradição literária. A isso ligava-se Schaarschmidt: *O conjunto dos escritos de Platão*, Bonn, 1866.

Schaarschmidt ordenou, segundo a sequência, *O sofista, O político, Crátilo, Filebo, Mênon, Eutidemo*: natural-

---

25. Rejeição crítica.

mente *Lísis, Laques, Cármides*. Notável apreciação de seus princípios gerais por Steinhart, *Revista para a filosofia e para a crítica filosófica*, v. 58, primeiro caderno, p. 32, segundo caderno, p. 193. Schaarschmidt começa com uma visão histórica de conjunto das opiniões sobre autenticidade e inautenticidade, examina, no cap. II: as antigas notícias sobre a atividade literária de Platão (sublinha a inautenticidade das cartas, contesta o megarismo). Cap. III: exame dos antigos testemunhos pela autenticidade, em especial dos testemunhos de Aristóteles: acha *Filebo, Sofista, Político, Apologia, Menexeno, Eutidemo, Laques* e *Lísis* não atestados. Cap. IV: apresentação do critério para a autenticidade dos escritos platônicos, em especial os propósitos literários de Platão. Cap. V: os diálogos *Parmênides, Sofista, Político, Crátilo, Filebo, Eutidemo, Mênon*. Cap. VI: os escritos menores, *Apologia, Críton, Hípias menor, Eutífron, Lísis, Laques, Cármides*. Portanto, considera autêntico: *Fedro, Protágoras, O banquete, Górgias, República* e *Timeu, Teeteto, Fédon, As leis*.

Muito importante aqui é a posição com relação aos testemunhos aristotélicos. 1º Para os três atestados, o testemunho é decisivo para Schaarschmidt (quando mesmo *Ueberweg* duvida do livro X da *República*, *Weisse* considera o *Timeu* inautêntico, assim como *Zeller* considera *As leis*, o que esclareceu *Ribbing*, de acordo com ele). 2º Ele toma o silêncio como um grave testemunho contrário a respeito da autenticidade (exceto diversos menores, como *Protágoras, Parmênides, Eutidemo, Crátilo*). Mas esse silêncio se estende também ao *Protágoras*, que o próprio Schaarschmidt considera autêntico. Todo esse ponto de vista é injusto. Aristóteles poderia não chegar a um registro completo das obras de Platão. Além disso, a boa metade das obras de Aristóteles está perdida para nós. 3º O não testemunho considerado por parte de Schaarschmidt é tomado de modo excessivamente crítico. *Mênon, Apologia, Hípias menor, Menexeno*, sem menção do autor, passam para ele por não atestados; ora, então *Górgias, Fedro* e *O banquete* são também não atestados, de vez que neles também não se menciona o nome de Platão. 4º Além disso, é feita referência bem segura ao *Sofista* e ao *Filebo*. Aqui, Schaarschmidt tem um estratagema próprio. Naqueles que para ele passam como inautênticos, mas que, por outro lado, são atestados por Aristóteles, ele inventa o falsificador de Aristóteles, impedindo que seja Aristóteles a falsificar Platão.

Novo estratagema: ele relaciona referências a certas passagens dos diálogos autênticos, nas quais deve estar contido o mesmo pensamento, ainda que não com as mesmas palavras. No *Parmênides* e no *Sofista* devem ter sido introduzidos pensamentos aristotélicos. – Ueberweg chegou até a seguinte diferenciação: onde Aristóteles expressa-se no presente (*Platão, Sócrates diz*) acha tratar-se de um escrito platônico, onde se expressa no imperfeito, acha tratar-se de expressão oral de Platão ou de Sócrates. Isso não é aceito por Schaarschmidt.

Ora, Schaarschmidt quer tomar os mais bem atestados como critério: tais são somente *República, Timeu* e *As leis*, de grande discrepância na forma. Todos os três ficam aquém do ideal da perfeição formal com relação a *Banquete, Fedro* e *Fédon*; *Parmênides* e *Filebo* encontram-se aproximadamente na altura artística de *A república*: quem ousará definir o ponto em que se detém o platônico? O julgamento de que Platão teria escrito somente obras perfeitas em sua forma funda-se sobre alguns diálogos escolhidos conforme a predileção, não nos diálogos mais firmemente atestados.

Outra conclusão falsa: Platão não pode ter incorrido em contradição; ora, ocorrem em vários pretensos diálogos platônicos tais contradições, logo eles não são de Platão. Mas devem-se creditar a Platão um devir, um progresso e depois, também, considerações propedêuticas. A nos pautarmos por esse cânon, nenhum grande filósofo teria existido. Além disso, acontece de aquela aparente contradição ser mais forte justamente nos escritos mais firmemente atestados: a saber, a falta da doutrina das ideias no *Protágoras* e no *Górgias* (como poderia faltar aqui a demonstração da oposição entre saber e opinião nas verdades éticas fundamentais?). Todavia Schaarschmidt aceita esses diálogos como autênticos.

Afastado desses esforços negativos dos alemães está: *Platão e os outros discípulos de Sócrates*, de Grote, Londres, 1865. Este considera os diálogos atestados por Trasilo autênticos: 1) porque seria de supor-se que eles eram guardados na Biblioteca de Alexandria como platônicos; 2) porque deveríamos aceitar que se os adquiriram dos platônicos da Academia logo no início; 3) esses platônicos deveriam ter um arquivo completo. Essas três proposições têm uma força de prova decrescente. Seria provar demais, porque aos escritos tidos por autênticos por Aristófanes de Bizâncio também pertencem *Minos* e as *Cartas*. Ele afirma, com excelentes razões, que toda a literatura de Platão e dos socráticos só começa com a morte de Sócrates. Não acredita que a sequência cronológica da maioria dos diálogos se deixe averiguar. A ordenação escolhida por ele é: *Apologia, Críton, Eutífron, Alcibíades I, II, Hípias maior e menor, Hiparco, Minos, Teages, Eraste, Íon, Laques, Cármides, Lísis, Eutidemo, Mênon, Protágoras, Górgias, Fédon, Fedro, O banquete, Parmênides, Teeteto, Sofista, Político, Crátilo, Filebo, Menexeno, Clitófon, República, Timeu, Crítias, As leis, Epinomis*.

O mais extremo excesso do ceticismo (como Val. Rose Pseudo epigramas *de* Ar.). *A república de Platão*, de A. *Krohn*, Halle, 1876.

Antes: *Sócrates e Xenofonte*, Halle, 1875. Aqui, para ganhar uma imagem modificada de Sócrates, ele teria declarado inautênticos todos os maiores diálogos nos *Memoráveis*. Ele nega a ignorância socrática e a maiêutica, a totalidade do procedimento do diálogo e de catequização como sendo imagens furiosas, uma "caricatura de Sócrates", produzida pelo λόγος Σωκρατικός [discurso socrático]. O ciclo da literatura socrática teria sido inaugurado por Xenofonte, com o seu discurso de defesa (com o conteúdo autêntico dos *Memoráveis*), depois a *República* de Platão, o "mais antigo diálogo socrático". Mas, por fim, não considera *nenhum* diálogo mais como platônico, como parece. Platão teria chegado à *República* "sem ter pensado completamente no tema". O esboço original são os quatro primeiros livros. Imediatamente continuam, depois, o oitavo e o nono, com exceção de certos trechos.

Nessa parte, não sabe nada ainda da doutrina das ideias e da imortalidade: nessa parte há um ponto de vista inteiramente primitivo (realista e prático) em tudo. – Com o acréscimo do livro 5 entre o 4 e o 8, entra em um segundo estágio, a metafísica sobrevém-lhe, otimismo mais alegre com a vida e com o futuro, disposição de humor de todos os helenos. Depois o livro 10 B. Finalmente, com a intercalação dos livros 6 e 7, passa a um estágio mítico com um pessimismo sem consolo. – De resto, ele alude à sedução de que a alma de Platão tenha renascido e exista agora – prof. Lotze em Göttingen.

Grote – Bonitz (Zeller, 2ª edição, 1875), *principal influência*. Atividade modesta, a saber, análise e *crítica de texto*.

[Zeller] fundamentando-se em tais análises, por exemplo,

a mais significativa obra dos últimos anos foi

Peipers, *Investigação sobre o sistema de Platão*, parte I, "A teoria do conhecimento", Leipzig, 1874. Aparentado com o premiado escrito de Joh. Wolff, *A dialética platônica, seu valor para o conhecimento humano* (na *Revista para a Filosofia* de Fichte, v. 64, 65, 66).

Começos de uma edição crítica rigorosa

Martin Schanz, v. I, *Eutífron, Apologia, Críton,* Leipzig, Tauchnitz, *in-oitavo* grande, 1873

Os estudos para a história do texto platônico *do mesmo*.

Todos os manuscritos dispostos a partir de uma ordem, a ordenação de Trasilo, que não surgiu antes de 400 depois de Cristo, em dois volumes, o primeiro contém as sete primeiras tetralogias, o segundo, o resto. Sobretudo, é importante (B) *Bodleianus*: junto ao último vem a ser considerado *Venetus* II (D) e o *Tubingensis* (C). Em contiguidade uma *segunda* família, e depois códices misturados das duas famílias. Para as seis primeiras tetralogias, é considerada somente a família I, a de *Bodeianus, Tunbingensis* e *Venetus*. Isso é contestado por Albr. Jordan, *Anuário para a filologia*, suplemento e o seguinte VII.

Edição *única* magistral: *O banquete*, editado por Otto Jahn, *editio altera ab Usenero recognita*. Bonn, 1875.

2. A vida de Platão

Fontes: Diógenes *Laércio*, todo o terceiro livro, 1-45, trata da vida de Platão. Esse trecho exige um cuidado especial porque ele dedica sua obra a uma mulher que venera Platão. Essa indicação não se refere à obra de Laércio mesma, mas à sua fonte principal, a Diocles de Magnésia, que viveu no tempo de Nero e depois deste. Laércio é provavelmente um poetastro; ele editou um conjunto de epigramas em vários livros. O primeiro chamava-se πάμμετρον[26]. Nesse livro, contava as espécies de morte que tiveram os filósofos famosos em 44 epigramas. As espécies de morte mesmas, ele as tomou de Diocles. Mais tarde, fez um extrato dos βίοι[27] de Diocles para publicar novamente seus epigramas aumentados por Favorinus. Esse Diocles era epicurista. Ele usava para os seus βίοι, principalmente, os Ὁμώνυμοι[28] de Demétrio de Magnésia, as διαδοχαί[29] de Antístenes, a ἀναγραφὴ τῶν φιλοσόφων[30] de Hipóboto e alguns contemporâneos. Principalmente Demétrio, que trabalhou de modo enciclopédico sobre todos os βιογράφοι[31] famosos. Suídas tem também um parentesco com essa obra, através de Hesíquio. Cf. *de fontibus Laertii Diog. Rheiniches Museum*, v. 23, p. 632, v. 24, p. 181, v. 25, p. 217, Programa do Pedagogium, 1870[32].

Apuleio Madaurensis. *De doctrina et nativitate Platonis*[33], o espirituoso platônico sob o reinado de Adriano [e Antonino]: apresenta a tradição dos neoplatônicos. Edição Hildebrand, Leipzig, 1842. *Olympiodori vita Platonis*[34] (nos βιογράφοι de Westermann). Braunschweig, 1845, depois na edição didática de Diógenes Laércio. Depois uma *vita* muito aparentada, editada pela primeira vez por Heer (Biblioteca da literatura e arte antigas, Göttingen, 1789). Ela constitui o começo dos Προλεγόμενα τῆς

---

26. Trata-se de uma obra que compreende versos de todos os metros.
27. Vidas.
28. Homônimos.
29. Sucessões.
30. Relação dos filósofos
31. Biógrafos.
32. Vol. I, 1, pp. 75-245 da presente edição.
33. Da doutrina e do nascimento de Platão.
34. A vida de Platão, de Olimpiodoro.

Πλάτωνος φιλοσοφίας[35] (editados por K. F. Hermann, no v. VI de Platão), cf., para tanto, o *praefatio* de Hermann, pp. XXVI-XXXI: onde ele diz que ambos os βίοι remontam a um *único* Olimpiodoro.

A fonte mais importante são as *Cartas*, das quais as mais importantes são a 3, a 7 e a 8. Trabalho muito arguto e erudito de Karsten, 1864, com resultados convincentes: os objetos tratados nas cartas portam o selo da poesia, não da verdade: os pontos de ligação são rebuscados; frequentemente ocorrem longas digressões, frases tolas são entretecidas, a composição maneirista não se ajusta bem à finalidade. A linguagem é imitada de Platão sem naturalidade. A carta 7 é, formalmente, coligida a partir de frases platônicas: mas com nódoas e negligências deploráveis. Uma única coisa mostra-se a partir do conteúdo: que o escritor é pouco familiarizado com a história de Atenas; as coisas que são referidas a Platão não são conhecidas por outros escritores. Obtém-se uma imagem distorcida da filosofia platônica. Seu autor deve ser um admirador de Platão; tendo se tornado retor, escreve uma apologia platônica para apresentar Platão como filósofo da ação, e para negar que a doutrina secreta de Platão esteja em seus escritos.

H. von Stein estabelece uma *tradição tripla*: uma *panegírica*, uma *satírica*, uma *micrológica*. 1) Antes de tudo, Espeusipo, o sobrinho e sucessor de Platão; depois os estoicos, como Panécio e Sêneca, e neoplatônicos: tudo deve ser grandioso e admirável. 2) Socráticos, antigos céticos, peripatéticos e epicuristas, discípulos de Isócrates. 3) Gramáticos que rastreiam exterioridades, fatos pessoais, contradições, alusões etc.

---

[35]. Prolegômenos à filosofia de Platão.

Laércio 3, 61
Mas Aristófanes e Trasilo!
(Trilogia: *Críton, Fédon* e *Cartas*) Nenhuma dúvida na Antiguidade: Cícero *ep. ad fam.*[36], 9, 18 *Tusc.* [*Tusculanae disputationes*]. 5, 35, *de off.* [*De officiis*] 1, 7 *de fin.* [*De finibus bonorum et malorum*] 2, 14, 28, e frequentemente Plutarco (*Vida de Dion*)
"imiscuiu-se de maneira indevida nas circunstâncias de um outro Estado, como mau conhecedor dos homens, idealista privado de praticidade, doutrinário inativo". Tal consta, *segundo* Steinhart, p. 11, sobre as Cartas: por conseguinte, os platônicos da Academia *não* podiam ser seus falsificadores – conclui ele.

Partidário da realeza, grão-mestre de uma agremiação secreta político-religiosa, teósofo, que esconde a sua sabedoria do povo. (Carta 5, referência a Pérdicas III da Macedônia, Carta 6 a Hérmias de Atarneu, ao amigo e protetor de Aristóteles) as mais importantes 3, 7, 8 (a última destacando-se pela limpidez da linguagem e nobreza da concepção

· a Dionísio, Dion e aos amigos de Dion (Carta 8)
Muito importante o *de elocut.* [*De elocutionis*] de Demétrio, que considera Aristóteles e Platão como exemplos da literatura epistolar: destaca a semelhança entre diálogo e carta, mas concede que uma carta é como que um presente da maior utilidade para um discurso esmerado e solene, o diálogo deve alcançar o tom da conversa improvisada. A *semelhança* das cartas de Aristóteles com as de Platão é *destacada* por ele expressivamente.

(se ele é o Demétrio de Falera?)
"As cartas mais longas são dissertações, a expressão é, aqui e ali, exagerada", diz Demétrio)
1) O ἐγκώμιον [encômio] de Espeusipo: dois títulos περίδειπνον[37] Banquete fúnebre (do mesmo modo Clearco)
Hermodoro, o primeiro propagador dos escritos platônicos, Cícero *ad. Att.*[38], 13, 21, especialmente para a Sicília.
[87,1]
Zeller *de utroque* Hermodoro [De ambos Hermodoros], 1859 1 108, 1
1 21[39]

---

1 87

---

36. Abreviação do título em latim das *Cartas* aos familiares, ou *Cartas* aos íntimos.
37. A tradução dessa palavra grega encontra-se a seguir.
38. Trata-se das cartas escritas por Cícero a seu amigo Ático.
39. Trata-se do número de olimpíadas que Platão teria vivido.

PARTE I

        a partir desta data, 21 olimpíadas
βίος Πλάτωνος [Vida de Platão] de Xenócrates (citada duas vezes por Simplício, Filipo
de Opunte (ver em Suídas βίος Πλ. [Vida de Platão])
Clearco, Aristóxeno, Cameleon, os *peripatéticos*   3   108,15

3	20	5
3	_____	5
3	88,1 ou	5
4	79,4 5	
4	79,4	87
4	87 5	

Panécio, Sêneca, *estoicos*
Apuleio etc.

---

6 Agora, *Diels*
6 *Rheinisches Museum*, v. 31,
6 p. 41

2) Cínicos, Antístenes escreveu   95,1[40]   95,1 ele tinha 28
                Σάθων   7   94[41]   7   27
                                               _____   7   26
Teopompo, o mais veemente   88,1   7   25
concorrente como estilista   7   24

Filistos, o historiador e político   93   8   23
em Siracusa (Plutarco, *Vida de Dion*, cap. 11)   8   22
ele é chamado de ἀντίταγμα πρὸς Πλατωνα   8   21
καὶ φιλοσοφιαν [contrapeso a Platão e à filosofia]   8   20
e contra o pedido de sua volta
Timeu: Plutarco na *Vida de Nícias*, 1 menciona   92   9   19
seus discursos viciosos. Epicuro escarneceu   9   18
"o Platão dourado" os Dioniso κόλακες [bajuladores]   9   17
                                                                                       9   16
Hermarchos escreve πρὸς Πλάτωνα [Contra Platão] 91   10   15
                                                                                            10   14
                                                                                            10   13

---

40. Trata-se da data do julgamento de Sócrates em 399 a.C., quando algumas fontes informaram que Platão tinha 28 anos, ou seja, sete olimpíadas (74[xx] = 28, o que explica a conta que Nietzsche faz a seguir).

41. A partir daqui, Nietzsche procede a uma enumeração das olimpíadas com as idades correspondentes de Platão.

2) O erudito Hermipo   10 12

Satyros (aluno de Aristarco)   90   11 11
Neantes na corte do rei de Pérgamo   11 10
Atalo I   11   9
                                                        11   8

A Cronologia de Apolodoro   89   12   7
etc.   12   6
                                                        12   5
                                                        12   4

                                                 88, 4 13   3
                                                     3 13   2
                                                     2 13   1
                                                     1 13   0

A) Apolodoro decidiu-se por olimpíada 88,1 (segundo Demétrio de Falera, ἀν. ἀρχ.?). Apesar do *número místico*.

B) Neantes, em todo caso, *contra* os 81 anos. – É chamado de opositor de Platão. Cf. Dioniso de Halicarnasso *epist. a Cn. Pompeium* [carta a Cneu Pompeu], p. 757, Ed. Reiske:
> 14 οἱ περὶ Κηφισόδωρόν τε καὶ Θεόπομπον καὶ Ζωΐλον καὶ Ἱπποδάμαντα καὶ Δημήτριον καὶ ἄλλοι συχνοί [aqueles que se põem ao lado de Kefisódoron, Teopompo, Zoílon, Hipodamas, Demétrio, e muitos outros]. Aqui: escrevo Κηφισόδοτόν τε [Kefisódoton], o aluno de Isócrates e grande reprovador dos filósofos
> Ateneu II, p. 60

C) Passagens em Laércio:	16	87,3	87,3
1) corr[42]. ἐπὶ Ἐπαμείνον	16	20	
[sob Epameínon]	16	___	
[sob o arcontado de Epameínon]	16	107,3	
2) corr. ἔτεσιν ἑπτὰ	16	88,1	2
[aos sete anos]	16	20,1	108,1
3) corr. δυοῖν [em dois *ou* aos dois	16	___	
contra Schuster	16	108,1	
Olimpíada 87,3 arconte *Apolodoro*			
87,4 ano da morte de Péricles (*Epameínion*)			
88,1 arconte *Diotimo*			
arconte Lisímaco olimpíada		86,1[43]	88,1
			87,4

---

42. Significa: "a corrigir".
43. Ano da morte de Isócrates.

Ano da morte 108,1
81 *anos* de idade? Platão mostrou-se como homem apolíneo pelo número de seus anos de vida, porque esse número é o quadrado do número das musas, e o número das musas produz o quadrado do três sagrado. 88,1 | 108,1 | 81 |

                Hermodoro, Cartas
                Dúvida: Neantes. (seis) anos mais novo que Isócrates)
Diversas contas: o *primeiro* ano da olimpíada é contado *inteiro* ou *não* pode absolutamente ser contado.

88,1 | torna-se 81 anos (Diotimo)
87,4 | torna-se 82 anos (Epameínon) 17 82 anos consta em Suídas
87,3 | torna-se 82 (Apolodoro) 17 Ateneu V, cap. 57

Para a literatura sobre a questão do dia de nascimento:
Corsini, o mais detalhado possível em *Gorii Symbola litteraria*[44], Florença, 1749, v. VI, p. 80 (é a favor de 87,3).

A *geração da peste*[45].

Descendente de nobres de longa data.

(legisladores, reis, Crítias filolacônico[46]

II	
Drópides. Tim., p. 20, diz	O dia 21, isto é, o dia do diálogo da República
Crítias	(no 7 φθίνοντος ["morrendo", ou, neste caso, "morreu"])
ἦν οἰκεῖος καὶ σφόδρα	
φίλος (Σόλων) ἡμῖν	(Laércio e Suídas)
Δρωπίδου	ἢ Ποτώνη [ou de Potóne] a mesma, mas
τοῦ προπάππου [ele (Sólon) era parente de Drópides, meu bisavô, e muito seu amigo]	o seu nome *familiar* ("a bebedora")

21 Κάλλαισχρος [Kallaischros]
22 Γλαύκων [Glauco]
23 Κριτίας [Crítias]
24 Χαρμίδης [Cármides]

---

44. Em latim no original. Significa: "Símbolos literários de Gori."

45. Nietzsche refere-se aqui à peste que assolou Atenas no ano de 430 a.C., que é descrita por Tucídides em sua *Guerra do Peloponeso*. Algumas de suas vítimas mais ilustres foram Péricles e dois de seus filhos.

46. Quer dizer Crítias, admirador dos lacônios, dos espartanos: trata-se do Crítias que foi um dos Trinta Tiranos apoiados por Esparta.

25 Περικτιόνη [Perictíone] casa-se
26 1) com Aríston
27 Adimanto
28 Πλάτων [Platão]

___

(Aristilo é apelido para
Arístocles[47] – Alexâs para Alexandre)
c) Em quatro diálogos de Platão, ele[48] desempenha
um papel importante: *Protágoras, Cármides,
Timeu* e *Crítias* (todo um trecho)
a O irmão *Glauco*, de acordo com Xenofonte, era um rapazola fútil e indiscreto, que queria muito desempenhar um papel político (Memoráveis 3, 6)
Platão refere-se a *Adimanto* na Apologia como testemunho de que Platão não foi corrompido (portanto o irmão mais velho
de acordo com a descrição na República *Adimanto* é mais pessimista, Glauco mais otimista (bastante idealização!
Platão é o meio-termo entre os dois
29 Γλαύκων [Glauco]
30 Ποτώνη [Potone] (com Eurymedon)
31 2) com Πυριλάμπης [Pirilampes]
32 Antifonte
33 Ἀντιφῶν [Antifonte]
34 Espeusipo
35 Codros como patriarca
36 Arístocles

___

Se supusermos como época do diálogo (*Politeia*) 446, então os irmãos ainda não poderiam, de modo algum, ter nascido: se fosse nos primeiros anos da Guerra do Peloponeso, seriam crianças imaturas.

___

Boeck supõe 418: então um seria muito jovem (Glauco teria no máximo 6 anos)
Por isso, supôs-se tratar-se de parentes mais velhos de Platão!

___

b) Sobre *Cármides*, o parente materno, a sua imagem
corresponde à de Xenofonte   *ingenium praecox* [inteligência precoce],
dedicou- se a todas as artes,
e muito cedo à filosofia (jovem passeador)

___

47. Verdadeiro nome de Platão.
48. Trata-se de Crítias.

(Simon, Cálias, Scamon)

Platão διὰ πλατὺ τοῦ στέρνου [por causa da largura do peito]

Estudante de Platão Neantes: διὰ τὸ εὐρὺ τοῦ μετώπου [por causa da amplidão da fronte]

> ou também metafórico
> διὰ τὸ πλατὺ τῆς φρονήσεος [por causa da largueza do pensamento]
> (Teofrasto chamava-se Tyrtamos) Tísias chamava-se Estesícoro
> Sêneca *ep.* LVIII [carta 58] *latitudo pectoris* [largura do peito]
> διὰ τὴν πλατύτητα τῆς ἑρμηνείας [por causa da largueza da elocução] irônico da parte de Tímon Silloi[49] πλατύτατος

I) *Dia do nascimento* e *morte*. O mais seguro em um homem famoso é sempre o *dia da morte*. † na olimpíada 108, I, isto é, 348-347 a.C. Provavelmente, na última metade da olimpíada 108, I, isto é, na primeira metade do ano 347 a.C. Sob o arconte Teófilo, no 13º ano de reinado do rei Felipe. Sêneca diz, na carta 58: *natali sua excessit, annum octogesimum primum implevit*[50]. Laércio diz ἐν γάμοις δειπνῶν[51]. Clinton *fasti Hellenici*[52] supõe, para esta passagem, ἐν γενεθλίος δείπνοις[53], de maneira totalmente equivocada, pois o epigrama de Laércio, que extrai daquela fonte sua informação, reelabora ἐν γάμοις δειπνῶν com δαισάμενος δὲ γάμον[54] (Laércio, III, 45). Se realmente o seu

---

49. Trata-se da obra de Tímon intitulada *Silos* ou *Sátiras*, *Paródias*.

50. Partindo de seu nascimento, completa o octagésimo primeiro ano.

51. Em banquete de núpcias.

52. Fastos helênicos.

53. Em um banquete comemorativo de um nascimento.

54. Em grego no original. Significa: "banqueteando-se em um casamento".

aniversário é no 7º targélion[55], então saberíamos também do seu dia de morte. Mas aqui toda conclusão é perigosa.

Por ora, quatro [três] versões sobre o dia de nascimento: 1) 88,1 olimpíada (427). Arconte Diótimos, de acordo com Apolodoro ἐν κρονικοῖς[56], o qual nomeia o sétimo dia do mês targélion (Laércio, III, 2). Porém, consta no decorrer do texto, em Laércio, que ele teria nascido sob o arconte |Ameí| Epameínon, isto é, 87, 4, no ano da morte de Péricles. Mais exatamente:

Apolodoro garante olimpíada 88, 7 de targélion; o ano não é mencionado[57]. Depois da menção de Apolodoro, segue-se, na obra de Diógenes Laércio, a menção de Hermipo, para: ano da morte na olimpíada 108, 1, na idade de 81 anos. Depois, segue-se a menção de Neantes, dando a idade de 84 anos: mais jovem que Isócrates de seis anos, o qual nasceu sob o arconte Lisímaco, Platão sob Epameínon. De acordo com isso (segundo Neanthe), ele nasceu em 87, 1 ou 2: isto é, seis anos depois de Isócrates[58], o qual nasceu em 86, 1. Com isso apenas não está de acordo o arconte Epameínon, do ano da morte de Péricles.

1) 88,1 Apolodoro, Hermipo |Diótimo| 81
2) 87, 2 Neantes
3) 87, 4 ano da morte de Péricles, |Epameínon| [do mesmo modo Ateneu, p. 217][59]

---

55. O sétimo dia do mês de targélion (aproximadamente entre os nossos meses maio-junho; é o penúltimo mês do calendário grego) era o dia de nascimento de Apolo. A informação dessa data para o nascimento de Platão é fornecida por Diógenes Laércio nas *Vidas e doutrinas dos filósofos ilustres*, III, 2.

56. Cronologias.

57. Não é mencionado em qual dos quatro anos da olimpíada 88 Platão nasceu.

58. Isócrates viveu em Atenas do ano 436 até 338 a.C.

59. Trata-se de uma correção do editor do que Nietzsche menciona no n. 4.

4) 87,3 sob Apolodoro[60], Ateneu, p. 217, aos 82 anos de idade.

Isto é, 430, 429, 428 ou 427 a.C., chegando ele aos 84, 83, 82 ou 81 anos de idade. Disso deriva-se 427 a.C., olimpíada 88, 1, de Hermodoro, um pretenso autêntico aluno de Platão, que diz em Laércio, II, 106, III, 6, que Platão foi com 28 anos de idade para Mégara, depois da morte de Sócrates. Mas trata-se de uma figura duvidosa, que negocia com escritos de Platão. Conta sobre o relacionamento de Platão com os magos etc. Além disso, cai no absurdo de dizer que Platão foi com outros filósofos para Mégara δείσαντας τὴν ὠμότητα τῶν τυράννων[61]. Com essa expressão, alude-se, em qualquer caso, aos 30 tiranos. Parece, todavia, que esses τύραννοι são tirados da carta 7, a partir de uma interpretação superficial – cf. Schaarschmidt, p. 66. Então, seria o caso de pôr Hermodoro *depois* das *Cartas*, e fazê-lo depender delas; portanto, não se trata absolutamente de um platônico autêntico. Mas ele parece ser considerado tal por Hermipo e Apolodoro: por conseguinte, recai sobre ele o número do ano 427 a.C., e a idade de 81 anos, isto é, o *número místico*. Portanto, essa indicação é absolutamente indigna de fé. Para as *Cartas*, de resto, parece estar estabelecida a mesma data: o fim da viagem e o retorno a Atenas caem em 387 a.C., quando ele deve σχεδὸν ἔτη τετταράκοντα γεγονώς[62], isto é, ele nasceu em 427 a.C. Portanto, para o círculo onde nasceram as cartas, com sua veleidade e teoria secreta, ele havia nasci-

---

60. Apolodoro era também o nome do arconte epônimo de Atenas que exerceu sua magistratura no ano 87,3. Não confundir esse Apolodoro com o autor da Cronologia, mencionado frequentemente por Nietzsche.

61. Temendo a crueza dos tiranos.

62. Ter aproximadamente 40 anos.

do em 427 a.C., e havia alcançado a idade de 81 anos, 9×9. Aquele Hermodoro compôs um βιβλίον περὶ Πλάτωνος[63]: tal livro deve ser do mesmo círculo. Com isso concorda também o 7º targélion: o qual os de Delos afirmam ser o dia de Apolo. Laércio.) III, 2. Sobre as referências apolíneas de Platão, ver Von Stein, II, p. 165.

Portanto, eu rejeito, contra Überweg e Zeller, o ano 427 como o número místico. O testemunho de Neantes faz referência a Isócrates, com razão; pois ele era um retor de Cízico, aluno de Filiscos, e este de Isócrates: livro περὶ ἐνδόξων ἀνδρῶν[64]. (Época de Calímaco) Esta é uma tendência extremamente hostil, da qual participa Teopompo de Quios – ver *Ateneu* p. 508. Dela provém muita coisa em *Ateneu* [no qual, na p. 217, nós também podemos encontrar designada a idade de 81 anos como a que *alcançou a vida de Platão*][65]

Portanto, a notícia *panegírica*) a favor 88,1 | 81 anos de vida

a notícia *satírica*) a favor de 87,2: voltada contra a busca milagrosa da outra notícia[66]| 84 anos de vida.

uma *terceira* notícia a favor de 87,3, Apolodoro[67], com o desconto de

---

63. Livro sobre Platão.
64. Sobre os homens ilustres.
65. Esta é uma observação dos editores que compromete o raciocínio de Nietzsche, ou, pelo menos, o seu apoio pretensamente encontrado em *Ateneu*. Os editores compulsaram os exemplares das obras consultadas por Nietzsche, e puderam controlar a correção de suas referências a elas.
66. Nietzsche refere-se aqui à notícia panegírica, que quer um número místico para a idade de Platão, 81 anos, 9 x 9 x 9.
67. Aqui, trata-se do arconte Apolodoro, não do escritor, que vai ser nomeado logo adiante.

uma *quarta* notícia, 87,4	que Platão chegou aos 82 anos de idade [isto é, ele viveu o seu 83º aniversário, senão a conta não está certa][68]

Façamos duas contas diferentes: que Platão tenha nascido em 88,1 e sua vida tenha contado 81 anos de idade: olimpíada 88 + 81 anos: de acordo com *Apolodoro*.

Que tenha nascido em 87,3 e tenha computado a duração de vida de 82 anos: Olimpíada 88,1 + 82 anos. Ou o *primeiro ano da olimpíada* é contado *inteiramente*, ou *não* é contado[69]. O ano 87,4 (isto é, o da morte de Péricles) explica-se, por conseguinte, do mesmo modo a partir do cânon de 81 anos.

Portanto:	81 anos	88,1 ou 87,4
	82 anos	87,3 [ou] 87,4
	84 anos	87,2 ou 87,1

Neantes, porém, determina, como o único defensor dos 84 anos, a data de nascimento que defende para Platão como seis anos depois do nascimento de Isócrates, isto é, 87,3 ou 4. O último é designado ainda pelo fato de que nesse ano também houve a morte de Péricles, isto é, em 87,4. Portanto, havemos de confirmar esse número. Com isso, resulta que em Diógenes Laércio há um engano, em

---

68. Trata-se, aqui, de uma observação do editor para corrigir Nietzsche.

69. Os jogos olímpicos eram celebrados no solstício de verão. O ano civil grego começava com a primeira lua nova depois do solstício de verão, ou com a última lua nova antes do solstício de verão. A margem corresponde, aproximadamente, a 20 de junho, quando começava mais cedo, e 15 de agosto, quando começava mais tarde.

III, 3[70], Νεάνθης δὲ φησιν αὐτὸν τεττάφων καὶ ὀγδοήκοντα τελευτῆσαι ἐτῶν[71]. Há de querer dizer:

δ' = δυοῖν[72]

Agora temos somente duas idades, 81 e 82, na tendência panegírica e na satírica.

| Agora há 87,3 Apolodoro e 87, 4 Epameínon | Computados os 82 anos conhecidos, isto é, pela tendência *satírica*; em Neantes 87,4, em Ateneu 87,3 |

[88,1 *não é fidedigno*
Possivelmente 87,3 ou 4. Aqui não há absolutamente nada a decidir. Talvez 87,4 tenha uma primazia. A partir dessa data, poder-se-ia chegar, do mesmo modo, a 81 ou 82 anos de idade. Os panegíricos o sentiram e por isso mencionaram o ano mais próximo. O mesmo aconteceu com os satíricos, que *recuam* ainda um ano.]

O 7º targélion, na olimpíada 87,4, seria, de acordo com a Construção do ciclo metônico de Ideler, = 10 de maio de 428. Todavia, nessa época valia ainda o octaetéride, de acordo com Boeckh, o que quer dizer, então, sempre segundo a situação dos dias intercalares.

6 de junho de 428 a.C. ou 5 ou 6 de junho de 428 a.C. / como dia do nascimento de Platão/ concepção após a peste.

De acordo com alguns (Laércio, III, 3), ele teria nascido em Egina[73], na casa de Fidíades, para onde o seu pai,

---

70. Nesta passagem, Neantes afirma que Platão morreu com 84 anos de idade. O nome do arconte epônimo, no ano de nascimento de Platão, consta ser Ameinias, e não Epameínon, como Nietzsche menciona.
71. Neantes disse ter ele alcançado 84 anos.
72. Dois.
73. Ilha próxima de Atenas, estando em guerra constante com esta. Em 431 a.C., os atenienses, temendo que Egina se transformasse em

com outros, havia sido enviado como κληροῦχος[74] (ele tinha lá uma dotação): volta para Atenas, quando os colonos foram expulsos de lá pelos lacedemônios, que vieram em auxílio dos eginetas. Já em tempo próximo depois daquele em que viveu Platão, corria em Atenas o boato de que Perictíone[75] engravidara de Apolo, e de que uma visão de Apolo havia ordenado a Aríston[76] de abster-se de sua mulher até o nascimento. É o que conta o sobrinho Espeusipo, Clearco e Anaxilaides (Laércio, III, 2). O filho de Apolo vem à luz também no dia de Apolo, no 7º targélion. Von Leutsch suspeita que o dia de nascimento de Platão não cai no dia 7º targélion, mas no dia 21 *theses sexaginta*[77], Göttingen, 1833, nº 34.

II) *Árvore genealógica de Platão*: *Cármides* 154 ss., *Timeu* 20 d, *Apologia* 24 a, começo da *República*, começo do *Parmênides* e Laércio, III, 1 – cf. Hermann Jornal escolar universal do ano 1831, p. 653[78].

---

uma base espartana, expulsaram todos os seus habitantes, substituindo-os por atenienses.

74. Em grego no original. Significa: "clerouco". O clerouco era um colono que os atenienses implantavam nas terras dos "aliados" da Liga de Delos que tentavam revoltar-se contra a hegemonia de Atenas. Os colonos podiam receber terras que pertenciam aos inimigos de Atenas, tendo o direito de participar nas assembleias da respectiva pólis, reforçando o partido a favor dos atenienses, ou simplesmente substituir todos os habitantes da pólis rebelde, após uma sistemática expulsão destes.

75. Mãe de Platão.

76. Pai de Platão.

77. Em latim no original. Significa: "60 teses".

78. Na sequência, abaixo, há um quadro do que seria a árvore genealógica de Platão.

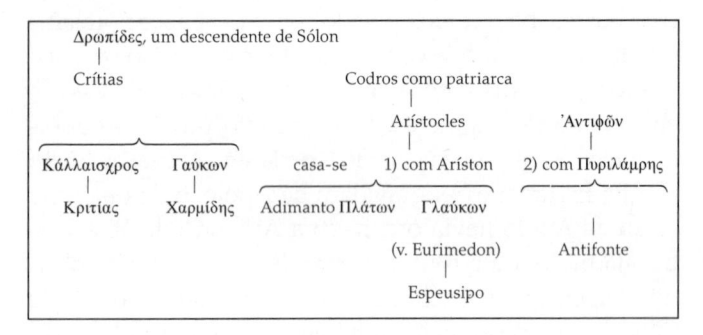

```
Δρωπίδες, um descendente de Sólon
   |
  Crítias                          Codros como patriarca
                                           |
                                       Arístocles              Ἀντιφῶν
                                           |                      |
 ┌─────────┬─────────┐         casa-se  1) com Aríston    2) com Πυριλάμπης
 Κάλλαισχρος  Γαύκων                      |                 ┌──────┴──────┐
     |         |                    ┌─────┴─────┐
  Κριτίας   Χαρμίδης         Adimanto Πλάτων  Γλαύκων

                                      (v. Eurimedon)          Antifonte
                                           |
                                       Espeusipo
```

Somente o *Parmênides* atesta o segundo matrimônio de Perictíone. O mais significativo desses parentes é *Crítias*. Ele estava entre os que foram acusados da destruição das estátuas de Hermes[79]: foi importante no mundo político, literário e filosófico de Atenas. Um orador notável. Muito rico. Muito próximo a Sócrates. Estava no exílio quando os generais, depois da batalha das Arginusas, foram condenados. Não sabemos a causa. Durante o exílio viveu na Tessália e tomou parte nas lutas oligárquicas. Trouxe do exílio um modo de agir violento e uma ambição pelo poder extremos. De todos os 30 tiranos foi o mais cruel, mas, ao mesmo tempo, o mais significativo. Tombou, assim como Cármides, o filho de Gláucon, em combate em torno do Pireu, onde comandava a ala esquerda contra Trasíbulo. É sua obra o aniquilamento da república e uma forte organização da oligarquia. Foi claramente a *sua* influência que impediu Sócrates de ser morto durante

---

79. Episódio marcante ocorrido em 415 a.C. As estátuas de Hermes eram pilares com a cabeça de Hermes e falo ereto, cuja função era a de afastar os males. As estátuas ficavam em frente aos edifícios públicos. A destruição ocorrida pouco antes da expedição à Sicília, durante a Guerra do Peloponeso, desencadeou uma série de acusações de impiedade.

esse governo, ainda que este tenha sido uma vez advertido. Tão logo os 30 tiveram o poder em mãos, começaram a queixar-se contra os abusos da democracia de antes, e começaram mesmo a estabelecer os fundamentos éticos mais sublimes. (Lísias contra Eratósnes, 5, p. 121: χρῆναι τῶν ἀδίκων καθαρὰν ποιῆσαι τὴν πόλιν καὶ τοὺς λοιποὺς πολίτας ἐπ' ἀρετὴν καὶ δικαιοσύνην τραπέσθαι[80]. Platão tinha, então, 24 anos e foi desencaminhado por seu parente que o estimulava a desempenhar um papel ativo. Ficou desiludido. Em todo caso, pôde observar bem cedo uma revolução vitoriosa e, quando ele pensou consigo que os líderes deveriam ser filósofos genuínos, então ele sonhou o seu Estado. São importantes as tendências *espartanas*. Influência sobre o *ideal literário* (muito expressiva).

3. A educação de Platão

De maneira geral, Apuleio: *nam Speusippus domesticis instructus documentis, et pueri eius acre in percipendo ingenium et admirandae verecundiae indolem laudat et pubescentis primitias labore atque amore studendi imbutas refert et in viro harum incrementa virtutum et ceterarum convenisse testatur.* Ele deve ter eternizado seu mestre de estudos elementares (γραμματιστής[81]) nos Anterastae[82]. Na ginástica, Aríston de Argos, que deve ter-lhe dado o nome de Platão (Diógenes Laércio, III, 4); na música, Drácon, aluno de Dámon, e o agrigentino Mégilos (Plutarco, *De musica*, 17).

---

80. É preciso depurar a pólis dos injustos e dirigir para a virtude e justiça os demais cidadãos.
81. Professor de primeiras letras.
82. Trata-se de um diálogo duvidoso de Platão intitulado *Os rivais*. No início, o autor começa dizendo que foi à casa de Dionísio, o gramático (γραμματιστής).

Segundo Dicearco (Laércio, III, 4), deve ter lutado nos Jogos Ístmicos. Segundo outros, até mesmo nos Jogos Olímpicos, Píticos e Nemeanos. Depois, deve ter frequentado pintores para aprender a mistura das tintas. Antes de tudo, é importante ressaltar seus pendores poéticos (Aelius. *Var. hist.*, II, 30). Primeiramente, epopeias, depois tragédias, mesmo uma tetralogia que ele já tinha distribuído aos atores que iam representá-la, tendo recuado somente por causa de Sócrates. Depois, são mencionados poemas ditirâmbicos de juventude. Segundo diversas notícias, ele teria sido uma natureza artística universal, nela incluídos os exercícios ginásticos. Há epigramas que reivindicam ser de Platão (Aulo Gélio, *N. A.*[83], XIX, 11). Ele teria queimado todos os poemas dizendo o verso Ἥφαιστε πρόμολ'ὧδε. Πλάτων νύ τι σεῖο χατίζει[84]. Teria tomado parte em diversas campanhas, mas o que é dito a respeito de Tânagra, Corinto e Délion (Laércio, III, 8, segundo Aristóxeno) deve ter sido plagiado das campanhas de Sócrates.

Já antes de travar conhecimento com Sócrates, teria conhecido a filosofia de Heráclito (Aristóteles, *Metafísica*, I, 6). Sobre sua relação com Heráclito, há também uma notícia em Laércio, III, 5, mas, habitualmente, mal interpretada: Ἐφιλοσόφει δὴ τὴν ἀρχὴν ἐν Ἀκαδημίᾳ, εἶτα ἐν τῷ

---

83. Trata-se de Aulo Gélio e de sua obra *Noites áticas*. A citação se refere a versos que teriam sido feitos por Platão e que seriam os seguintes, segundo Aulo Gélio: "Enquanto que, com boca meio fechada, dou um beijo a meu jovem amigo, e que aspiro por essa via meio aberta a flor deliciosa de seu hálito, minha alma, lânguida e ferida, acorre sobre os meus lábios; ela procura uma passagem pelos bordos entreabertos de sua boca, pelos lábios ternos da criança, sondando o seu caminho. Se o entrelaçamento do beijo se prolongasse um pouco, transportado pelo fogo do amor, ela passaria por essa abertura, abandonar-me-ia, e ver-se-ia essa coisa impressionante: eu morreria para mim mesmo, para viver no íntimo da criança."

84. Hefesto, vem cá; sim, Platão tem necessidade de ti.

κήπῳ τῷ περὶ τὸν Κολωνόν. ὥς φησιν Ἀλέξανδρος ἐν διαδοχαῖς καθ᾽Ἡράκλειτον[85]. Não: *Heraclitum adducens testem*[86]. Depois da morte de Sócrates, consta que estudou com Arquitas e com o parmenídio Hermógenes. A opinião de que o sensível sempre está sujeito à mudança, ele a tirou do heraclitiano Crátilo: sempre a sustentou. Portanto, quando conheceu, através de Sócrates, os conceitos, que, uma vez configurados corretamente, haveriam de ser imutáveis, acreditou não ter de referi-los ao sensível: deveria haver outras essências, que seriam os objetos do conhecimento conceitual. – Efeito imenso do sublime Heráclito. Não há ser algum, o eterno devir está em um eterno não ser. O mundo é a divindade agitada. A divindade, jogando, erige inúmeras vezes o mundo. Natureza extremamente brusca e sublime, recusando todos os outros pontos de vista, mesmo os de Homero e Hesíodo. Crátilo sobrepujou o mestre: a respeito de sua afirmação de que não se poderia entrar duas vezes no mesmo rio, aquele disse que tal não podia ocorrer nem mesmo *uma vez* (Aristóteles, *Metafísica*, III, 5). A consequência extrema desse ponto de vista seria (diz Aristóteles) que Crátilo acreditou não poder dizer mais nada, limitando-se apenas a mover o dedo. Platão nomeia esse irrequieto heraclitiano τοὺς ῥέοντας[87] (*Teeteto*, 181 a).

Platão tinha 20 anos quando travou conhecimento com Sócrates (Laércio, III, 6). Na noite anterior ao primeiro encontro de ambos, Sócrates sonhou que um cisne voou do altar de Eros na Academia, primeiramente para o

---

85. Praticou a filosofia primeiro na Academia, depois no jardim que dava para Colono, como conta Alexandre em suas Sucessões, seguindo Heráclito.
86. Dando testemunho de Heráclito.
87. Os que escoam.

seu colo, depois subiu cantando magnificamente pelos ares. Sabemos pouco sobre a convivência entre ambos. Xenofonte o menciona uma vez nos *Memoráveis*, III, 6, 1 (quando informa sobre conversas com Aristipo e Antístenes). Segundo a *Apologia* de Platão[88] (34 a, 38 b), este estava presente durante o processo, declarando-se pronto a pagar uma multa; segundo *Fédon* (59 b), ele estava doente no dia da morte de Sócrates.

Para o desenvolvimento da juventude de Platão, há, portanto, os seguintes pontos principais: 1) A geração da peste[89]. 2) Propensões *artísticas universais*. 3) *Crítias* e a revolução *oligárquica* dos Trinta. 4) *Heráclito* como o primeiro filósofo configura o seu conceito de filósofo. 5) *Sócrates* fomenta o idealismo ético-político e liberta-o do fluxo eterno de Heráclito.

4. Estadia em Mégara e as viagens

Segundo Hermodoro (Laércio, II, 106, e III, 6), Platão abandona Atenas, com 28 anos de idade, depois da morte de Sócrates, e vai, com os outros socráticos, para Mégara e assim para junto de Euclides. Está em contradição com essa passagem Laércio, III, 6, onde se encontra que Platão, depois da morte do mestre, estuda com Crátilo e Hermógenes. Se ele abandona Atenas com medo dos detentores do poder, tal se constitui numa contradição com o estudo junto a Crátilo e Hermógenes. Ora, toda aquela notícia do adendo δείσαντας τὴν ὠμότητα τῶν τυράννων[90] tem algo de não histórico. A notícia que men-

---

88. Trata-se da *Apologia de Sócrates*, de Platão.
89. Referência à peste de 429 a.C.
90. Por temer a crueza dos Tiranos.

ciona Mégara pertence ao seguinte plano de viagem, legado por Hermodoro: Mégara, Cirene (Teodoro), Itália (pitagóricos), Egito (profetas), mas não a Ásia e os magos, por causa das guerras. Isto é, ele deve ter visitado em série todos os locais de formação filosófica. Em todo caso, a motivação é falsa. A motivação autêntica encontra-se em *Fédon* (78 a). Cebes pergunta: como teremos um bom esconjurador do medo da morte se tu nos abandonas? "A Grécia é grande, responde Sócrates, e nela há provavelmente [muitos] homens bons nisso, muitos também τὰ τῶν βαρβάρων γένη, οὕς πάντας χρὴ διερευνᾶσθαι ζητοῦντας τοιοῦτον ἐπῳδόν, μήτε χρημάτων φειδομένους μήτε πόνων, ὡς οὐκ ἔστιν εἰς ὅτι ἂν εὐκαιρότερον ἀναλίσκοιτε χρήματα. Ζητεῖν δὲ χρὴ καὶ αὐτοὺς μετὰλλήλων ἴσως γὰρ ἂν οὐδὲ ῥᾳδίως εὕροιτε μᾶλλον ὑμῶν δυναμένους τοῦ το ποιεῖν."[91]

A esse respeito, responde Cebes: ἀλλὰ ταῦτα μὲν δὴ ὑπάρξει[92]. Portanto, não foi o medo dos tiranos o que impulsionou o filósofo, mas o medo da morte. Por isso ele ouve, depois de Sócrates, ainda os heraclitianos e os parmenídicos. Platão procura, portanto, visivelmente por um segundo filósofo que lhe substitua Sócrates, mas sem sucesso. Desse modo, ele não pertence imediatamente aos socráticos mais próximos e primeiros, mas só pouco a pouco a imagem de Sócrates ascende a essa altura ideal. O Sócrates ideal é aquele que é reconstituído de memória, com saudade, não uma imagem embelezada arbitraria-

---

91. Nas nações bárbaras. Dirigi vossa busca por entre todos esses homens; e na procura de um tal esconjurador não economizeis esforços nem bens, repetindo convosco que não poderíeis gastar em coisa melhor a vossa fortuna! Mas, antes, é preciso que procureis entre vós mesmos, pois será difícil encontrar alguém de fora mais bem capacitado para realizar tal tarefa.

92. Pois bem, está entendido, faremos isso.

mente a partir de princípios estéticos. Ele, que de início era um heraclitiano, não foi nunca um socrático puro.

Toma-se como certo que a estadia em Mégara provocou uma considerável influência sobre Platão. Euclides estava entre os mais antigos alunos de Sócrates; por isso, é muito natural que Platão dirija-se a ele. Euclides está familiarizado com a escola eleata. Ensinava que o bem é *um*, ainda que seja referido por muitos nomes (entendimento, deus, razão). O que é oposto ao bem é um não ser. Ele modifica a doutrina eleata por meio do pensamento socrático do bem. No diálogo *O sofista*, há uma passagem (246 b) que contém um parecer segundo o qual há uma variedade de εἴδη incorpóreas e imutáveis que devem ser apreendidos pelo pensamento e que constituem o ente verdadeiro. (Para Schleiermacher, Zeller, Hermann, isso remonta aos [eleatas] megáricos.) Os εἰδῶν φίλοι[93] diferenciam γένεσις[94] e οὐσία[95], fazendo-nos tomar parte nos primeiros δι'αἰσθήσεως[96] e nos últimos διὰ λογισμοῦ[97]. O mais importante, porém, é que as outras pessoas querem obrigá-los a tomar as suas ideias *imóveis* pelas únicas substâncias verdadeiras. Pelo contrário, o autor do *Sofista* se posiciona a favor das εἴδη movimento e vida com as seguintes evidências: as ideias são conhecidas. Ora, o conhecimento é um fazer, o tornar-se conhecido, um padecer[98]. O padecer, porém, não é pensável sem movimento; portanto, as ideias, visto que elas padecem[99], hão de ser também móveis. As ideias

---

93. Os amigos das ideias.
94. Geração, proveniência.
95. Substância, entidade.
96. Pelos sentidos.
97. Pela razão.
98. O verbo empregado é *leiden*, que significa sofrer, padecer.
99. A saber, a ação do conhecimento.

têm vida, alma e espírito. [Ora, Platão afirma ideias não somente das relações éticas, mas até mesmo das coisas naturais, dos produtos fabricados pelos homens (mesa, copo).] Falta qualquer motivo para que pensemos nos megáricos (por causa da "*unidade*") como sendo os "amigos das ideias". Antes, pelo contrário, reconhecemos a oposição entre os "amigos do conceito" e as ideias platônicas: entre um mundo do conceito inteiriçado e um mundo das ideias vivificado. Trata-se de uma disputa na Academia. Sem dúvida, Schaarschmidt compreende Platão ele mesmo como "amigo das ideias", e pressupõe, aqui, uma polêmica contra Platão por parte do autor do *Sofista*.

Ele conheceu o matemático *Teodoro* em Atenas, pouco antes da morte de Sócrates (*Teeteto*, 143 b). Por causa dele vai a Cirene. – Platão se refere ao Egito, sobretudo, em *Fedro* (257 e), em *A república* (livro IV, 436), *Timeu* (21 e), *As leis* (livro II, 656 d, 657 a, livro V, 747 c, livro [IV] VII 799 a, 819 a). Stein nega a viagem para lá, porque Platão fabulou muito sobre viagens de filósofos ao Egito. Porém, se pensarmos em uma grande viagem de formação filosófica, então o sábio Egito não poderia ser evitado.

As passagens que concernem à viagem para a Magna Grécia e a Sicília encontram-se reunidas em Stein II, p. 175. Os mais importantes testemunhos são as *Cartas* inautênticas: aqui a fundação da escola é deslocada para o quarto ano; Platão teria quase 40 anos quando fez a sua primeira viagem à Sicília. A finalidade é muito importante em *De republica*, I, 10 de Cícero: *Platonem primum in Aegyptum discendi causa, post in Italia et in Siciliam contendisse ut Pythagorae inventa perdisceret*[100]. *De finibus*, V, 29: *Cur Plato Aegyptum peragravit, ut a sacerdotibus barbaris numeros et coelestia*

---

100. Platão esteve primeiro no Egito, depois foi à Itália e à Sicília para tomar conhecimento das descobertas de Pitágoras.

acciperet? Cur post Tarentum ad Archytam? Cur ad ceteros Pythagoreos, Echecratem, Timaeum, Arionem Locros, ut cum Socrates expressisset, adiungeret Pythagoreorum disciplinam eaque quae Socrates repudiabat, addisceret?[101] É provável que Platão tenha regressado do Egito para Atenas: pois, segundo Plutarco *de Ei* VI, p. 386, ele deve ter vindo do Egito para Delos, e lá deve ter resolvido o problema da multiplicação por dois do cubo. Estrabão, I, 29, menciona 13 anos de estadia no Egito, isto é, aproximadamente, [durante] todo o tempo compreendido entre a morte de Sócrates e a Sicília. E assim devemos pensar que Platão esteve em viagem por 13 anos. Cabe perguntar se ele, entrementes, como filósofo aprendiz, também terá sido escritor. De extrema importância são para ele os pitagóricos. Em Laércio, III, 8, consta: μίξιν τε ἐποιήσατο τῶν τε Ἡρακλειτείων λόγων καὶ Πυθαγορικων καὶ Σωκρατικῶν τὰ μὲν γὰρ αἰσθητὰ καθ᾽ Ἡράκλειτον τὰ δὲ νοητὰ κατὰ Πυθαγόραν τὰ δὲ πολιτικὰ κατὰ Σωκράτην ἐφιλοσόφει[102].

O movimento incessante de Heráclito é restringido por ele, através de Sócrates, às αἰσθητὰ[103], que não possuem verdadeira οὐσία[104]: através de Sócrates, ele aprende os conceitos fixos e conhece a ἐπιστήμη[105]. Mas permanece sem solução como nós poderíamos, num mundo

---

101. Por que Platão visitou o Egito e acolheu os números e a astronomia de sacerdotes bárbaros? Por que se dirigiu, depois, a Tarento e a Ahquitas? E, depois ainda, a outros pitagóricos, a Exécrates, Timeu, Aríon de Locres, os quais representou com Sócrates, acrescendo a seu saber e aprovando a disciplina dos pitagóricos, que Sócrates repudiava?

102. Fez uma síntese das doutrinas de Heráclito, de Pitágoras e de Sócrates. Quanto ao sensível, é segundo Heráclito que filosofava, quanto ao inteligível, segundo Pitágoras e, quanto à política, segundo Sócrates.

103. Coisas sensíveis.

104. Substância.

105. Ciência ou conhecimento.

das αισθήσεις[106], chegar à ἐπιστήμη. É aqui que ajudam os pitagóricos. Ele vincula a preexistência e a transmigração da alma com a sua rememoração das ideias, na qual se baseia sua teoria do conhecimento. Somente com isso chega a uma conclusão, e já por esse motivo *não* podemos pensar a sua atividade de escritor *antes* dos 40 anos, se de fato é verdade que o *Fedro* é o primeiro escrito. Este já pressupõe a ἀνάμνησις[107], assim como a doutrina das ideias e a cosmogonia pitagórica. – Do mesmo modo, havemos de conceber a fundação da Academia como uma imitação platônica do círculo pitagórico: com a tendência política que tinham os pitagóricos, mas visando a uma finalidade mais elevada. Em resumo, somente agora podemos compreender sua atividade docente e literária.

Em Siracusa, conquistou Dion, à época com 20 anos (cuja irmã estava casada com Dionísio, o antigo. Junto ao tirano, provocou escândalo: οἱ λόγοι σου γεροντῶσι[108]: ele responde: σου δὲ γε τυραννιῶσι[109]. Primeiramente, ele quer matar Platão, depois é convencido por Dion e Aristomenes a não fazê-lo, e aí o entrega ao lacedemônio Pollis como prisioneiro de guerra. Este o traz para Egina (o lugar de nascimento de Platão), onde o vende. O cirenaico Aniceris compra-o por 20 minas e o envia para seus amigos em Atenas. Estes lhe enviam logo em seguida o dinheiro, mas Aniceris não o aceita "não são só vocês que são dignos de poder cuidar de Platão". O tratamento hostil aos atenienses em Egina provavelmente podia não estar mais ocorrendo, depois do tratado de paz intermedia-

---

106. Sensações.
107. Rememoração.
108. Os teus discursos envelhecem.
109. E os teus tiranizam.

do por Antálcidas (387)[110], isso, porém, não muitos anos antes, porque (Xenofonte, *Helênicas*, V, 1, 1) primeiro, nos últimos anos da Guerra de Corinto, a relação entre Atenas e Egina foi de tal modo suspensa que resoluções como a de matar todo ateniense que pisasse na ilha puderam ser tomadas.

5. A atividade docente de Platão na Academia

Aos 40 ou 41 anos de idade, Platão tem prontos seu objetivo político (alimentado por Dion) e seu sistema, faltando-lhe apenas os homens que ele tornará filósofos para que fundem, com ele, o novo Estado. O jardim de Academos foi adquirido com o dinheiro do resgate de Platão. Platão, provavelmente, não era mais abastado: as viagens devem ter consumido suas posses, e ele alude, em uma passagem do *Fédon* (78 a), a que não poderia ter gasto mais dignamente o seu dinheiro. – Agora, finalmente, há para ele também um sentido em escrever. Não poderia haver, para Platão, diálogos socráticos autênticos, porque nunca foi um socrático autêntico (segundo Aristóteles[111]). Portanto, *Protágoras*[112] etc. devem ser julgados de outra

---

110. Portanto, pouco antes de 387. (N. de Nietzsche)

111. A *Apologia* é uma obra-prima do nível mais elevado: quem poderia atribuí-la à juventude?

O *Fedro* é o primeiro escrito: é designado por *O banquete*.

Os escritos menores coadunam-se mal ao caráter da juventude de Platão e à dor sentida com relação ao seu mestre.

Aristóteles escreveu, ainda jovem, diálogos. Mas, então, a forma havia de ser apenas imitada.

Competição com os mais famosos precursores do diálogo socrático. Ésquino como fundador? (N. de Nietzsche)

112. Trata-se da obra de Platão e não do personagem *Protágoras*.

maneira. Diógenes Laércio (III, 38) diz: λόγος δὲ πρῶτον γράψαι αὐτὸν Φαίδρον[113]. Seguramente, *O banquete* originou-se da primeira época da Academia: e ambos os escritos sustentam-se mutuamente, pois são por demais semelhantes. Pronunciam-se neles a mais elevada virilidade e uma natureza entusiástica. Ele combate a arte cada vez mais. Trata-se, provavelmente, de uma tradição correta a que versa sobre o *Fedro*. Somente as interpretações mais tardias devem ser refeitas: esse diálogo tem algo de ditirâmbico ou então (Laércio, III, 38) καὶ γὰρ ἔχει μειρακιῶδές τι τὸ πρόβλημα[114]. Há que distinguir tradição de fundamento. (Pois este último opina que o primeiro escrito deve convir à juventude – μειράκιον, διθύραμβος[115].)

Ora, o *Fedro*, como primeiro escrito, mostra-nos que Platão ὑπομνήσεως ἕνεκα[116] introduziu o escrito para memorizar conversas *reais*. Não, decerto, as conversas com Sócrates, mas com os alunos da Academia. Ele procura criar para si uma mitologia para recontá-las: assim como a tragédia, sob uma capa mítica, apresentava muitas vezes pessoas e questões do presente, assim também fazia Platão. Em seu caso, ele identificava-se com Sócrates, e seu aluno, com o circunstante deste. Não se importava com anacronismos. Ao mesmo tempo, porém, queria tornar crível a autenticidade da argumentação, *apesar* do longo distanciamento temporal: para tanto, ele lança mão do mecanismo da narração indireta reiterada.

---

113. O primeiro discurso que ele escreveu foi o *Fedro*.
114. O assunto desse diálogo tem algo de juvenil.
115. Juvenil, ditirâmbico.
116. Por causa da recordação.

6. Viagens mais tardias. Quadro cronológico

431 Nasce Dionísio I.
428 Nasce Platão.
408 Nasce Dion, filho de Hiparino.
406 Dionísio I torna-se tirano.
404 Estabelecimento dos Trinta Tiranos em Atenas.
389 Primeira viagem de Platão a Siracusa.
367 Morte de Dionísio I. Dionísio II sobe ao trono.
364 Segunda viagem de Platão.
361 A terceira viagem.
357 Dionísio II desterrado por Dion.
353 Dion assassinado.
Depois de 353 a Carta VII (No Dion de Plutarco o mais forte aroma platônico)
348 † Platão.
346 Dionísio II assenhora-se do poder em Siracusa, *iterum*[117].
343 Ele é forçado a entregar-se a Timoleon.

Dion teria sido o mais entusiasmado seguidor de Platão e buscou destacar-se, por seu modo de vida, dos italiotas e siciliotas. Depois da morte de Dionísio I, meditou, com a ajuda de Platão, uma reforma política em Siracusa: com a condição de Dionísio II converter-se a suas opiniões. Ele esperava produzir uma vida feliz sem violência e derramamento de sangue. Escreve a Platão dizendo que não havia nenhuma oportunidade melhor para a constituição do Estado, e descreve o vivo desejo de sabedoria de Dionísio: seus parentes estariam prontos para o modo de vida e os princípios de Platão. Platão considera possível dever tentar se alguém efetuasse as suas disposições no tocante à constituição e às leis: mes-

---
117. Pela segunda vez.

mo duvidando dos jovens. (Portanto, Platão havia anunciado o seu ideal de Estado já na primeira viagem, assim como tinha dado a conhecer o seu próprio modo de vida filosófico: dessa maneira, chegamos a saber o que foi a Academia.) Platão diz ter-se decidido por medo de que todo o seu modo de ser pudesse parecer a si próprio não passar de meras palavras. Ele abandonou "suas não inglórias atividades": encontrou tudo em discórdia e muitas difamações contra Dion. Platão não consegue nada. No quarto mês, o tirano põe Dion em uma pequena embarcação e o afasta. Fica uma grande inquietação: Platão passa por ser o autor; espalha-se o rumor de sua execução. Dionísio comporta-se amigavelmente e impede a partida de Platão, hospedando-o no castelo: surge o rumor de que Dionísio venera Platão. Dionísio disputa o amor de Platão e tenta suplantar Dion. Mas se arreceia de ouvir os discursos filosóficos de Platão porque teme uma armadilha e um plano de Dion. Platão considera seu objetivo não alcançado.

Dion segue do Peloponeso para Atenas. Platão comove Dionísio para que este o deixe partir. Eles combinam que, quando o domínio de Dionísio estivesse mais seguro (havia guerra), Dionísio chamaria Platão e Dion de volta. Rogou a Dion que considerasse o que ocorrera como uma simples mudança de lugar. Depois da paz, enviou carta a Platão para vir imediatamente; quanto a Dion, poderia ficar ausente ainda por um ano. Dion roga a Platão para que parta: corria o rumor de um maravilhoso zelo pela filosofia em Dionísio. Platão disse que sabia bem que tal acontecia frequentemente com os jovens, e responde que é um homem idoso e que a promessa foi outra. Entrementes, os pitagóricos e amigos de Dion haviam tentado falar sobre as coisas que dizem respeito ao Estado à maneira de Platão, acreditando que Dionísio já sabia de tudo. Este era ambicioso e se envergonharia se ficasse claro que ele outrora não havia dado ouvidos a Platão. Agora, Dionísio considerava questão de honra conquistar novamente Platão. Ele envia uma trirreme e Arquedemos (aluno de Arquitas), assim como outros conhecidos. Além disso, escreve uma longa carta. Também Arquitas escreve. Todos louvam o anelo pela sabedoria de Dionísio. Se Platão não viesse agora, a amizade deles com Dionísio (que politicamente era muito importante) seria desfeita. Os amigos atenienses impelem-no com súplicas. Ele mesmo achava possível uma inflexão para a virtude por parte de Dionísio. Partiu sob maus pressentimentos.

Primeiramente ele acredita ter de comprovar se Dionísio realmente havia sido apanhado por uma fervente faísca de sabedoria. Logo nota que o tirano está cheio de afirmações entendidas pela metade. Então, aplica, para testar, um expediente: mostra em que consistem o empreendimento, os esforços e as dificuldades que ele traz consigo. Se ele se sentisse como que um entusiasmado servidor da sabedoria e do empreendimento, então, parece, ele teria recebido uma primorosa diretiva, devendo esforçar-se; pois, do contrário, a vida se tornaria para ele insuportável. Em tudo o que fizesse, mesmo ao comer e beber, deveria ater-se firmemente à filosofia, para que se tornasse, tanto quanto possível, sóbrio, hábil na compreensão e atento; enquanto o modo de vida contrário causar-lhe-ia aversão. Já aqueles que são caiados com opiniões, tal como o corpo é bronzeado pelo sol, consideram esse empreendimento impossível quando se apercebem do quão difícil é aprender e do quão sobriamente se há de viver. – Mais tarde, Platão ouve que Dionísio escreveu sobre tudo o que ele lhe disse outrora, e que ele divulgava o escrito como sua própria obra. Platão nega o valor de tais manuscritos. Diz que a esse respeito não havia nenhum escrito, nem nunca haverá algum: porque a coisa em questão não se deixaria prender em palavras, mas antes ela se produziria mediante uma longa convivência com o objeto e a adequação do modo de vida, tal como uma luz acesa na alma por uma faísca que salta.

Entrementes, Dionísio trata os bens de Dion como se já não fossem dele. Platão declara querer partir. Dionísio pede-lhe que fique, mas não consegue persuadi-lo. Era verão, tempo de partida dos navios. Então, Dionísio meditou a seguinte artimanha para afastar Platão dos navios de carga. Disse que Dion receberia seus bens de volta e que lhe seria concedido que voltasse do Peloponeso: caso eles decidissem isso juntos. O dinheiro seria posto em mãos de homens de confiança de Platão, para que Dion pudesse dispor dele. Dionísio não confia em Dion: se este tivesse todo o dinheiro empregá-lo-ia contra ele. Sob essas condições, Platão deveria permanecer este ano, mas com a entrada da boa estação poderia viajar de volta com o dinheiro. – Platão deveria responder no dia seguinte. Ele morava no jardim junto ao palácio de Dionísio. Platão considera necessário ser útil a Dion (seus bens são avaliados em 100 talentos). De acordo com isso, declara que os navios partem e ele fica. Depois disso, Dionísio declara que só a metade cabia a Dion, o resto deveria ficar para os filhos deste. Em seguida, com extrema leviandade, aliena todos os bens de Dion. Platão, agora, olha para fora como um pássaro engaiolado. Apesar disso, o tirano e ele passam por amigos em toda a Grécia.

Então, Dionísio tenta reduzir o soldo dos soldados mais antigos; estes se sublevam e o tirano tem de conceder tudo. Heráclides passa por ser o líder da sublevação. Ele se esconde e Dionísio o procura. Teodotes[118] é levado

---

118. Θεοδότη<ς>.

pelo tirano ao jardim, no qual, justamente, Platão anda de um lado para o outro. Teodotes fala a Dionísio na presença de Platão: o tirano poderia não fazer mal a Heráclides, mas bani-lo de seus domínios, deixando-o navegar para o Peloponeso com mulher e filhos para lá consumir sua renda. Dionísio concorda com isso. Na noite do dia seguinte, vêm Teodotes e Euríbio muito agitados contar que os peltastas[119] rondavam para agarrar Heráclides. Eles dirigem-se imediatamente a Dionísio. Ambos permanecem calados e choram; Platão diz: "Os homens tememem que tu possas decidir algo contra Heráclides, contrariamente à tua própria palavra." Dionísio inflama-se e muda de cor. Teodotes agarra sua mão, chorando e lançando-se ao chão diante dele. Platão diz: "Coragem, Teodotes! Dionísio nunca será capaz de fazer algo que contrarie suas promessas de ontem." Dionísio lança sobre ele um olhar extremamente tirânico. "Não te prometi absolutamente nada." Platão: "Sim, pelos deuses, e justamente isso que este te pede agora que faças." Platão vira-lhe as costas e afasta-se.

Dionísio caça Heráclides: Teodotes envia a este uma mensagem exortando-o a fugir. O tirano envia peltastas com a ordem de que Heráclides esteja diante dele em poucas horas, mas Heráclides se antecipa às suas providências e salva-se entre os calcedônios. – Agora Dionísio crê ter um motivo aparente para encolerizar-se com Platão e afastá-lo do castelo (sob o pretexto de que as mulheres teriam que comemorar uma festa sacrificial de dez dias). – Então, Teodotes manda chamar Platão e se queixa com ele. Dionísio ouve que Platão foi à casa de Teodotes e manda alguém ter com ele perguntando-lhe se real-

---

119. Soldados de infantaria leve.

mente encontrou-se com Teodotes. Ele responde que sim. – O enviado diz-lhe que Dionísio achava que não era correto que preferisse os amigos de Dion a ele. – O tirano não o manda chamar mais ao castelo. Platão, agora, vive do lado de fora, entre os soldados. Ele recebe de pessoas do país a notícia de que está sendo difamado entre os peltastas, e que estes tentariam apoderar-se dele. Platão inventa um expediente. Escreve a Arquitas e aos amigos em Tarento. Estes conseguem enviar uma trirreme, e Lamiscos, pretextando uma embaixada, vai ter com Dionísio para fazer um pedido e manifestar o desejo, por parte de Platão, de partir. Dionísio o provê com dinheiro para a viagem e concorda. Não se discute sobre os bens de Dion. – Em Olímpia, Platão encontra Dion em uma viagem festiva. Dion exorta-o solenemente à vingança, tanto pela infração do direito de hospitalidade quanto pelo exílio. Platão diz que Dion deve fazer a proposta aos companheiros, pois ele mesmo foi feito hóspede por violência. Diz ainda estar muito velho para a guerra, mas, se eles quisessem reconciliar-se, então estaria pronto para intermediar. Essa resposta foi dada com aborrecimento pelas contrariedades passadas na Sicília. Os de Dion não lhe dão ouvidos, e Platão passa a achar que todas as infelicidades que se seguiram foram por isso. Quanto a Dion, acha que o teria mantido nos limites pelo seu desejo e influência. Dion ter-se-ia conformado à vontade de Platão, mas pela perseguição que sofria e pela influência dos conjurados, que eram movidos pela ambição do ganho e pela maldade, acabou precipitando-se[120].

---

120. Aqui p. 86, abandonar a tradução da carta 7. (N. de Nietzsche)

7. Vista geral[121]

Deve-se conceber como o ponto central da vontade de Platão sua *missão legisladora*: cabe incluí-lo entre os Sólons, Licurgos etc. Tudo o que faz, ele o faz em vista disso: do contrário, a vida ser-lhe-ia odiosa. Sua maneira de viver mostra como ele queria ser o modelo a imitar: tinha de viver de modo a ser sempre mais útil ao seu ideal. Suas ações mais importantes só se deixam compreender a partir desse ponto central. Suas amizades e seus conhecimentos têm unicamente esse plano de fundo. Nisso, ele nunca se resignou: a prova disso são aquela Carta e as *Leis*. Uma imensa dor o acompanha sempre: jamais alcançar algo semelhante. Na Academia, lança as sementes para o futuro. Escreve tendo somente aquele sentido em vista.

Pressuposição para tal missão é a *fé incondicional em si mesmo*. É o que se mostra, por exemplo, no fato de que ele não sabe idealizar Sócrates de outro modo a não ser equiparando-o a si. Considera a sua tendência como a única esperança de todos os Estados, e por isso era extremamente avesso a todos os outros esforços, especialmente quando eram defendidos com brilhantismo. Por isso os antigos o chamam de φιλότιμος[122], e contam de sua discórdia com todos os grandes de sua época. Essa exclusividade residia na grandeza de sua tendência, e os que mais a prejudicavam eram os homens talentosos. O *páthos* mais elevado acompanha todos os seus movimentos: contava-se que jamais, quando jovem, riu de maneira espalhafatosa. – Espantosa é a exclusividade, especialmente no terreno da arte: rejeita em bloco a cultura antiga e se confronta

---
121. Não consta da edição alemã o item 6.
122. Amigo ou amante da honra.

com Homero. No Estado que julga ser o melhor, considera *suas* obras como as obras oficiais para a instrução. Todo o resto é medido apenas por elas. – Considera muito poucos capacitados para a doutrina das ideias: nessa esfera, tem algo de misterioso e místico em si. Todas as suas reformas repousam sobre conhecimentos dialéticos dessa esfera mais elevada: da qual não fala diante dos não iniciados (exotéricos). A oposição entre um mundo aparente e uma realidade que jaz por detrás dele é o que há de mais estranho, e para os muitos não passa de um disparate. Os caminhos indicados para aquele conhecimento das ideias são os seguintes: 1) o movimento heraclítico de todas as coisas; 2) as εἴδη fixas socráticas; 3) a mediadora transmigração das almas dos pitagóricos, ἐπιστήμη ἀνάμνησις[123]. Ele não pode ter escrito antes de travar conhecimento com os pitagóricos. O *Fedro* assenta a relação que deve subsistir entre escrito e verdadeiros λόγοι[124]. Estes não são, certamente, os de Sócrates, mas os da Academia. A esse respeito, acreditamos na tradição, quando diz que o *Fedro* foi o primeiro escrito: mas não foi elaborado antes dos 41 anos de vida. Portanto, todos os escritos incidem na segunda metade de sua vida: cremos ter de acreditar em uma diminuição progressiva do dom artístico de representar. Primeiramente: *Fedro, O banquete, República, Timeu, Fédon*; mais tarde: *Teeteto, Sofista, Político, Filebo, Parmênides* e *As leis*.

---

123. Conhecimento por recordação.
124. Discursos.

PARTE II

Introdução aos diálogos particulares

Πολιτέια, *A república*. Mais tarde, o subtítulo περὶ δικαίου[1], com Tarsilo. Göttling (na edição da *Política* de Aristóteles) opina que o título propriamente dito seja Καλλίπολις[2]. – A cena é o Pireu, cidade portuária: nenhum discípulo em torno de Sócrates. As personagens: *Céfalo*: chefe de uma família emigrada da Sicília; por isso, sem pleno direito à cidadania. Um senhor entrado em anos, honrado, franco, que não se queixa da idade, mas a saúda como uma libertadora dos prazeres e paixões. Os terrores do Hades passeiam diante de sua alma, mas ele não os teme. Sacrificou há pouco aos deuses domésticos e toma lugar em um assento com encosto; os demais sentam em torno, em cadeiras. Píndaro é seu poeta preferido. Seu filho *Polemarco*, que mais tarde será vítima dos Trinta, é um homem prático. Pintado com uma cor mais moderna, *Trasímaco da Calcedônia*, famoso sofista com os traços

---

1. Sobre o justo.
2. Bela cidade.

costumeiros, avesso à dialética de Sócrates, amigo de longos discursos, faminto por dinheiro: representa o sujeito sem limites, que não reconhece nenhum direito sagrado, inclinando-se, por isso, a medidas tirânicas. É completamente vencido e, nisso, comporta-se sem dignidade. *Glauco* e *Adimanto*, os ouvintes mais dignos, filhos de Aríston: sem dúvida um imenso anacronismo tratando-se, como há de tratar-se, dos irmãos de Platão. K. F. Hermann supõe que sejam dois parentes mais velhos do lado materno, só que desconhecidos. Naturezas pensantes independentes, audazes diante das opiniões populares, sem, com isso, perderem a pureza do coração: não obstante, muito preparados e amantes da verdade até as mais extremas consequências. Glauco é mais artista, Adimanto um conhecedor da ciência e completamente formado na dialética. *Sócrates* é apresentado, no primeiro livro, de maneira mais pessoal; nos outros, é a imagem de um sábio ideal. No mais, um pano de fundo de jovens nobres, dos quais muitos nomes são mencionados.

Estamos numa tarde quente do começo do verão, no dia 20 *targélion*, num átrio fresco e espaçoso. Os participantes da conversa presenciaram há pouco a festa de Bendis, a deusa lunar trácia: ainda estão previstas uma corrida de tochas a cavalo e uma celebração noturna.

A época. A viva descrição do caráter tirânico no livro 9 (577 a, b) pressupõe o trato de Platão com o Dionísio mais velho (Böckh, *de simultat.*, p. 26). O diálogo não pode ter sido composto antes da olimpíada 98: se não se quer admitir constantes preenchimentos e emendas. Eufórion e Panécio (Laércio, III, 37) dizem que o começo da *República* foi encontrado modificado de várias maneiras: Platão rematou-o até a sua morte. Não devemos supor um amplo conhecimento do escrito durante a vida de Platão; houve somente uma divulgação entre amigos. O conteúdo da *Politeia* ultrapassa tudo o que a *parresía*[3] poderia se permitir no mais livre dos Estados.

O *primeiro livro* é designado como um proêmio e é um todo em si mesmo. Ele expõe o que a justiça *não* é. Grande semelhança com a forma do *Protágoras*, do *Cármides* e do *Laques*. A justiça é, segundo Céfalo, a observância da verdade em palavras e obras, e o pagamento pontual do que é devido a deuses e homens. Então, "pagamento", ἀποδιδόναι, é mais precisamente interpretado como sendo a um só tempo "retribuir" e, em geral, "cumprir" (*leisten*). O devido, προσῆκον, é designado como o que compete a cada um. Agora é demonstrado que a justiça não tem um objeto específico determinado, como as outras atividades possuem os seus [objetos], mas é o princípio geral orientador que indica a posição que convém a cada indivíduo na comunidade humana. Nesse momento, ocorre a importante conversa entre Sócrates e Trasímaco. Trasímaco[4] tira a consequência: deve-se favorecer os que nos favorecem e prejudicar os que nos prejudicam, e assim a justiça transforma-se num simples agir segundo vantagens exteriores, e só depende de quem tem o poder impor o modo de agir que lhe interessa. Justiça como a vantagem do mais forte. Justiça é a vontade de quem domina erigida em lei para sua vantagem. É objetado que os que dominam poderiam iludir-se sobre suas vantagens e que, então, o que é tido como justo (*Recht*) lhe seria prejudicial. Trasímaco concede que os que dominam são somente tais à medida que entendem o que é vantajoso para si. Mostra-se, todavia, que toda arte e serviço, excluindo-se de ambos possíveis carências, são im-

---

3. Discurso franco, de caráter crítico e direto. Algo como dizer a verdade, doa a quem doer.
4. Trata-se, na verdade, de Polemarco, e não de Trasímaco.

pulsionados por sua própria causa, e não cuidam primeiramente de sua própria vantagem, mas somente da vantagem do objeto sobre o qual se estende o seu domínio. Trasímaco: então os pastores haveriam de cuidar da vantagem de seus rebanhos e não de sua própria vantagem. Em seguida, declara que a injustiça, muito mais do que a justiça, traz visível ganho e felicidade: sobretudo a tiranos. E então chama de injustiça o que antes chamava de justiça. Ambas as objeções são refutadas. Se somente a injustiça é vantajosa, então ela deveria ser entendimento e capacidade. Porém, o justo não procura estar em vantagem com relação aos justos, mas somente com relação aos injustos. O injusto, por outro lado, procura vantagem com relação a ambos: e um comportar-se igual ao primeiro, não ao segundo, é próprio de toda arte e do entendido nela. Além disso, toda sociedade (por exemplo, uma quadrilha de bandidos) só tem a capacidade de fazer injustiça a outros com a condição de que os associados, pelo menos, exerçam justiça entre si. Portanto, a injustiça é possível somente por meio da justiça.

As objeções de Glauco e de Adimanto, no livro II (357-367). Glauco aprofunda as objeções de Trasímaco. Ele exige que a justiça não seja somente um bem ou um mal momentâneos, mas um bem absoluto com finalidade duradoura. Se a concepção de Trasímaco apareceu como um princípio que dissolve o Estado, ela pode ser, todavia, uma concepção capaz de formar um Estado: posto que o sofrer injustiça como mal seja maior do que o cometer a injustiça como bem, então o Estado seria um contrato social entre ambos: este que fica no meio seria a justiça. Ele quer demonstrar 1) a origem da justiça; 2) que todos a praticam como algo necessário, mas a contragosto; 3) que eles fazem isso com razão. Se cada um tivesse a liberdade de fazer o que quisesse, então o justo e o injusto não se diferenciariam. Ele conta a respeito do anel de Giges. Este seduziu a esposa, matou o rei e apoderou-se do governo. Se tivesse havido dois anéis deste e um fosse colocado pelo justo, o outro pelo injusto, então o primeiro também não se absteria do bem alheio. Portanto, cada um só é justo por constrangimento. – Em segundo lugar, ao injusto é concedida uma vida melhor que ao justo. A esse respeito, descrevem-se a imagem do absolutamente injusto e a do absolutamente justo. O primeiro procurando parecer justo, sem o ser. Ele é capaz de proporcionar-se a maior fama de justiça; tem a força do discurso para convencer, caso um de seus crimes venha à luz: ânimo viril, força corporal e apoio dos amigos. Agora pensemos em um simples homem nobre, que não quer parecer bom, mas ser bom (Ésquilo). Encontra-se sob a fama da maior injustiça, para passar na prova de que sua justiça não pode ser abalada pela má fama e suas consequências. Até a sua morte ele pareceria injusto. Quem é o mais afortunado? Que este último seja chicoteado, torturado, posto em cadeias, privado dos seus olhos pelo fogo e, por fim, posto na cruz. Que o injusto, por outro lado, exerça o poder no Estado, que passe por justo, contraia casamento no seio da família que quiser, que case sua filha com quem quiser. Obtém a vitória em uma disputa judiciária, ganha proeminência sobre seus inimigos, torna-se rico, mostra-se bom aos seus amigos, e honra bastante aos deuses: ele é também, provavelmente, o mais querido dos deuses. – Aqui então começa Adimanto. Ele se refere ao dizer de poetas e não poetas: por um lado, a como louvam a justiça, a saber, descrevendo a recompensa que se recebe por ela sobre a Terra e depois da morte. Então dizem que se, por um lado, circunspecção e medida são algo muito belo, por outro lado, porém, custam esforço: e que desregramento e petulância seriam algo agradável. Louvam também ricos que são maus e negam consideração ao pobre. Dizem também que os deuses infligiram infelicidade a muitos bons, e o contrário aos que lhes são contrários. Antes de tudo, cita os purificadores e consagradores, que expiam crimes por meio de festas e cantos mágicos. Que impressão causa tudo isso? Esforço para o justo, felicidade para o injusto. Ele exige de Sócrates que não mostre somente que a justiça tem prioridade sobre a injustiça, mas porque uma é, em si, um mal e a outra um bem. "Deixe de lado o epílogo, caso contrário diremos que tu afirmas o parecer justo, não o ser justo."

Agora, Sócrates expõe uma história do devir do Estado, e isso partindo da impressão de que as forças do indivíduo são insuficientes; divisão do trabalho, a partir de estados idílicos que vão progressivamente se artificializando, de um Estado de pastores e cultivadores para um Estado de comerciantes e artesãos: surge o luxo, que traz consigo, no interior do Estado, a discórdia e o partidarismo e, no exterior, as guerras de conquista: torna-se necessária uma classe de guerreiros e senhores. Três classes hereditárias: a massa trabalhadora, os guerreiros e os governantes.

Em conexão com essa constituição do Estado está uma doutrina da educação. A educação musical antecede à ginástica. O conteúdo ético e religioso da poesia e da música é exigido como parâmetro. Suas formas particulares são julgadas. Também na ginástica são acentuados os aspectos éticos e de formação: uma alma bem formada deve também tornar bom e belo o corpo. Recusa incondicional da poesia dramática, e, sob certas condições, da poesia épica. Todo o ramo da arte que ele chama de imitativo é recusado. Sua nova filosofia da arte parte da consideração de que a representação do belo, o qual é igual a bom, deve reproduzir somente o harmônico e o comedido, sem qualquer prazer sensível.

Então, o Estado mais perfeito é descrito na forma mais concisa de um Estado de castas, com completa separação entre as classes governante e de guerreiros, de um lado, e a classe que trabalha, de outro lado. As primeiras constituem uma vida em comum, sem propriedade e família. Pensamento condutor de que por intermédio de uma educação ético-religiosa há de formar-se uma eticidade, por meio da qual se tornaria desnecessária uma legislação pormenorizada. A virtude do indivíduo não há de ser separada da do Estado. Três são as coisas mais importantes: 1) criar uma nova linhagem de cidadãos e, com isso, um novo Estado; 2) exterminar nele o espírito egoísta; 3) princípio da divisão do trabalho e da formação especializada. A juventude deve ser retirada completamente do mundo da sedução e do erro: pois o bem que faz um exemplo individual é posto a perder pelas más impressões. A melhor disposição natural sucumbe se lhe falta o tratamento correto. A falsa doutrina não reside tanto em alguns sofistas, mas antes no ar de um ser estatal insalubre. O que de bom deve aprender a juventude se ela ouve o povo no teatro, no templo ou no acampamento militar? Mesmo o método de Sócrates, que procurava educar no meio do povo uma nova linhagem de homens, não é radical o suficiente. A fuga da realidade é, antes de tudo, necessária.

O *egoísmo*, também de acordo com Sócrates, deve ser aniquilado, à medida que este recomenda a comunidade de bens prescrita não pela lei, mas pelo costume. Platão vai ainda mais longe: suprime a propriedade e, com isso, a vida doméstica separada, a família. Ele tem uma grande aversão aos juros, "e lá ficam eles postados na cidade, todos armados e preparados, uns sobrecarregados por dívidas, os outros tornados infames, e ainda outros ambas as coisas, todos cheios de ódio ruminando golpes contra aqueles que os desapossaram e contra todo mundo, à espreita de uma revolução universal. Os homens endinheirados, porém, andam sorrateiramente curvados em volta como a má consciência corporificada, desprezam aqueles que eles tornaram infelizes, e fisgam o primeiro jovem bom governante que veem e que não está prevenido, com a carga de seu dinheiro. Depois, embolsam os juros e enchem a cidade com zangões e mendigos, dos quais eles chupam as derradeiras gotas de sangue". – O dinheiro deve desaparecer inteiramente do mundo. Ele pensa sobre o direito à propriedade privada como se estivesse separado somente por uma geração da imigração dos dóricos e da divisão do Peloponeso entre os chefes vencedores. Um pensamento assim estava mais próximo dos antigos do que de nós. Eles acreditavam em povos que não possuíam casamento nem propriedade, por exemplo, os *galatofagos*[5], "o mais justo dos povos", ou os *agatirsos* (cf. Heródoto, IV, 104). Teopompo, aluno de Isócrates, descreve o estado das mulheres entre os tirrenianos do mesmo modo (*Ateneu*, XII p. 517): entre eles as crianças eram criadas como bem comum. O Estado de Platão deve ser uma *unidade*, mas na maioria das vezes os homens são separados pelo "meu e teu": disso resulta discórdia. O homem é o Estado em miniatura, o Estado é o homem em grande escala. O egoísmo deve ser exterminado em ambos. Como será, então, edificado o poder de Estado? Todo serviço de Estado pressupõe saber e poder: em todo caso, duas classes, uma para o governo e a administração, outra para a defesa. Do sustento de ambas cuida a massa de estrato mais baixo, com um modo

---

5. Literalmente, os bebedores de leite.

de vida mais comum. As mulheres cuidam das novas gerações saudáveis. Platão considera a mulher uma variedade mais apoucada do homem, diferente deste pela medida da capacidade. Essa questão ele chama de "uma grande onda que quer ser cruzada com habilidade, caso ela não deva pôr a pique toda a embarcação". O princípio de que cada um deve fazer o que lhe cabe parece exigir que o homem permaneça nas ocupações masculinas e as mulheres nas femininas: caso haja neles alguma diferença efetiva. Mas isso não é verdade. Nos cães e cadelas não se faz diferença alguma; as cadelas caçam etc., só que com uma força algo menor. O mesmo acontece com os homens. Se entre estes é diferente, isso se deve à educação deficitária. Claro que se haverá de rir quando as mulheres e donzelas nuas aparecerem em público. Mas ri-se também quando chegam os velhos enrugados. Os bárbaros não concebem nem mesmo ver-se homens e jovens nus. As mulheres da classe governante despem seus vestidos e tomam as vestes da virtude; elas tomam parte na guerra e em todo serviço de guarda no interior do Estado. O casamento é suprimido; plena emancipação. Mas matrimônios solenes devem ser o mais possível santificados; cuidadosa escolha dos casais, os homens mais belos e corajosos devem ser recompensados com as mulheres mais belas, e a santidade da relação sexual deve ser estabelecida. As crianças devem ser separadas das mães depois do nascimento; as inúteis devem ser eliminadas. – Em seguida, trata-se da *classe dos guardiões*, que é formada em parte por filósofos, em parte por guerreiros. É pressuposto, para essa função, um punhado de homens com membros fortes, grande habilidade e um ânimo impetuoso e apaixonado, tendo, ao mesmo tempo, boa vontade. Glauco pergunta se todas essas qualidades ocorrem juntas. Platão recorre aos cães domésticos de natureza nobre, que perseguem os estranhos, mas abaixam-se diante dos donos. O equilíbrio da alma deve ser produzido apenas pela educação. Tudo o que excita o *daímon* do prazer deve ser evitado, como, por exemplo, as narrativas de Homero e Hesíodo a respeito dos namoricos dos deuses. Também devem ser evitadas as imagens do Hades e do Cócito, para não plantar neles nenhum medo da morte. E mais importante de tudo: a música. Esta terá sucesso no enobrecimento das paixões que surgirem no amor entre os rapazes. A esse amor é designada uma tarefa especial: ele há de aguilhoar a sede de honras, e suprir, através de sentimentos, o que de costume é conseguido por leis escritas. Nisso, uma dignidade estrita. A arte dos sons e o amor levam ao amolecimento; seu excesso impede a *ginástica*.

Somente com tais companheiros pode agora viver o verdadeiro *filósofo*. Sente-se melhor e mais à vontade em outro mundo do que entre os mortais vulgares. A massa parece com seres que estariam presos em uma caverna escura subterrânea, com ferros no pescoço e grilhões nos pés, e que veem apenas sombras, enquanto o filósofo vive na luz e vê as ideias[6]. Pela educação, será libertado de

---

6. Começo do livro 7.

"Imagine os homens como se estivessem em uma habitação subterrânea semelhante a uma caverna, cuja saída extensa, cobrindo toda a gruta e esticando-se para além, abre-se para a luz: de modo que esses homens, desde a infância, encontram-se acorrentados pelas coxas e pela nuca, de maneira a permanecerem no mesmo lugar, olhando só para a frente e estando fora de condições de girar sua cabeça à volta por causa das correntes: de modo que a iluminação vem de longe, de um fogo que queima atrás, longe deles, no alto, e há um caminho entre o fogo e os acorrentados, acima destes. Ao longo desse caminho, imagine erguida uma mureta, como um cercado que separa os manipuladores daqueles que por eles são postos em cena. Agora, imagine homens que carregam, junto a esse muro, uma múltipla parafernália que se ergue

todo atamento à sensibilidade: através da ginástica, música, estudos matemáticos, dialética (através da última, percebe as ideias sem a ajuda dos sentidos). Com 35 anos, a formação dialética está concluída: então, ele retorna à vida, a fim de exercer funções do Estado. O período de experiência dura 15 anos. Com 50 anos estão prontos, podem viver entregues aos seus estudos e, alternadamente, ocupar o governo.

Essa estrutura de Estado é necessária de *modo imprescindível,* caso a vida do Estado deva ser saudável. Ou bem os filósofos serão forçados a se encarregar do Estado, ou os detentores do poder hão de se converter à filosofia. Um Estado assim não é inexequível; o impossível não é querido. Importante é, antes de tudo, um começo. Uma comunidade deve ser transformada em um mero

---

por cima do muro, tais como homens e outras criaturas de pedra e de madeira, conformadas de diversas maneiras, sendo que alguns desses homens que erguem esses objetos falam, os outros permanecem calados. Os homens acorrentados não iriam considerar outra coisa verdadeira senão as sombras dos objetos que são carregados: a essas sombras eles dariam os nomes que convêm às coisas mesmas. Se um dos que passam carregando falasse, considerariam a sombra como falante.

Se um deles fosse tirado das correntes e alguém lhe dissesse que antes só havia visto truques de ilusionistas, e que só agora via mais corretamente – ele ficaria inseguro e teria o que via antes por correspondente à verdade em maior grau. Se olhasse para a luz, sentiria dores, e escaparia de volta para junto dos objetos. Se alguém, usando a violência, o trouxesse para cima pelo caminho rude e íngreme até a luz do sol, ficaria contrariado e cheio de dores, e, ofuscado, não conseguiria ver nenhum dos objetos verdadeiros. – Ele terá de acostumar-se, vendo, por exemplo, primeiro as sombras, depois as imagens na água, e somente mais tarde os objetos mesmos. Depois, se ele voltasse à sua antiga condição, todos ririam dele e diriam que voltou com os olhos doentes, e aquele que ele quisesse desacorrentar iria até mesmo matá-lo, porque não consideraria que a ascensão valesse a pena. – Essa seria a vida do justo no Estado em que vivia Platão." (N. de Nietzsche)

painel λαβόντες ὥσπερ πίνακα πόλιν καὶ ἤθη ἀνθρῶπων μὲν καθαρὰν ποιήσειαν ἄν[7]. O meio de fazê-lo: toda a população é forçada a entregar toda criança logo que ultrapassar os dez anos – ficando apenas com as que não receberam a primeira educação – para serem educadas por seus novos tutores, longe dos pais perniciosos. Perante essas crianças, seria permitida uma mentira necessária (como também com relação aos pais, no que toca aos assuntos sexuais). Deve-se ensinar-lhes que a educação não lhes fora transmitida por homens: elas teriam passado um tempo sonhando sob a terra, e lá teriam sido moldadas como pertencentes a uma das três castas pelo arquiteto do mundo mesmo, as quais deveriam ser consideradas como se fossem irmãs. Os filósofos teriam, em seu ser, ouro; os guardiões, prata; os trabalhadores, ferro e bronze: tão impossível quanto esses metais se misturarem seria uma modificação do Estado de castas: e, se fossem engendradas crianças que fossem indignas da casta dos pais, haveriam de ser alocadas em uma casta inferior. A primeira geração deve considerar o seu duro período de educação como uma *tristeza*.

Muita coisa é tirada das instituições helênicas mais antigas, por exemplo, da legislação dórica e cretense. O todo lembra instituições da *hierarquia* medieval. A finalidade suprema desse Estado reside além, tem significado transcendente: fuga do mundo sensível para o mundo ideal. A determinação superior da primeira casta reside no conhecimento da ideia do bem. Paralelamente a isso, ela deve cuidar de seus membros. Isso lembra a Cidade de Deus de Agostinho <em relação> aos Estados mundanos: sacerdotes – laicos.

---

7. Tomando a pólis e os costumes dos homens como uma tábula rasa, nós os depuraríamos.

A educação, de acordo com a idade: 1-3 anos, cuidado com o corpo; 3-6, narração de mitos; 7-10, ginástica; 11-13, ler e escrever; 14-15, arte poética e música; 16-18, ciências matemáticas; 18-20, exercícios de guerra. Depois disso, a primeira separação. Os que são menos capacitados para a ciência permanecem guerreiros. Os demais aprendem mais rigorosamente as ciências até os 30 anos, de maneira que o que foi antes apresentado de modo isolado agora é conhecido em conjunto. Então, uma segunda separação. Os menos avantajados passam a ser funcionários do Estado, os que se distinguem exercitam-se dos 30 aos 35 anos em dialética e assumem postos de comando até os 50 anos. Depois, chegam ao ápice na filosofia, à contemplação da ideia de bem. Pertencem, agora, ao contingente dos governantes. A conclusão da Πολιτεία assim descrita configura o desfecho do diálogo περὶ τοῦ δικαίου. De 609 até o fim, a recompensa da [virtude] justiça, a saber, a imortalidade, com o mito no final. Sócrates demonstra que tudo o que diz respeito ao homem justo é motivo de felicidade para ele próprio por parte dos deuses, sem dúvida em um sentido metafísico, isto é, para sua existência ulterior. Portanto, a doutrina correta da justiça só é comprovada com o auxílio da imortalidade. Vem, em seguida, a história de um habitante da Panfília, o filho do armênio Er. Ele tombou na guerra, e foi preservado, mesmo 10 dias depois, em todo o seu frescor: no 12º dia, sobre o monte de lenha que havia sido preparado para a sua cremação, ressuscitou, e contou o que havia visto.

A divisão em 10 livros não é platônica. Trechos inteiramente arbitrários no fim dos livros II, III, V, VI e VIII: têm a função de manter a uniformidade externa dos *volumina* [volumes], como em Homero. Talvez através de Aristófanes de Bizâncio.

Formação estranha, ou, como suspeito, uma publicação muito tardia. Em Laércio, III, 37 e 57, consta que a

República teria sido quase toda escrita ἐν τοῖς Πρωταγόρου ἀντιλογικοῖς[8]. Se Platão menciona as ἀντιλογικοὶ, então quer aludir a Protágoras. No *Teeteto* (161 c), ele menciona o famoso início da Ἀλήθεια[9]: πάντων χρημάτων μέτρον ἐστὶν ἄνθρωπος[10] (ἀρχόμενος τῆς Ἀληθείας[11]). Essa assertiva é mencionada por Sexto Empírico *adv. mat.*, 560, como o começo dos καταβάλλοντες[12]. No índice de obras de Laércio, faltam ambas as obras: mas consta ἀντιλογιῶν δύο como uma única obra maior. Bernay demonstrou a tripartição do título no *Rheinisches Museum*, 7, 464. Sobre o conteúdo do título, informa Laércio, IX, 51, πρῶτος ἔφη δύο λόγους εἶναι περὶ παντὸς πράγματος ἀντικειμένους ἀλλήλοις[13]: isto é, a doutrina de Heráclito dos opostos transposta do campo físico para o lógico. Ambos os termos de uma antinomia são igualmente justificáveis. Agora compreendemos a opinião de Aristóxeno de que a doutrina περὶ τοῦ δικαίου, isto é, o livro I e parte do livro II, já estaria completamente esboçada nas ἀντιλογίαι. Se, porém, consta "quase inteira", então podemos concluir que Aristóxeno não entende a *República* como composta dos 10 livros que conhecemos, mas que o tratado περὶ τοῦ δικαίου apareceu separado. Somente a respeito deste vale a repreensão. Com isso concorda o que Gélio conta em XIV[14], 3: que Xenofonte *lectis ex eo duobus feri libris, qui*

---

8. Nas *Antilogias* de Protágoras. Trata-se de uma obra atribuída ao famoso sofista.

9. *Verdade*. Outra obra atribuída a Protágoras.

10. O homem é a medida de todas as coisas.

11. No começo do escrito sobre a verdade.

12. Discursos demolidores.

13. Sobre cada coisa existem duas afirmações opostas uma à outra.

14. Trata-se de Aulo Gélio, autor de *As noites áticas*, que aqui é citada.

primi in vulgus exierant[15] e teria escrito a Ciropédia[16]. Assim, é mencionado de novo o diálogo sobre o justo. Portanto, uma imagem reflexa do justo, em relação à descrição do tirano por Trasímaco (etc.) e por Glauco. A sublinhar o *fere*[17].

Ora, o *Timeu* começa com o diálogo entre Sócrates, Timeu, Crítias e Hermócrates. Onde está o quarto hóspede de ontem e quem seria o anfitrião de hoje? – Ele está doente. – "O conteúdo principal dos λόγοι narrados por mim concernia ao Estado, a saber, como ele seria o melhor e de que homens haveria de ser constituído. Tratou-se expressamente dos guardiões, das mulheres, da supressão da família, da separação por castas e do engendramento." Sócrates fala com entusiasmo de seus resultados: *Timeu* desenvolve seu sistema de filosofia natural, *Crítias* o seu ideal de Estado atlântico. Portanto, três ou mesmo quatro diálogos são dados como à mão. Deles temos o *Timeu* e um pedaço do *Crítias*: o *Hermógenes* não ficou pronto. Minha hipótese é a de que houve uma πολιτεία original entre esses quatro diálogos e um quinto, e que nossa Πολιτεία foi elaborada da fusão de um diálogo περὶ τοῦ δικαίου com aquela primeira πολιτεία, por meio de uma modificação de papéis. Deve-se investigar o que se pode experimentar daquela primeira Πολιτεία utilizando o *Timeu*. Em todo caso, o escrito περὶ τοῦ δικαίου é aquele que, quase todo, consiste nas ἀντιλογικά de Protágoras. Por outro lado, o *Timeu* refere-

---

15. Leu os dois famosos livros de Platão que foram publicados primeiro.

16. Na passagem mencionada da obra de Aulo Gélio, este afirma que Xenofonte teria escrito a Ciropédia, ou Educação de Ciro, para contrapor-se ao escrito de Platão sobre a melhor constituição política, do qual tinha lido os dois livros que foram publicados primeiro.

17. Famoso.

-se às festas de Bendis: do que se há de concluir que o cenário da *Politeia* que temos hoje é apresentado essencialmente conforme a primeira Πολιτέια. Por outro lado, os que dialogam nos λ<όγοι> περὶ τοῦ δικαίου foram conservados pela nova elaboração. Uma elaboração variada da obra (sobretudo no sentido estilístico) é atestada por Laércio, III, 37, Dionísio de Halicarnasso, *de compos. verb.* c 25, Quintiliano, VIII, 6. – Aquele diálogo περὶ τοῦ δικαίου foi mantido no mesmo sentido do *Laques*, do *Lísis* e do *Cármides*, o que garante, em certo sentido, a autenticidade deles. Schaarschmidt teria certamente considerado inautêntica a discussão περὶ τοῦ δικαίου se ela se tivesse conservado. Há de examinar-se muita coisa, por exemplo, se [Platão] Aristóteles alude à forma em que temos hoje o diálogo ou à antiga. [Ele parece citar o *Timeu*] Ele cita frequentemente a *Politeia* com o *Timeu*. – Aquela fusão é um fato muito importante.

Timeu

Personagens: Sócrates, Timeu, Crítias, Hermócrates. Sócrates diz que o quarto participante do diálogo ocorrido no dia anterior foi impedido de comparecer por estar passando mal. O pitagórico Timeu, filósofo, político, abastado, que ocupou o mais alto posto no estado itálico de Locres, Platão conheceu-o desde a sua primeira viagem. Crítias, o ateniense já descrito, formado em todos os ramos. Hermócrates, o grande general siracusano, sogro do tirano Dionísio: sua imagem foi descrita por Tucídides com especial predileção: três importantes discursos 4, 59--64, 6, 33-34, 6, 76-80. | De Timeu, Sócrates diz, no diálogo (20 a), que se elevou aos píncaros do saber tomado em sua totalidade. "De Crítias, sabemos todos aqui em nosso país que ele está plenamente familiarizado com tudo aquilo de que tratamos: e que Hermócrates está perfeitamente capacitado para tudo, tanto por dotes naturais quanto por educação, e isso de acordo com o parecer de muitos."

Primeiramente, Platão faz uma recapitulação. A divisão do trabalho: os guardiões têm a tarefa de ir para a guerra por todos: brandos com os que se rebelam internamente, rigorosos com os estrangeiros. A sua educação. Nenhuma propriedade entre eles: recebem, para manter a vigilância, remuneração suficiente para necessidades moderadas, a qual dispendem convivendo em comunidade. As mulheres têm natureza aparentada à dos homens e, por esse motivo, as mesmas tarefas. Casamento e filhos são algo comum a todos: ninguém conhece o seu próprio filho: todas as uniões devem ser dispostas pelos governadores e governadoras, por meio de sorteios artificiais, para que os melhores tirem a mesma sorte e para que não surja nenhuma inimizade, todos buscando o motivo de sua sorte conjunta no acaso. A descendência dos piores deve ser repartida pelo Estado despercebidamente: entre os já crescidos, deve-se elevar os mais dignos a uma classe mais alta, os indignos dessa classe devem ser removidos para os postos deixados pelos que ascendem. Esse era *exatamente* o conteúdo. Portanto, podemos delinear a imagem da antiga *Politeia*.

Ora, Sócrates deseja ver esse Estado delineado em movimento, em competição com outros Estados. Em seguida, Crítias narra uma antiga lenda: um poema incompleto de Sólon que, se estivesse completo, teria superado Hesíodo e Homero. De acordo com uma tradição egípcia: ocorreu, outrora, um feito heroico dos atenienses, há 9 mil anos (antes de Sólon). Havia um imenso poderio armado vindo do mar atlântico contra toda a Europa e a Ásia. Antes da entrada das colunas de Hércules, havia uma ilha, maior do que a Ásia e a Líbia juntas. Vitória dos atenienses. Mas um tremor de terra e uma enchente aniquilaram o poderio bélico dos atenienses; a Atlântida também submergiu. O mar tornou-se, por isso, intransitável. Crítias promete contar com precisão o que efetivamente aconteceu, que está maravilhosamente de acordo com o Estado ideal de Sócrates. Portanto, harmonia entre história e filosofia. Sempre de novo é acentuada a veracidade do assunto. Ontem, Sócrates ocupou-se da narração, hoje, primeiramente, há de ser Timeu a fazê-lo: portanto, discursos longos. Timeu deve descrever o surgimento do mundo e concluir a narrativa com a natureza do homem. Então, que ele comece (diz Crítias). A sequência é proposital. Primeiramente, o Crítias aparece como a continuação original da *Politeia* original: o início foi conservado: (O Crítias atual não tem, por isso, [quase] nenhum início próprio – um começo foi elaborado posteriormente, como acréscimo). Portanto:

> a parte integrante *mais antiga*:
> Πολιτέια, grande relato de Sócrates,
> Κριτίας, relato de Crítias;
> Relato de Hermócrates (como seria para aproveitar bem as circunstâncias atuais)
> Portanto, apenas a "República": uma trilogia.

No meio dessa obra foi intercalado, mais tarde, o *Timeu*. Nova trilogia.

A *Politeia original* foi extraída dessa trilogia e novamente elaborada junto com um diálogo περὶ τοῦ δικαίου, cujo cenário também foi tomado de empréstimo.

Escritos: Boeckh, Sobre a formação da alma do mundo, *Heidelberger Studien*, III, p. 1, 1807. Sistema cósmico de Platão, 1852. *Études sur le Timée*. O aspecto matemático-astronômico é, antes de tudo, tratado por Boeckh. Überweg, Sobre a alma do mundo platônica, *Rheinisches Museum*, 9, p. 37. Antes de tudo, é importante a mistura da alma do mundo, partindo de seus elementos.

Primeira mistura

Primeiro elemento	Segundo elemento
ἡ ἀμέριστος καὶ ἀεὶ κατὰ ταὐτὰ ἔχουσα οὐσία[18] ou τὸ ἀμερές[20]	ἡ περὶ τὰ σώματα γιγνομένη μεριστὴ οὐσία[19] ou τὸ κατὰ τὰ σώματα μεριστόν[21]

Resultado da mistura
τρίτον οὐσίας εἶδος ἐν μέσῳ κείμενον[22].

Segunda mistura

Primeiro elemento	Terceiro elemento	Segundo elemento
τὸ ἀμερές[23] ou ταὐτον[27] "indivisível ou mesmo"	τρίτον οὐσίας εἶδος[24] ἡ οὐσία[28] "substância" resultado da mistura a alma do mundo	τὸ κ. τ. σώματα[25] μεριστόν[26] θάτερον[29] "o outro ou o divisível"

Que substâncias são designadas com isso? No *Timeu*, p. 27, Platão diferencia o que é sempre, que nunca devém,

---

18. A substância indivisível é obtida sempre a partir das mesmas coisas.
19. A substância divisível, que vem a ser no âmbito do corpo.
20. O que não é misturado.
21. O que é misturado segundo o corporal.
22. Terceira ideia de substância, jazendo no âmbito intermediário.
23. O indivisível.
24. Terceira ideia de substância.
25. As coisas corporais.
26. O divisível, segundo o corporal.
27. O mesmo.
28. A substância.
29. O diferente.

objeto do conhecimento racional, e o que nunca é, que devém sempre, objeto das percepções sensíveis: portanto, ideias e cópias. A alma do mundo conhece, por meio do *outro*, o sensível, por meio do *mesmo*, o inteligível αἰσθητόν[30]. Portanto, existe, em todo caso, certo *parentesco* entre ταὐτον[31] e ideias, entre θάτερον[32] e coisas sensíveis.

Ora, Platão divide a totalidade do ente da seguinte maneira:

ὁρατὸν γένος[33]   νοητὸν γένος[34]
εἰκόνες σώματα[35]   μαθηματικά ἰδέαι[36]

Entre o sensível e as ideias está, num âmbito intermediário, o matemático. Ora, a alma do mundo está também em âmbito intermediário entre as ideias e o sensível, por isso deve também pertencer ao gênero das coisas *matemáticas*.

Primeiro gênero: as ideias. Primeiro elemento: τὸ ἕν[37] (isto é, a ideia do bem). Segundo elemento: τὸ ἄπειρον[38] (isto é, o θάτερον[39] nas ideias, sua diferença em relação umas das outras). Terceiro elemento: τὸ μικτόν[40], a série de ideias individuais provindas daquela mistura. | *Segundo gênero*: as coisas *matemáticas* (τὰ μεταξύ[41]). Primeiro elemento: τὸ ἕν, isto é, o número *um* na aritmética. Segundo elemento: τὸ ἄπειρον, isto é, na aritmética, a díade inde-

---
30. Sensível.
31. O mesmo
32. O outro.
33. Gênero visível.
34. Gênero inteligível.
35. Imagens corporais.
36. Ideias matemáticas.
37. O uno.
38. O ilimitado.
39. O diferente.
40. A mistura.
41. O intermediário.

terminada ἡ ἀόριστος δυάς, na geometria, o espaço que traz em si o caráter meramente irregular e sem ordem das figuras cambiantes. Terceiro elemento: τὸ μικτόν, isto é, a série de números, a série de figuras determinadas. *Terceiro gênero*: as coisas sensíveis. Primeiro elemento, τὸ ἕν, isto é, τὸ ἔνυλον εἶδος[42], as qualidades determinadas, o gênero das coisas. Segundo elemento, τὸ ἄπειρον: a matéria anterior ao mundo; terceiro elemento: a série de coisas sensíveis.

Aplicação à *alma do mundo*: o primeiro elemento da alma do mundo ταὐτον é o ἕν (matemático). Depois, [τὸ] θάτερον é o ἄπειρον no sentido matemático. O terceiro é o matemático mesmo, em plena determinidade da essência, οὐσία.

Obtemos a seguinte visão de conjunto da κοσμογονία[43]: no começo estão as ideias, sempre: ao lado delas a matéria primitiva, sem verdadeiro ser e também sem participar da eternidade das ideias, sem todas as qualidades: μὴ ὄν[44]. Sobre essa matéria primitiva, primeiro age o elemento de *caráter ilimitado* (ἄπειρον, μέγα καὶ μικρόν[45], θάτερον), que está nas ideias: daí se origina uma formação de figuras desordenada, sem regra: a matéria primitiva transforma-se, agora, na massa caótica da matéria *secundária*.

Somente agora junta-se o ἕν das ideias (o bem ou o deus supremo) produzindo efeito, com o que foi mencionado acima, para conformar o mundo ordenado a partir do caos, à medida que transforma tudo, segundo a sua imagem, em um bem: através disso, surge, primeiramente, o ἕν no gênero matemático, o primeiro ele-

---

42. A ideia material.
43. Cosmogonia.
44. Não ser.
45. Grande e pequeno.

mento da alma do mundo (ἀμέριστος καὶ ἀεὶ κατὰ ταὐτὰ ἔχουσα οὐσία[46]). Deus misturou esse elemento àquela alma irracional do caos, ao θάτερον, para, a partir disso, formar aquela terceira substância intermediária τρίτον οὐσίας εἶδος[47], e depois, numa segunda mistura, a alma racional do mundo. A essa alma coube, então, formar o sensível. O θάτερον já tinha transformado a matéria primitiva em secundária. Agora, acrescenta-se a ordem, o ἕν, nas coisas sensíveis, τὸ ἔνυλον εἶδος[48] (surgem os caracteres fixos do gênero). Esse ἕν mistura-se com o ἄπειρον no sensível: assim surgiram as *coisas sensíveis individuais*.

Conteúdo do *Timeu*: [29 d] visão de conjunto sobre o todo do mundo. O criador era bom: portanto, sem inveja: por conseguinte, quis tornar a criatura o mais semelhante possível a si. O todo dotado de razão é o mais belo: sem alma, nenhuma razão é possível, e a alma, por sua vez, ele a atribui ao corpo: essa é a totalidade do mundo. Há somente um mundo, não infinito; construído segundo o seu modelo, ele abarca todos os viventes pensáveis. Portanto, não há espaço algum para um segundo mundo. O que é resultado do devir há de ser visível: o deus liga, por isso, primeiramente, fogo e terra. Duas partes constituintes não são possíveis de ser ligadas sem uma terceira: água e ar. Ele criou o todo do mundo como nunca envelhecendo e adoecendo, e lhe emprestou a forma que encerra todas as formas: a esfera. Esse círculo que gira em círculo é completamente autossuficiente e é imediatamente acessível a uma representação mítica. Depois

---

46. A substância indivisível que se mantém sempre segundo as mesmas coisas.
47. Terceira ideia de substância.
48. A ideia material.

disso, do mesmo modo, o surgimento do homem, dos diferentes elementos, do pesado e do leve, das cores, de todos os sentidos, carne, articulações, ossos, cabelos, unhas, da respiração, da doença e da saúde. O surgimento do mundo até os homens. No fim, ainda, o surgimento dos animais a partir dos homens (darwinismo invertido). Partindo dos que nascem com o sexo masculino, os covardes e malfeitores, em seu segundo nascimento, tornam-se mulheres. Transformam-se no gênero das aves os homens que se ocupam com os fenômenos celestes de modo inocente, mas ligeiro, opinando, por sua limitação, que as conclusões tiradas da aparência sejam as corretas. Transformam-se em quadrúpedes os que se entregam à parte da alma íntima ao peito: estes se sentem mais atraídos pela terra, e por isso deus imputou-lhes – a esses irracionais – uma estrutura múltipla sustentadora. Os mais irracionais entre eles, cujo corpo é voltado totalmente para a terra, não têm mais necessidade dos pés: eles arrastam-se ao longo do solo. Os mais irracionais de todos tornam-se peixes: não necessitam nem mesmo de ar puro, mas antes inspiram água terrosa e pesada (peixes e moluscos ficam no fundo para expiar sua profundíssima ignorância).

Crítias, um fragmento

Os mesmos interlocutores. Primeiro, disposição agradecida de [Crítias] Timeu pelo fato de os deuses o terem ajudado a chegar até o fim. Crítias acha sua tarefa ainda mais difícil: como pintores satisfazem-nos facilmente quando reproduzem árvores, montanhas e rios, mas encontram juízes muito difíceis quando reproduzem nossa própria imagem. É anunciado que Hermócrates tomará a palavra depois. Todo esse prefácio somente foi inserido quando o *Timeu* entrou em cena. Pois a introdução própria para o *Crítias* está no próprio *Timeu:* portanto, Platão utilizou o mais antigo proêmio ao *Crítias* para o *Timeu,* e, então, fez um novo para o *Crítias*. – Que se recorde, em primeiro lugar, o que já foi dito antes: trata-se somente de uma recapitulação do que consta na introdução do *Timeu*. Também esta somente se fez necessária depois da inserção do *Timeu*.

Os deuses repartem toda a Terra através da sorte; sem entrar em contenda, Hefesto e Atena recebem a Ática. Eles a povoam com homens honrados e autóctones, cujo espírito dirigem para o Estado. Seus atos foram esquecidos pelo povo; seus nomes mantiveram-se: Cécrope, Erecteu, Erictônio, Erisícton e outros nomes antes de Teseu. Uma classe ocupa-se do artesanato e da agricultura, as outras são constituídas por guerreiros, φύλακες[49], como no Estado perfeito, e não têm propriedade. Os limites do país são o Ístmo, o Parnasso, e o Citeron. Ele é muito fértil. Em Atenas, o país era um planalto, as encostas eram habitadas por artesãos e por proprietários agrícolas. Na parte mais alta, habitava a casta dos guerreiros; em volta desta havia um muro circular. No lado norte, havia as construções próprias para o inverno e os salões para as refeições, todos situados a meia distância entre o luxo e a necessidade. Eles serviam-se também do lado sul durante o verão. Onde hoje é a Acrópole, era então uma fonte abundante. Havia aproximadamente 20 mil guerreiros. Estavam na vanguarda de toda a Hélade. Entre todos os viventes, eram os mais encomiados. Então, é descrita a condição dos opositores. Explicação dos nomes helênicos: Sólon aprendeu o signi-

---

49. Guardiões.

ficado dos nomes egípcios e depois os traduziu, pois queria usá-los como material de poesia. As anotações encontravam-se nas mãos do avô e também nas de Crítias: já quando era rapaz as conheceu. O início do poema de Sólon era o seguinte: A Posídon coube, pela sorte, a ilha de Atlântida, e ele a povoou com os seus, que ele engendrou com uma mulher mortal. No meio da costa marinha havia uma planície extremamente fértil. Em direção ao centro, afastado por 50 estádios[50], havia uma pequena montanha. Ali, habitam Evenor e Leucipa: a filha única é Cleito. Os seus pais morrem: mas Posídon a ama. Através de fortificações, ele torna o monte inatingível. Tem com ela cinco gêmeos masculinos e reparte a ilha por eles, em 10 partes: o que nasceu primeiro recebe o lugar primordial, sendo este o mais belo. Ele é o rei; chama-se Atlas. Em seguida, vêm todos os nomes. A geração de Atlas mantém a dignidade real. Extraordinária riqueza, descrita com detalhes. Construções gigantescas, descrição notável. Depois, a disposição do ordenamento do exército[51].

---

50. Um estádio equivale a 20, 25 metros.
51. *O poderio armado*
10.000 carros de combate
120.000 cavaleiros
120.000 combatentes sobre carros com dois cavalos
120.000 combatentes com armaduras pesadas
120.000 arqueiros
120.000 fundibulários
180.000 atiradores de pedra
180.000 com armas pesadas
240.000 combatentes marinhos

1.210.000 combatentes

O poderio armado de cada um dos nove comandantes restantes é um terço do do rei supremo: 5.560.000. Cada embarcação é equipada com 2.000 homens. (N. de Nietzsche)

O poder armado e de retaliação. Progressivamente, ocorre uma degeneração. Zeus reúne uma assembleia de deuses e começa justamente aí.
– Aqui termina o fragmento.

Clitofonte

Autenticidade não contestada na Antiguidade. Na edição H. Stephanus, De Serres põe este diálogo entre os inautênticos: isso não constitui um juízo de reprovação: ele próprio repudia isso. Ele conservou o ordenamento da Aldina, no qual o *Clitofonte* está ao fim dos diálogos inautênticos; ao mesmo tempo, porém, segundo Tarsilo, consta como o começo da oitava e da nona tetralogia. Schleiermacher, em primeiro lugar, recusa-o (Tradução 2, 3, p. 459), Ast, Socher, C. Fr. Hermann, Steinhart o seguem. Por outro lado, Yxem, *Sobre o Clitofonte de Platão*, Berlim, 1846.

Interlocutores: Sócrates e Clitofonte. Clitofonte é filho de Aristônimos, o qual participa do livro I da República (340) com poucas palavras, para ajudar Trasímaco em seu embaraço. O lugar, a época e o cenário não são informados. Ao que tudo indica, diálogo a quatro olhos! Sócrates, deveras, diz τίς ἡμῶν διηγεῖτο[52], o que é sublinhado por Yxem. Trasilo situou-o antes de *República*, *Timeu* e *Crítias*. Sócrates pergunta: quem nos teria contado que Clitofonte, em suas conversas com Lísias, deprecia suas conversas com Sócrates e, por outro lado, louva as com Trasímaco? Clitofonte justifica-se: o que contaram não era exato. Muita coisa ele teria louvado em Sócrates. Conta tudo a esse respeito até o fim: ele o louva quando, como

---

52. Quem de nós conduzirá?

um deus em ação na tragédia, reprova os homens que não aspiram a que as crianças sejam educadas corretamente para a justiça, dizendo que a virtude pode ser ensinada e que a prática da injustiça é involuntária. Tudo isso é extremamente estimulante para que se desperte do sono. Então, aborda a seguinte questão: qual [virtude] arte afirmamos ser capaz de conduzir à virtude? O mais hábil dentre eles disse: a justiça. Depois, ele mesmo diz que um efeito da justiça é o de formar justos |; a medicina, por sua vez, produz médicos e a saúde. Qual é o outro produto da justiça? Então, um retrucou: o útil, o que convém, o vantajoso. – Mas esse seria o caso em todas as artes. E o outro diz, finalmente: a tarefa da justiça seria a de instituir a amizade no Estado. A autêntica amizade consistiria na igualdade do modo de pensar: e tal não poderia ser uma concordância de opiniões, mas antes um saber. Então, os restantes observaram que ele girava em círculo: pois também as outras artes têm uma comunidade de saber, e também podem indicar ao que elas visam. Disso, porém, a justiça não é capaz. Ao ser questionado sobre isso, Sócrates responde: prejudicar os inimigos e fazer bem aos bons. Mais tarde, verifica-se que os justos não prejudicam ninguém: que fazem tudo para proporcionar o que é útil. Sócrates não teria insistido mais nisso. Ele seria capaz de estimular, melhor do que ninguém, a prática da virtude, mas, ou não conhecia a justiça, ou não admitia que Clitofonte tomasse parte nela. Por isso quis ter com Trasímaco. – Assim conclui-se o diálogo.

A pequena introdução do *Clitofonte* à *República* força à suposição de que Clitofonte já tinha sido uma figura utilizada, e atesta um emprego anterior. Temos precisamente um fragmento, como o *Crítias,* um retalho de um estudo prévio para o diálogo sobre τοῦ δικαίου.

As leis

Clínias, um cretense; Megilo, um lacedemônio; um hóspede distante de ambos.

O conteúdo é a construção de um Estado com utilização de elementos históricos; portanto, o mesmo tema do *Hermócrates*. Ora, sobre *As leis*, do mesmo modo que na *República*, pode-se mostrar que o diálogo deve ter existido em uma edição anterior, muito mais curta. Comparar com W. Oncken, *A doutrina política de Aristóteles*, p. 194. Aristóteles diz, na *Política* (1265 a) τῶν δὲ νόμων τὸ μὲν πλεῖστον μέρος νόμοι τυγχάνουσι ὄντες, ὀλίγα δὲ περὶ πολιτείας εἴρηκεν[53]. Isso não está de acordo com *As leis* que temos. Dos 12 livros somente os livros 9-12 contêm uma legislação detalhada: se quisermos acrescentar também os livros 6-8 (educação e trabalho), restam ainda cinco livros inteiros. Notável dissertação de Eduard Zeller, *Estudos platônicos*, 1839; mais tarde suavizada. Foi demonstrado que se trata de uma composição altamente negligente, contraditória, um diálogo balbuciante e tedioso. Aristóteles pode não ter conhecido os quatro primeiros livros, e um pedaço do quinto. Eles contêm coisas que Aristóteles *haveria* de mencionar. Em conjunto, esses livros consideram as constituições irmãs de Creta e de Esparta. O primeiro livro volta-se contra a virtude espartana, que nada mais seria do que uma rude coragem guerreira, também contra a imoralidade das sissítias[54] e dos exercícios ginásticos. No segundo livro, é sublinhada a insubordinação da juventude que cresce de modo selvagem num Estado que é um acampamento.

---
53. O tratado *As leis* refere apenas aspectos legislativos, mas pouco diz sobre a forma de governo.
54. Refeições comuns.

No terceiro livro, é narrada a história original dos dórios, louva-se o mérito dos espartanos no que diz respeito à implantação do elemento dórico subjacente em Argos e na Messênia, é dito que a felicidade dos conquistadores foi invejada, uma vez que puderam dividir as terras a seu bel-prazer – enquanto agora, se um legislador ousasse tocar na propriedade, a grita dos proprietários logo se faria ouvir. No quarto livro, a época de ouro originária deixa pouco espaço para que surjam discussões de detalhe, mas acentua-se, todavia, que a constituição espartana, por mais que pareça democrática, tem no eforato um forte elemento tirânico.

Aristóteles não sabe de nada disso, e, todavia, essas são justamente as suas posições. O quinto livro não passa de uma tentativa de fazer uma ponte entre os livros 1-4 e 6-12, utilizando-se de discursos solenes sobre uma porção de coisas.

Minha conjectura é que aquele exemplar mais antigo das Νόμοι é idêntico ao do *Hermócrates*. Nos dias de velhice de Platão, quando todos os empreendimentos na Sicília tinham sido abandonados, o filósofo mudou as personagens (a saber, Sócrates, Timeu e Hermócrates) e depois se voltou para Creta e reelaborou tudo. O antigo núcleo está nos longos trechos conexos da última metade da obra, nas Νόμοι propriamente ditas, que foram extraídas do *Hermócrates*. Tratava-se de uma exposição contínua (como a *Politeia* original, o *Timeu* e o *Crítias*). As novas personagens foram necessárias por causa de Creta, através disso foram também acrescentadas as considerações sobre os costumes lacedemônios e cretenses. O todo foi muito arbitrariamente retocado e sobraram muitos restos que se referem somente ao primeiro esboço. O que mais sobressai é a passagem IV [170] (709 e) τυραννουμένη μοι δότε τὴν πόλιν <…> τύραννος δ'ἔστω νέος καὶ μνήμων καὶ εὐμαθὴς καὶ ἀνδρεῖος καὶ μεγαλοπρεπὴς φύσει – καὶ σώφρων⁵⁵. O melhor Estado derivado, em primeiro lugar, de um governo violento, depois, de uma monarquia real, em seguida, do governo do povo, depois (por fim) de uma ὀλιγαρχία⁵⁶. Pedaços de esboços de juventude anteriores hão de estar entretecidos nesse escrito. Temos de imaginar o velho Platão tal como ele ordena seus trabalhos escritos: tal como Goethe. Com alguma arbitrariedade, produz-se um todo. A *Politeia* assim como *As leis* são tais formações aluviais, a partir de pedaços das mais variadas épocas da vida do filósofo. Não se tem sequer a certeza de que tenha sido o próprio Platão quem fez a composição. Suídas, ver φιλόσοφος. Bröckh completa, antes, com razão Φίλιππος ὁ Ὀπούντιος⁵⁷ ὃς τοὺς Πλάτωνος νόμους διεῖλεν εἰς βιβλία δυοκαίδεκα, τὸ γὰρ τρισδέκατον αὐτὸς προσθεῖναι λέγεται⁵⁸. Ora, isso não pode referir-se à divisão em livros, pois esta deve ter sido coisa de bibliotecários. Mas antes significa: "ele ordenou essa obra até a conhecida extensão de 12 livros".

Laércio, III, 37: ἔνιοί τε φασὶν ὅτι Φ. ὁ Ὀπούντιος τοὺς Νόμους αὐτοῦ μετέγραψεν ὄντας ἐν κηρῷ⁵⁹. É habitualmente aceito que Platão tenha deixado *As leis* em tabletes de cera, a partir dos quais Filipe copiou para a forma de

---

55. Dê-me um Estado que é dominado por um tirano. [...] Que o tirano seja jovem, com boa memória, com boa capacidade para aprender, corajoso e com uma natureza magnânima – e temperante.

56. Oligarquia.

57. Trata-se de Filipo de Opunte, matemático aluno de Platão a quem se atribuem a publicação do diálogo *As leis*, depois da morte de Platão, e a própria elaboração de *Epinomis*, que deveria completar *As leis* e que ficou inacabado.

58. Do qual é dito que separou *As leis* de Platão em 12 livros, e acrescentou o 13º.

59. Alguns pretendem que Filipo de Opunte copiou *As leis* de Platão que se encontravam em tabletes de cera.

livro. Ora, não podemos crer que se escreveram 12 livros sobre cera: "tabletes de cera" seria apenas uma expressão para *"brouillon"*[60]: Filipe cuidou de passar a cópia a limpo. Grecismo inaudito: κηρὸς também não significa tablete de cera. Pensamento notável de Schaarschmidt, p. 78, *As leis*, V (746 a), quando é dito do legislador πλάττων καθάπερ ἐκ κηροῦ τινα πόλιν καὶ πολίτας[61]: imagem agradável do modelado em cera. Ele supõe que a passagem de uma carta deu a oportunidade para a hipótese acima. Nessa passagem constava, aproximadamente, "envio-lhe as Νόμους Πλάτωνος ὄντας ἐν κηρῷ[62] – copie-as, ordene-as. A palavra κήρωμα é que significa tablete de cera.

Megilo, um lacedemônio, e um ateniense, que não é nomeado, são hóspedes de Clínias, em Cnossos, a principal cidade de Creta. São homens já de idade avançada: no começo do diálogo, estão de partida de Cnossos para uma gruta distante um dia de viagem (provavelmente, trata-se do lugar onde Zeus nasceu; seguramente estão a caminho para presenciar uma festa, que deve ser comemorada na gruta e no templo). O mais velho propõe dialogar, a caminho, sobre a constituição do Estado e sobre leis: quem fala, principalmente, é o ateniense Clínias (segundo III, 16), que com outros nove cidadãos de Cnossos, houvera sido incumbido da tarefa de fundar e prover de leis uma colônia composta de emigrantes voluntários. Cícero descreve a cena em *de leggibus*[63] (1, 5) *visne igitur ut ille Cretae cum Clinia et cum Lacedemonio Megillo aestivo die in cupressetis Cnossiorum et spatiis sivestribus, crebro insis-*

---

60. Em francês no original. Significa: rascunho.
61. Como se quisesse formar uma pólis e os cidadãos de cera.
62. *As leis* de Platão em cera.
63. Das leis.

tens, interdum acquiescens, de institutis rerum publicarum ac de optimis legibus disputat[64].

Livros I e II. Nenhum início narrativo. O ateniense indaga se as leis dos cretenses e dos espartanos seriam obras de deus ou dos homens. A legislação de Minos a partir de Zeus, a de Licurgo, a partir de Apolo. Depois, há a tarefa de examinar se a legislação de Minos e a de Licurgo repousam realmente sobre fundamentos éticos firmes. Essa tarefa é coadunada com duas questões especiais: primeiro, a utilidade das refeições em comum, dos ginásios, do exercício nas armas: depois, a legitimidade das orgias regulamentadas legalmente. Desde o princípio admite-se que as refeições em comum são produzidas pela necessidade da vida em acampamento. E no fim: ambas as legislações têm em vista a guerra: defeito essencial, isto é, somente o princípio da coragem é determinante: não a virtude integral. O cretense afirmou que há um incessante *bellum omnium contra omnes*[65], sendo esse o estado natural da humanidade: todos os fins e instituições do Estado estariam subordinados ao fim supremo daquele estado natural: conquistar a vitória em todas as guerras. O ateniense expõe como princípio mais elevado o fato de que o mesmo estado de guerra há de ser sobrepujado no interior dos Estados, entre os partidos, entre os cidadãos em particular e, também, na alma de cada indivíduo. A tarefa do Estado de atuar para a supe-

---

64. Queres que, à imitação de Platão (a referência a Platão é suposta neste fragmento, pois faz parte do contexto – parênteses nossos), acompanhados, como ele disse, em um dia de verão, por Clínias, o cretense, e por Megilo, o lacedemônio, sob os ciprestes de Cnossos, em aleias da floresta, detendo-nos frequentemente, repousando-nos por momentos, e discorrendo sobre as instituições públicas e sobre as melhores leis...

65. Guerra de todos contra todos.

ração do que se opõe aparece como muito maior. Disso resulta como o Estado há de fundar-se sobre a virtude total (de vez que ele procura vencer todo o mal). Três pontos de vista importantes são estabelecidos: somente a paz pode ser posta como fim, não a guerra: a guerra é somente um remédio para a produção da saúde do Estado. A paz interna seria um bem muito mais elevado do que a externa: quem calcula tudo em função da guerra externa não é um político nem um legislador. A paz interna não é produzida por submissão violenta, mas antes por uma reconciliação baseada no fundamento da lei: combate e vitória sobre o inimigo interno não poderiam ser o fim do Estado, mas sim reconciliação, entendimento e harmonia entre os cidadãos. A coragem jamais poderia ser o fim do Estado, pois ela seria impotente sem a cooperação da σωφροσύνη, φρόνησις, δικαιοσύνη[66]. Há de estabelecer-se a harmonia do Estado. Isso se mostra, especialmente, nas contendas entre os cidadãos. Por outro lado, ele mostra como os que lutam por soldo são exteriormente corajosos, mas também injustos, desmedidos e irracionais. Teógnis, que exortou seu Estado para a concórdia, mereceu, de longe, prioridade diante de Tirteu, que inflamou os espartanos para a submissão de um povo livre. – Portanto, o Estado há de ser fundado sobre a virtude indivisível. Hierarquia: φρόνησις[67], o primeiro de todos os bens divinos, σωφροσύνη[68], δικαιοσύνη[69] e ἀνδρεία[70]. Essa gradação é popular, em comparação com a doutrina propriamente platônica de que todas se equi-

---

66. Temperança, prudência e justiça.
67. Prudência.
68. Temperança.
69. Justiça.
70. Coragem.

param, umas com relação às outras, porque, em cada uma, todas as outras estão contidas. Esses quatro bens divinos estão ao lado dos quatro bens humanos: saúde, beleza, força e riqueza. A legislação deve abarcar toda a vida do cidadão (aplicação da virtude total sobre todas as circunstâncias da vida). Traça-se um plano: começando com as leis do matrimônio e terminando com as do sepultamento: entrementes, trata-se da educação, da aquisição, da propriedade, da despesa, dos contratos, das relações de direito: depois, estabelecimento dos guardiões da lei. – Assim como o ateniense, agora pergunta Megilo como o legislador cuidou das outras virtudes, e, destas, enumera as sissítias, os exercícios ginásticos, as caçadas, o pugilismo sangrento, os saques, a caça aos hilotas: aqui foi negligenciado todo um lado da coragem ("a coragem anda sobre *um único* pé"): corpo e alma são, deveras, endurecidos, mas muitos gozos inofensivos lhe são negados, assim como a oportunidade de também exercitar-se com prazer na luta. Justamente por causa dessa falta, os espartanos sucumbem facilmente ao prazer e transgridem a justa medida. – Como seria satisfeita a σωφροσύνη? Megilo pode apenas, também ele, aduzir as sissítias e os exercícios ginásticos. O ateniense mostra que ambos não são benéficos em si mesmos, mas só em ligação com a virtude total: as sissítias geraram revoltas nos Estados eólicos e jônicos; a ginástica gerou o amor entre rapazes em Creta. O espartano aponta para o fato de que, no entanto, em seu Estado se pôs um ferrolho na entrada para todos os jogos levianos, para bebedeiras e para banquetes ruidosos (como em Tarento e Atenas). Essa observação desencadeia uma longa discussão do ateniense sobre a justificativa do banquete e mesmo da embriaguez. O primeiro ponto de vista (conclusão do livro I) é a consideração do vinho como prova de civilidade (como um saudável remédio para a virtude). Ele torna ousado e confiante: é um dever exercitar-nos no sentido de que nos tornemos o menos possível desavergonhados e atrevidos, mas, ao contrário, que cuidemos com todo temor de não fazer ou dizer algo de reprovável. É uma forma conveniente de colocar à prova: melhor do que com a vida prática é mister experimentar-se com Dionísios. O vinho é como um remédio que faz os homens esquecerem por momentos a vergonha, mas indiretamente ele eleva. Segunda utilidade: o vinho põe a descoberto os sentimentos mais secretos: os condutores do Estado ficam em condições de ver os corações. O segundo livro contém muitas coisas belas sobre os efeitos pedagógicos da arte. Ele acredita na decadência da arte: seus antídotos são: a mais rigorosa vigilância das obras de arte pelo Estado; depois, imutável rigidez nas formas da arte, segundo o modelo egípcio (10 mil anos de formação). Em seguida, volta para a bebida em sociedade. Divide o corpo de cidadãos formados e bem-educados em três coros (rapazes até 18 anos, os homens jovens até os 30, os homens mais velhos até os 60 anos; os primeiros dedicam seus cantos às musas, os segundos cantam um *peán* a Apolo, os últimos cantam a Dionísios). Os coros a Dionísios despontam como o ponto alto da arte musical no Estado. São conferidas medidas diferentes de vinho; aos rapazes, o vinho é negado; aos homens jovens, concedido com moderação; aos mais idosos, com abundância. Velhos sóbrios com mais de 60 anos devem supervisionar tudo. No terceiro livro, história das diferentes constituições, seu surgimento e formação: opiniões extremamente míticas, que se devem ler a fim de compreender o espírito a-histórico dos gregos antigos. Nisso há o fundo de pensamento de que a saúde de um Estado depende de como ele trata a música e a poesia. A degeneração da constituição é uma consequência da degeneração da música.

A posição da legislação apropriada em relação ao "Estado". Aristóteles <Política> 33, 18, dá como propósito ταύτην (τὴν πολιτείαν) βουλόμενος κοινοτέραν ποιεῖν ταῖς πόλεσι[71]. Platão designa, ele mesmo, a diferença em *As leis*, V, 739 c πρώτη μὲν τοίνυν πόλις τέ ἐστι καὶ πολιτεία καὶ νόμοι <ἄριστοι> ὅπου τὸ πάλαι λεγόμενον ἂν γίγνηται κατά πᾶσαν τὴν πόλιν ὅτι μάλισια. Λέγεται ὡς ὄντως ἐστὶ κοινὰ τὰ φίλων. Τοῦτ᾽ ἂν εἴτε πον νῦν ἔστιν, εἴτ᾽ ἔσται ποτέ, κοινὰς μὲν γυναῖκας, κοινοὺς δὲ εἶ ναι παῖδας κοινὰ τὰ χρήματα σύμπαντα καὶ πάσῃ μηχανῇ τὸ λεγόμενον ἴδιον πανταχόθεν ἐκ τοῦ βίου ἅπαν ἐξῄρηται ᾽ ἐπαινεῖν τε αὖ καὶ ψέγειν καθ᾽ ἕν ὅτι μάλιστα ξύμπαντασ ἐπὶ τοῖς αὐτοῖς χαίροντας καὶ λυπουμένους, καὶ κατά δύναμιν οἵτινες νόμοι μίνα ὅτι μάλιστα πόλιν ἀπεργάζονται, τούτων ὑπερβολῇ πρὸς ἀρετὴν (no caráter extraordinário dessas comunidades) οὐδείς ποτε ὅρον ἄλλον θέμενος ὀρθότερον οὐδὲ βελτίω θήσεται. ἡμὲν δὴ τοιαύτη πόλιν εἴτε πσυ θεοὶ ἢ παῖδες θεῶν αὐτὴν οἰκοῦσι πλείους ἑνός, οὕτω διαζῶντεζ εὐφραινόμενοι κατοικοῦσι, διὸ δὴ παράδειγμά γε πολιτείας οὐκ ἄλλῃ χρὴ σκοπεῖν, ἀλλ᾽ ἐχομένους ταύτης τὴν ὅτι μάλιστα τοιαύτην ζητεῖν κατὰ δύναμιν[72]. Portanto, nenhuma resignação: ele procura

---

71. Tornar a constituição desejada a mais comum aos estados.

72. O primeiro lugar é do estado e constituição (de melhores leis, inclusive) no qual se pode observar o mais meticulosamente possível em relação a sua totalidade o velho dito segundo o qual "amigos têm todas as coisas em comum". Quanto a essa condição – existindo ela em alguma parte atualmente ou algum dia no futuro –, em que há uma comunidade de mulheres, de filhos e de todas as coisas, se por todos os meios tudo que se tem como privado foi em todo lugar erradicado, se chegamos na medida do possível a tornar comum, de uma forma ou de outra, mesmo o que por natureza é particular, como os olhos, os ouvidos e as mãos, como se todos parecessem ver, ouvir e agir em comum, e que todos os indivíduos tenham logrado a unanimidade no louvor e

apenas um nível mais primordial. A segunda república haveria de chegar mais próximo da imortalidade, e quanto à unidade ocuparia o segundo lugar. De acordo com isso, queremos que deus projete uma terceira república. A escolha é deixada ao legislador.

Principais diferenças: o *mundo das ideias* é abandonado. Assim como a posição do filósofo. Já não se faz menção à comunidade de mulheres e crianças. No lugar da comunidade de bens, um igualitarismo em matéria de bens: cada um deve considerar seu lote de terra "um pedaço do bem comum de todo o Estado" νομίζειν ꞈ κοινὴν αὐτὴν τῆς πόλεως ξυμπάσης, VI, 740. Portanto, "um lote do bem do Estado que permanece sempre igual". 5040 lotes de cidadãos e domicílios: os cidadãos livres pressupõem, neste contexto, segundo Aristóteles, um imenso número de escravos. 20-30.000 cabeças constituem, aproximadamente, o efetivo de todos os homens livres: tal cifra pressupõe uma cidade imensa, como a Babilônia. O equivalente a uma "cidade grande" moderna.

A esse respeito, Aristóteles objeta que a segurança externa do Estado foi desconsiderada: nem foi tomada nenhuma precaução contra a superpopulação (porque os lotes sorteados são indivisíveis). A relação entre a população dominante e a de servidores não foi ordenada. A mistura de formas de constituição: teoricamente, faz-se uma mistura de democracia e tirania e, a partir disso,

---

na censura que concedem, se regozijando e se afligindo com as mesmas coisas e que honrassem de todo coração aquelas leis que produzissem o máximo de união possível ao estado. Nesse estado, ninguém jamais formularia a outra definição que fosse mais verdadeira ou melhor do que essa no que diz respeito à excelência. Em tal estado, que o habitassem deuses ou filhos de deuses, os habitantes viveriam agradavelmente segundo esses princípios, motivo pelo qual estamos dispensados de buscar em outra parte outro modelo de constituição.

gera-se algo que contém somente elementos oligárquicos e democráticos. Essa crítica não é autorizada, segundo Oncken, p. 208. As magistraturas superiores do governo consistem em 37 juízes da lei eleitos, com não menos de 50 anos de idade, e não menos de 20 anos desempenhando funções. Abaixo destes, há um conselho eleito com 300 membros, escolhidos entre as quatro primeiras classes censitárias: cada vez, desses 300, 90 ficam anualmente em sessão no conselho. Platão é de parecer que esse sistema é intermediário entre a monarquia e a democracia. Os magistrados dos 37 valem como poder monárquico, enquanto supremos, e, ao mesmo tempo, como poder democrático, porque são eleitos pelo povo e têm outro conselho *junto* a si.

Fédon

Temos uma seção preliminar ao *Fédon* na última parte de *A república*: refiro-me à prova da imortalidade da alma, no livro X, 608. Sócrates pergunta a Gláucon: "tu não reconheceste que nossa alma é imortal e que ela jamais perece?". "Ele encarou-me e disse, admirado: eu não, pelo céu: estás em condições de afirmar isso?" Uma prova: para cada ente há algo bom e algo ruim, um é o que conserva e promove e outro o que corrompe: por exemplo, a doença para o corpo, o apodrecimento para a madeira etc. Se o mal específico não leva uma coisa a perecer, é porque ela não havia de perecer. Ora, para a alma há, sem dúvida, o que a torna má: injustiça, ignorância, covardia etc. Por essas últimas, ela se desagrega de algum modo? O caráter vicioso conduz à morte, isto é, à separação do corpo? Não. O que arruína o corpo não pode, por si mesmo, fazer nada à alma: nem pela febre, nem pelo estrangulamento, nem mesmo se o corpo for partido nos menores pedaços possíveis promove-se o ocaso da alma. Ninguém pode supor que, pela morte, as almas se tornem mais injustas. O mal que lhe é característico não é suficiente para levar ao ocaso da alma: ainda menos poderá destruí-la um mal que lhe é estranho. O ser verdadeiro da alma é aqui estiolado, em vida, pela comunidade com o corpo: é como que infectada por músculos, sargaços e pedras. Em seguida vem o mito do filho de Armênio, Er, um habitante da Panfília (cada um escolheu o seu próprio destino, transmigração das almas). Portanto, a conclusão disso é a seguinte: o que é ruim propriamente para a alma mesma, o mal, não é capaz de provocar sua morte. A morte é corporal. Por meio de que haveria a alma de perecer? – Esta é uma seção preliminar das reflexões sobre esse tema; trata-se de um escrito de uma época anterior (pela conexão, deriva do περὶ τοῦ δικαίου).

O *Fédon* mostra, em relação a todos os escritos discutidos até aqui, pela primeira vez, uma *composição* efetiva. Esta se mostra na relação das falas com a narração: a morte de Sócrates é uma sublime exemplificação. O universal acontece na recensão do caso concreto particular. "O filósofo e a morte" é o tema. Ou "a conjuração do medo da morte". A morte deve ser chamada de gênio propriamente inspirador da filosofia, ou de intermediador das musas para a filosofia: segundo Platão, filosofia é, pura e simplesmente, θανάτου μελέτε[73]. Sem a morte, dificilmente se chegaria a filosofar. Primeiramente, no homem, surge a certeza da morte: o remédio, em contrapartida, são os pontos de vista metafísicos, o cerne de

---

73. Exercício da morte, ou seja, preparar-se para a morte.

todas as religiões e filosofias. Essa estreita vinculação entre morte e filosofia parece propriamente platônica, não socrática. O verdadeiro Sócrates tem, presumivelmente, uma opinião popular a favor da possibilidade de um além: mas não compartilha o ponto de vista platônico de que o filósofo anseia pela morte. Platão, todavia, precisa de Sócrates como exemplo mítico para a demonstração de seu ponto de vista. O discurso não trata de uma ocorrência histórica determinada. Platão não estava junto a Sócrates em seu último dia de vida. A narrativa por meio de personagens indiretos é um recurso artístico: 1) para reservar-se toda liberdade; 2) por outro lado, para produzir uma ilusão convincente. Quanto mais precisos são os traços, tanto mais eles são, em geral, inventados.

A doutrina platônica da imortalidade causou sensação. Foi pilheriada pela comédia (Aléxis, Diógenes Laércio, III, 28): "Meu corpo, este corpo mortal, está ressecado, mas o imortal subiu pelos ares: não será por culpa de Platão?" Cleombrotos de Ambrácia tirou a própria vida depois da leitura do *Fédon* "sem que tivesse padecido algo que valesse a morte", diz Calímaco, no epigrama 25. A grecidade mais recuada sempre teve um "se" cético na cabeça: "se os mortos têm sensações e sentimentos" etc. (εἰ ἀληθῆ ἐστι τὰ λεγόμενα, εἴπερ γε ἀληθῆ τὰ λεγόμενα[74] na *Apologia*). A partir de Platão, pela primeira vez, não se representa mais, ao modo popular, a alma num mundo subterrâneo, mas antes no *céu* (alçada ao éter, às estrelas, ao céu, aos deuses). O termo "afortunado"[75], ὁ μακαρίτης, chega a ser excessivamente utilizado (τὴν

---

74. Se as coisas que se diz são verdadeiras, caso sejam verdadeiras as coisas que se diz.
75. Nietzsche aponta para a proximidade entre as palavras "alma" (*Seele*) e "afortunado" (*Selige*) em alemão.

μακαρῖτίν μου γιναῖκα "minha afortunada mulher" Luc. Filopseudes, 27).

Equécrates e Fédon são os interlocutores propriamente ditos: Fédon narra ao fliuntiano[76]. Introdução sobre o adiamento da execução do julgamento devido às Pequenas Delianas[77]. Descrição da admirável disposição consoladora dos amigos. Os presentes são nomeados. Os acontecimentos do último dia. As algemas são tiradas: ligação necessária de prazer e dor. Esopo teria composto uma fábula a respeito. Cebes anuncia-se em nome de Eveno: a visão onírica como causa dos trabalhos poéticos. I Saudação a Eveno: uma vez sendo filósofo, este poderia seguir Sócrates o mais brevemente possível. Espanto. O filósofo anseia pela morte; todavia, não há de cometer suicídio. Pois não há de escapar de seu carcereiro por força própria, não devendo subtrair-se à custódia divina. Objeção: seria tolo ansiar pela morte. – Não, a morte apresenta a bons senhores e a homens bons: tanto melhor quanto mais afortunada for a existência. Portanto, o filósofo anseia pela morte: seria tolo aborrecer-se com sua aproximação. O filósofo anseia por livrar-se do corpo. Tal é o que proporciona, finalmente, a morte, e de maneira completa. Por isso, o filósofo anseia por esta. Quanto mais ele emprega o corpo, tanto menos conhece a verdade. Depois da morte, ele tem a esperança de conhecer puramente a verdade.

Objeção de todos: só no caso de a alma ainda existir. Isso ainda estaria por provar[78]. I) Prova a partir dos *opos-*

---

76. Trata-se de Equécrates.
77. Festa em que os atenienses mandavam um navio à ilha de Delos, consagrada a Apolo. Antes da volta do navio, Atenas devia ficar o mais pura possível – por isso o adiamento da execução de Sócrates.
78. *Górgias*: a prova *moral*. Não o sofrer injustiça, mas o cometer injustiça seria um mal. Para aquele que comete crimes, o castigo seria

tos. Tudo surge dos opostos, o grande do pequeno etc. Entre ambos há um estado intermediário, γένεσις[79]. Estar desperto – dormir – novamente despertar – adormecer. A morte deve surgir do que está vivo, e o vivente do que está morto. Morrer – ressuscitar – duas γενέσεις[80]. As almas hão de estar algures para poderem passar para a vida.

II) Se se deve lembrar de algo, então é preciso ter tido ciência dele. Além disso, podemos, por qualquer percepção, ser lembrados de alguma coisa que lhe corresponde, mas também de algo que lhe seja diferente, por exemplo: através de uma lira podemos lembrar de um homem. – Quando se é lembrado de alguma coisa por um ὅμοιος[81], então a semelhança [lembrança] pode ser maior ou menor. Mas também chamamos muitas coisas de ἴσον[82]: tal não vale para as coisas que percebemos pelos sentidos, como pedras, madeiras: estas não nos podem ter conduzido ao conceito de ἴσον. As coisas iguais são, em certa perspectiva, também desiguais. O visivelmente igual não corresponde ao absolutamente igual. Como o melhor poderia ser conhecido a partir do pior? Muito pelo contrário. Antes de nascermos, precisamos já estar de posse do conceito de igualdade, e o mesmo vale para o bem, o justo, o belo. Aqui, *Mênon*.

III) Os amigos sentem falta da prova de que a alma existe mesmo após a morte. Referência feita aos primeiros princípios. Todo vivente surge do já falecido, assim

---

benfazejo. Porque tal coisa *não acontece frequentemente* no mundo, há de *pressupor-se um além*. (Lembrar-se de Kant) (N. de Nietzsche)

79. Geração.
80. Plural da última palavra em grego.
81. Semelhante.
82. Igual.

também a alma, se ela já existia antes da vida, há de ter vindo à luz a partir do que está morto, e pode não desvanecer-se com o nosso morrer, pois precisa nascer novamente. – Não evidenciado de forma totalmente satisfatória: por isso, nova prova. O que foi composto pode, novamente, ser decomposto e destruído: o que é simples não pode sofrer nenhum desses processos. O simples passa por aquilo que sempre permanece igual a si mesmo: o que sempre muda é o composto. O belo, por exemplo, é sempre igual, mas as coisas belas mudam. Ora, aquilo que sempre muda é percebido apenas pelos sentidos, o que permanece sempre igual é percebido pelo *noûs*[83]. Duas espécies de coisas: visíveis e invisíveis; o corpo pertence às primeiras, a alma às segundas. A alma vacila quando considera as coisas pelo corpo: se as considera somente por si mesma é sempre igual e dirige-se ao que permanece sempre igual, puro, eterno: esse estado chama-se φρόνησις[84]. Corpo e alma estando ligados, então cabe à alma dominar. A alma é em tudo semelhante ao divino, invisível, racional (νοητά[85]), simples, indissolúvel. O corpo é o contrário. A alma separada do corpo e pura chegará ao deus bom e sábio. As almas sensíveis não se separam completamente do corpo, e são sempre novamente atraídas para o terreno. Erram sem destino e procuram novamente chegar a um corpo: transmigração das almas, também pelos corpos dos animais.

'O circuito eterno é necessário: senão tudo haveria de cristalizar-se em sono eterno.

---

83. Intelecto.
84. Sabedoria. Somente em Aristóteles o termo ganhará um sentido mais especializado de sabedoria prática ou prudência.
85. Inteligíveis.

2 Prova da ἐπιστήμη ἀνάμνεσις[86] – Nunca vemos em vida as ideias, mas chamamos certas coisas de iguais, sem jamais termos visto τὸ ἴσον[87]. Em vida não o aprendemos. Portanto, aprendemos antes dela. Com isso, prova-se a preexistência da alma. Mas não a existência póstuma; para esta, remete-se à primeira prova.

3 Prova a partir do parentesco [simplicidade] da alma com o que é simples. O destrutível é o composto, o uno é o durável. Ao relacionar-se com o corpo a alma torna-se inquieta e se aplica ao que está sempre em mudança. A alma do filósofo <.> anseia pelo que permanece igual. [Tudo está depois da morte]. Há de diferenciar-se entre visível, sensível, múltiplo e o [eterno] e eternamente imutável. A alma anseia pelos últimos; o corpo, pelos primeiros.

Objeções. Lira e harmonia – Símias. Poder-se-ia dizer, igualmente, que a harmonia é o invisível, o belo e o divino; enquanto a lira seria corporal, composta e aparentada ao mortal. Se a lira fosse destruída, a harmonia precisaria continuar existindo. Poder-se-ia, de fato, considerar a alma como a mistura e a afinação correta das partes componentes do corpo: o que se pretenderia dizer, por outro lado, ao afirmar-se que a alma sucumbe em primeiro lugar quando se dá a morte? – Cebes diz que o discurso se encontra na antiga posição. Ele considera provado que a alma exista antes da vida; mas não se provou que dure depois da morte. A alma pode envolver-se em múltiplos corpos, mas, por fim, desaparecer por um progressivo esgotamento; enquanto o corpo ainda dura algum tempo.

Esse discurso causa nos outros uma enorme impressão.

---
86. Conhecimento por rememoração.
87. O igual.

Sócrates deseja que eles não odeiem nenhum discurso. Como em todas as coisas, assim também os discursos estariam em uma posição intermediária: raros são aqueles que são inteiramente maus ou absolutamente sem defeitos. Os amigos não devem reparar no fato de que seja *Sócrates* quem lhes fala alguma coisa, mas antes devem olhar somente para a verdade do que lhes é dito.

Ele refuta Símias. Símias admite que aprender é lembrar, e que a alma há de ter existido antes. Isso contradiz a representação da harmonia. Se a alma fosse composta pelos elementos do corpo, então *não* poderia existir *antes* deste. – Além disso, o composto produz e sofre somente o mesmo que produzem e sofrem as suas partes: assim também a harmonia, que é completamente dominada pelas partes de que é composta. Ademais, uma harmonia pode ser mais perfeita do que outra. Mas uma alma não pode ser mais alma do que outra. Portanto, a alma domina o corpo.

4) Prova a partir da doutrina das ideias: ao mesmo tempo, resposta a Cebes. Cebes teme que a alma possa esmorecer progressivamente por sua ligação com o corpo, como em uma doença, vindo, por fim, a sucumbir: isso conduz ao γίγνεσθαι[88]. Nessa altura, autoconfissões muito significativas: na verdade, pela boca de Sócrates; porém, indubitavelmente platônicas. De início, na juventude, tinha grande inclinação para os estudos da natureza. Porém, não encontrou nenhuma causa verdadeira (ἱστορία περὶ φύσεως[89]). Ele assinala que não pode explicar o vir a ser: mesmo o mais simples – como, por exemplo, o 2. Σχίσις, πρόσθεσις[90]. Agora, Anaxágoras e a teleo-

---
88. Vir a ser, tornar-se.
89. Investigação sobre a natureza.
90. Divisão, adição.

logia na natureza: o melhor é o "em razão de que" (*Grund*): mas o princípio insuficientemente estabelecido. Exemplo: "Qual é o motivo para que eu esteja sentado aqui, perto de vocês?" Os tendões, ossos etc., responderia Anaxágoras. Inteiramente falso: pois os tendões e ossos estariam há muito tempo em Mégara ou na Beócia. Confusão entre causas e meios τὸ αἴτιον[91] e ἐκεῖνο ἄνευ οὐ τὸ αἴτιον οὐκ ἄν ποτ'εἴη αἴτιον[92]. – Depois disso, toma outro caminho. Escolhe, agora, os conceitos. Somente as ideias são as causas. Então, o método também é indicado: 1) o que fazer com o antagonista? 2) o que fazer para alcançar as ideias?

Depois de uma breve interrupção, o diálogo retoma seu curso através de um intermediador. São diferenciadas as ideias, depois as coisas sensíveis e certos seres intermediários: esses seres intermediários também não estão em condições de admitir junto a si o conceito do oposto de suas ideias. Par e ímpar: o três, porém, não pode jamais admitir a ideia do par. A alma remete ao viver sempre, do qual ela se apodera. A vida tem como seu oposto a morte: por isso, a alma não pode admitir o seu oposto, a morte. Aquilo que não admite a morte é justamente imortal.

Nesse caso, sendo a alma imortal, há que tratar-se dela com todo o cuidado. Fosse a morte uma libertação de tudo, então o perverso ganharia com isso. E aqui narra-se um longo mito sobre a vida após a morte, paralelo ao mito da *República*. A Terra flutuante, os quatro rios, as expiações, a Terra pura acima. | Cócito, Piriflegetos. [Tart], Oceano.

O desfecho histórico: Sócrates banha-se, conversa com sua família, toma o veneno depois de ter-se despe-

---
91. A causa.
92. Aquilo sem o que a causa não seria causa.

dido do guarda. Dor imensa. As últimas palavras sobre o galo.

Mênon (tomá-lo neste momento por causa da ἐπιστήμη ἀναμν).

Mênon, Sócrates, Ânito, um escravo de Mênon. Mênon, hóspede de Ânito, é um homem ainda jovem, nobre da Tessália, que frequentou os sofistas na escola. Trata-se, aliás, do mesmo homem a respeito de quem a *Anábasis*[93] relata, de modo por demais inglório, que entre os dirigentes dos soldados, sob a liderança de Clearco, os quais quiseram ajudar o jovem Ciro a conquistar o trono persa, distinguiu-se pela astúcia, por ter resistido sempre a Clearco e, após a morte de Ciro, tê-lo acusado diretamente de traição. Caracterização geral: Anab. 2, 6, 21-28. Pelo fato de Platão ter consagrado a ele um diálogo, já se quis reconhecer sua amizade com Xenofonte. (Marcellinus em *Vida de Tucídides*, §. 27) No entanto, não se encontra no diálogo nada desse seu lado duvidoso: ele é nobre, extrovertido e arrogante. Ânito, em contrapartida, é um homem prático mesquinho, filho do excelente Antemione. Retira-se com uma ameaça, encolerizado. Mênon faz as perguntas: 1. Se a virtude pode ser ensinada. 2. Se ela pode ser adquirida pelo exercício. 3. Se ela é inata ou se ela chega ao homem de algum modo? Sócrates opina que Górgias tornou os tessálios a tal ponto sábios que eles sabem dar resposta a tudo. Em Atenas, ninguém poderia responder; ele não sabe de modo algum o que é a virtude. Decerto, Górgias teria dito isso a Mênon: ele agora deve compartilhá-lo. – Mênon indica então diferentes virtudes: a do homem (a de administrador do Estado, que consiste em fazer o mal aos inimigos e o bem

---

93. Conhecida obra de Xenofonte.

aos amigos), a da mulher (dirigir a casa, ser obediente ao homem), para cada posição, para cada idade, haveria uma virtude diferente. Sócrates: isso é um enxame de virtudes, em vez de uma: mas em que todas as abelhas são iguais, em que todas as virtudes são equiparáveis? O que é a virtude? – Mênon a explica pela capacidade de dominar os homens. Sócrates exige, de início, o acréscimo de "justo dominar". Então, a justiça seria a virtude ou uma virtude? Sócrates quer tornar a questão mais próxima e acessível a ele por meio de uma discussão a respeito de forma e cor. Agora, Mênon explica que a virtude consiste em que alguém, imitando o belo, seja capaz de arranjá-lo. Observa-se que o bem também é imitado. No que diz respeito à aspiração, fica assentado que cada um aspira unicamente ao bem. Alguns, não obstante, aspiraram ao mal.

1. Alguns tomando-o como o bem, outros reconhecendo-o enquanto mal

3. julgando-o útil.

2. julgando-o prejudicial

1. Tomam-no perfeitamente pelo bem 2. Aqui não se deveria propriamente afirmá-lo: pois, se cada um soubesse que o mal torna infeliz, ninguém quereria ser infeliz. 3. Eles o confundem com o bem. Todos querem o bem. O ser melhor reside apenas no ser capaz de. Contudo, virtude seria: o poder de obter o bem. – A verdade da sentença é examinada: elenca-se tudo o que é "bem": saúde, riqueza, honra. Se, por exemplo, ouro e prata angariam virtude, então deve ser acrescentado: de maneira justa. Assim sendo, ao obter pertence ainda a justiça; não haveria virtude se não houvesse igualmente a obtenção do bem. E caso não se obtenham ouro e prata, e isso acontecer de maneira justa, então mesmo assim haveria virtude. – Mênon fica perplexo: Sócrates é comparado a

uma arraia elétrica, que paralisa tudo aquilo que toca. Sócrates quer ser igual ao peixe, se ele também paralisa a si mesmo. Ele não sabe o que seja a virtude, mas por isso mesmo não cessa de buscá-la. Mênon pergunta como ele poderia buscar algo que ele justamente não sabe o que é. Sócrates declara – este é a sentença em disputa: "o homem não poderia nem buscar aquilo que ele sabe nem tampouco o que ele não sabe, pois aquele não precisaria fazê-lo, e este não poderia". Sócrates se posiciona contra isso e chama em seu auxílio os poetas – a alma do homem é imortal, o que se chama morrer seria apenas o início de outra vida. Por isso, seria preciso viver da maneira a mais piedosa. Após nove anos de penitência, a alma seria restituída ao mais alto sol de Perséfone e reiteradamente ela faria essa migração. Através disso, ela chegaria a conhecer tudo no mundo inferior e no mundo superior e assim ela também haveria de poder recordar-se a respeito da virtude. Desse modo, tudo que se chama aprender não passa no fundo de uma recordação; precisa-se apenas buscar para que então o já sabido se evidencie. O dito polêmico seria inverídico. Mênon exige um exemplo. Sócrates toma o escravo de Mênon e expõe a ele (*docirt*) um problema matemático. Este se compõe das seguintes sentenças: 1. Se a hipotenusa de um triângulo retângulo é igual ao diâmetro de um círculo, então o triângulo deixa-se inscrever no círculo 2. Em um triângulo retângulo isósceles, o círculo em torno da hipotenusa é outra vez tão grande quanto aquele traçado em torno de um dos catetos. Mênon não insiste mais na questão sobre o que seja a virtude, mas antes deseja uma resposta se ela seria ensinável. Sócrates se submete ao comando de Mênon, o qual, na verdade, não é capaz de comandar a si mesmo, mas comanda os outros. Ele presume que, se a virtude é um conhecimento, então ela também deve ser ensinável. Sendo, porém, um conhecimento, a virtude é tomada a partir do ser útil. Todo ser útil depende da alma, mas a alma depende da razão (φρόνησις): portanto, a razão seria o útil; então, do fato de que a virtude era útil resulta que razão é virtude, inteiramente ou como uma parte dela. Assim sendo, também os bens podem não ser por natureza bons. Eles hão de provir de uma instrução: pois sendo virtude conhecimento, ela também deve ser ensinável. Sócrates ainda se encontra em dúvida a respeito desse resultado. É que, se ela é ensinável, deveria haver também professores de virtude. Ele se dirige a Ânito, o filho de um homem bem-sucedido que se tornou rico graças a sua própria atividade, e pergunta se haveria professor de virtude. Invectiva contra os sofistas. Estes não vêm ao caso. Ânito opina que se poderia aprendê-la junto aos atenienses τῶν καλῶν κἀγαθῶν.[94] Mas por que os filhos de Temístocles, de Aristides e de Péricles não se distinguiram na virtude de seus pais? – Ânito desmonta. Sócrates fala mal dos homens, que ele cuide de si. Neste momento, Sócrates se volta para Mênon. Este enaltece Górgias: mas faz-se alusão à própria insegurança de Górgias, que, assim como Teógnis[95], ora qualifica a virtude como ensinável, ora como não ensinável. Nem sofistas nem καλοκαγαθοι[96]\ são os professores buscados: onde não há professor também não pode haver aluno. Portanto, a virtude não seria ensinável. – Neste momento ocorre a Sócrates que as pessoas poderiam lidar bem com tudo não apenas através de um conhecimento, mas antes por meio de uma

---

94. Significa, literalmente, belos e bons. Trata-se de uma expressão corrente para designar pessoas bem-educadas e nobres.
95. Poeta lírico do século VI a.C.
96. Literalmente, belos e bons. Quer dizer: nobres.

opinião correta. A ὀρθὴ δόξα⁹⁷ seria um comandante tão bom quanto a ἐπιστήμη⁹⁸. Alguém que julga corretamente qual é o caminho para Larissa, mas ainda não foi até lá, também chegará à cidade. Eles entram em acordo entre si sobre estas sentenças:

1. Que a opinião correta é uma ação tão acabada quanto a ἐπιστήμη;
2. Que o homem bom também é um homem útil;
3. Que cada um se tornaria virtuoso e útil ao Estado apenas mediante àquelas duas, mas não chegam a ninguém por natureza; que, portanto, também não se possui a virtude por natureza;
4. A virtude, porém, não é ensinável e assim também não é um conhecimento.
5. Portanto, a virtude só pode ser opinião correta. Daí que os grandes homens de Estado não se diferenciem dos sacerdotes oraculares, dos profetas e dos poetas; eles falam em estado de entusiasmo por meio da influência divina. Sua virtude é uma destinação divina, um dom sem a mínima participação da razão ἄνευ νοῦ⁹⁹. Seria preciso, então, que se indicasse algum homem de Estado que fosse capaz de formar um outro também para homem de Estado; mas este seria entre os vivos como Tirésias entre os mortos¹⁰⁰: como uma coisa real ao lado de sombras. – Sobretudo, deveriam saber primeiro o que é a virtude: mas antes nada podem saber ao certo a respeito de como os homens chegam à virtude.

---

97. Opinião correta.
98. Ciência, conhecimento.
99. Sem inteligência.
100. Alusão ao famoso episódio da *Odisseia* (Canto IX) no qual Ulisses desce vivo ao Hades a fim de consultar Tirésias sobre seu caminho de volta para sua terra natal.

Um autêntico diálogo exotérico; a verdadeira arte de Estado e a doutrina das ideias aparecem apenas a grande distância. Por toda parte apenas as pressuposições de caráter popular. A partir delas não é possível encontrar a essência da virtude: de onde ela nos chega? Ensinável ela não é. Deve ser uma destinação divina. As respostas claras Platão as fornece no *Fédon* e na *República*. – O *Mênon* deve ser um dos mais antigos (primeiros) escritos oriundos da Academia[101]; um espantoso anacronismo encontra-se na página 90[102], quando se faz menção ao suborno do tebano Ismênias ὥσπερ ὁ νῦν νεωστὶ εἰληφὼς τὰ Πολυκράτους χρήματα· σμηνίας ὁ Θηβαῖος[103]. Xenofonte, *Helênicas*, III, 5, I, narra[104] que a política dos persas, no tempo em que sofriam a ameaça iminente do avanço triunfal de Agesilao na Ásia, encontrou no suborno dos principais partidos helênicos o meio para conseguir mantê-lo a distância. Titraustes, sátrapa persa na Ásia menor, remeteu 50 talentos para repartir entre os homens de Estado em Tebas, Corinto e Argos a fim de ganhá-los para uma aliança contra Esparta. Ele conseguiu seu intento e veio a guerra de Corinto. Agesilao foi forçado a retroceder. Entre os corrompidos, estava Ismênias de Tebas. Isso foi no ano de 395: o processo de Ismênias, em 382, colocou tudo às claras. Por esse tempo, a saber, em 382, como o exemplo estava próximo, o nosso diálogo deve ter sido escrito. (a Academia foi fundada em 387 a.C.) – Junta-se ao *Mênon* 99 C D

---

101. 387, ano de fundação da Academia. (N. de Nietzsche)

102. *Mênon*, 90 a.

103. Ismênias, o tebano, que recentemente recebeu a fortuna de Polícrates.

104. Überweg, p. 225.

Íon

Junto à mencionada posição do *Mênon* consta o seguinte: "com razão estamos autorizados a chamar de divinos pitonisas e profetas e equipá-los ambos com dons poéticos: e antes deles todos, podemos perfeitamente afirmar dos peritos do Estado que eles são divinos e entusiásticos, uma vez que foram arrebatados e plenificados pela divindade, e através de suas falas transmitem muitas coisas grandes e dignas de apreço, sem possuírem a mínima noção a respeito do que dizem." Isso deve ser comprovado em relação a poetas e rapsodos: portanto, a mesma tendência negativa. – Íon, um famoso rapsodo de Homero, e Sócrates. Nenhum cenário. Íon acredita poder falar da maneira mais bela sobre Homero: ele nega possuir a mesma capacidade com relação a Hesíodo e Arquíloco. Na verdade, todos os poetas se ocupam com os mesmos objetos, todavia todos eles seriam inferiores a Homero. Em função disso, Sócrates o força a admitir que ele possui a mesma habilidade na interpretação de Homero e dos outros poetas, e então ele concede ser um crítico competente de todos aqueles que falam sobre os mesmos objetos: quase todos os poetas tratam dos mesmos objetos. Íon pergunta agora: como é possível que ele, se a fala é sobre outros poetas, vague sem pensamentos, e quando se trata de Homero, imediatamente desperte? Sócrates diz ser líquido e certo que arte e conhecimento não o habilitam para isso. Um poder divino o agita, como a pedra imantada, que não atrai meramente anéis de ferro, mas antes compartilha com esses anéis a mesma força de atração: a ponto de, por vezes, toda uma corrente de anéis, um pendurado no outro. Da mesma forma a musa mesma produz entusiastas, e à medida que outros, por sua vez, são agitados por esses entusiasmados, forma-se uma corrente. Pois todo poeta primoroso da poesia épica não produziu todas essas poesias pelas regras da arte, mas antes em estado de entusiasmo e de encantamento: assim também os primorosos cancioneiros. Como os coribantes não dançam de ânimo refletido, assim também os compositores não criam as belas canções em plena lucidez e posse de si, mas antes, se chegam à harmonia e à cadência, é que os tomam de assalto e os arrebatam, como as bacantes. Os poetas nos dizem que eles, como as abelhas, também volteiam por aí, e compilam suas canções a partir de fontes de mel abundante, dos jardins e dos bosques das musas. Não poderia ser mais verdadeiro: pois o poeta é um ser sagrado e alado, que não está em condições de compor antes de perder sua consciência e encontrar-se fora de si em pleno entusiasmo. Até alcançar esse estado, homem nenhum é capaz de poetar e profetizar. Apenas através de um poder divino eles se tornam capazes de falar belamente sobre um objeto. Por isso, o deus se serve deles, rouba-lhes a consciência, e, enquanto servos a serviço do Deus, a fim de que os ouvintes saibam que não são os despojados de consciência que assim dizem coisas dignas de consideração, mas antes que o Deus mesmo é quem fala e que ele se dirige a nós através de suas bocas. A prova mais forte disso é Tinicos de Calcis[105], com seu único peã[106]. Por meio da mais absoluta fraqueza do poeta Deus faz ressoar a canção a mais dominadora (Neste caso, pensemos na ordenação de Hesíodo[107]) Doravante, o rapsodo passa

---

105. Tinicos teria escrito um único poema digno de apreço, mas este era considerado um dos mais belos já escritos.
106. Espécie de hino sacro especialmente dedicado a Apolo.
107. Estas foram as palavras dirigidas pelas Musas a Hesíodo: "Pastores agrestes, vis infâmias e ventre só, sabemos muitas mentiras dizer

a ser descrito como um espírito arrebatado junto aos acontecimentos que ele narra e acredita presenciar. Depois, o ouvinte. Três anéis: poeta, rapsodo, ouvinte: mas o Deus perpassa a alma de todos eles, arrastando-a para onde ele bem entende, enquanto ata a força de um na força do outro. Ao lado dos anéis ele suspendeu, novamente, uma extensa corrente de dançarinos e mestres do coro. Eis por que Íon deve falar com competência artística sobre Homero: enquanto condutor do carro, vidente, general. Por fim, Sócrates pergunta: "Serias tu, pois, também o melhor general entre os helenos?" Íon: estou convencido, instruído pela poesia de Homero. Por que não conduzes então nenhum exército? Não, tu te vanglorias de saber muitas coisas belas sobre Homero, mas não podes fornecer nenhuma prova de que escapaste como Proteu e de que por fim te apresentaste como general. Se és artista competente e não queres fornecer nenhuma prova, cometes uma injustiça a ti mesmo. Escolhe se preferes ser tomado por um injusto ou por um entusiasta! O rapsodo resolve-se pela segunda alternativa.

Fedro

Para a determinação temporal, é extremamente importante a posição sobre o "escrito". Ela pressupõe a existência da escola, o que, em todo caso, nos leva a situá-la depois de 387 a.C., mas pouco depois, pois em 385 ou 84 deve ter sido composto o *Banquete*, que, no entanto, pressupõe o *Fedro*. Cf. Überweg, p. 252. Segundo a discussão precedente, trata-se do primeiro escrito de Platão.

---

símeis aos fatos e sabemos, se queremos, dar a ouvir revelações." *Teogonia*, v. 26-28. Trad. Jaa Torrano. São Paulo: Iluminuras, 2001.

Em relação ao tempo, Leonhard von Spengel sustenta uma opinião contrária: "Isócrates e Platão", dissertação da classe de filosofia da Bayerische Academie der Wissenschaften, t. VII, parte 3, Munique 1855, p. 729. Nela há um vaticínio sobre Isócrates: Spengel corrige de maneira correta: εἴτε por ἔτι τε: Sócrates não se surpreenderia que Isócrates se destacasse diante de todos os outros no discurso ou, o que seria ainda maior, fosse capturado pela filosofia. Mas segundo Spengel, por volta do tempo da fundação da Academia, Platão não podia ter mais a mínima esperança disso: pois Isócrates, em seu discurso κατὰ τῶν σοφιστῶν[108], ataca não apenas outros oradores, mas antes também professores de filosofia, que ele chama de erísticos, e isso de tal maneira que deve ter incomodado fortemente Platão (οἱ περὶ τὰς ἔριδας διατρίβοντες)[109]. Spengel atribui essa designação aos megáricos. No elogio de Isócrates, ele encontra a maior prova para a redação anterior. Überweg combate a consequência: p. 257. Pois o mesmo orador designa em geral toda a filosofia com o nome de erística. Na introdução ao "Elogio de Helena" ele zomba de Antístenes[110], cuja escola já existia. O ataque tem muito mais a ver com ele do que com os megáricos, já distanciados espacialmente. Ora, também Platão julgava Antístenes de maneira desfavorável: logo, ele não poderia sentir-se ofendido justamente através de uma crítica dirigida a Antístenes. Talvez tenha sido justamente a boa compreensão revelada por essa crítica o que levou Platão ao pensamento de que Isócrates ainda seria conquistado pela filosofia.

---

108. Sobre os sofistas.
109. Os que perdem tempo com disputas.
110. Considerado fundador da escola cínica, Antístenes (445 a.C.--365 a.C.) foi discípulo de Górgias e depois de Sócrates.

Permanece portanto firme a indicação temporal[111]: com isso concorda o fato de que se verifica uma grande influência pítica no *Fedro*. A total falta de valor da alma dos tiranos (que se encontra no mito entretecido) refere-se ao antigo Dionísio. Referência frequente às instituições e ditos egípcios.

O *Fedro* possui dois temas distintos: sobre o amor e sobre a retórica; mas, neste caso, o primeiro tema possui apenas o valor de um exemplo do segundo. O que há de mais diverso foi aqui conectado: o atamento é o seguinte: <que> o amor torna-se reprovável enquanto discursaria bela, tão logo ele não seja uma ponte para o conceito, mas antes sirva ao prazer: de certo modo, são dois exemplos para uma sentença não pronunciada diretamente. A relação da retórica com a autêntica filosofia é a mesma que a existente entre beleza e verdade: sendo a beleza alguma outra coisa distinta de reflexo da verdade eterna, então ela é aparência e engodo (*Trug*), assim como a retórica comum e todo amor, em relação a ela, não passa de um materialismo mesquinho: mas considerada como irmã da verdade, então o amor serve a ela; sem todavia ser ele mesmo sabedoria, é o melhor meio de tornar o homem atento a esta última. Assim sendo, a beleza do discurso pode já ser um meio de guiar o coração da multidão para o melhor, o que está fora de alcance para o pensamento propriamente dito. Sócrates e Fedro se encontram. Fedro acaba de deixar Lísias e foi dar um passeio. Sócrates pergunta sobre o assunto da conversa de ambos. Fedro diz que ele o saberia se o acompanhasse. Lísias havia escrito um discurso como se tivesse feito

---

111. Com isso concorda também uma observação de Cícero *Orator*, cap. 13: haec de adulescente Socrates auguratur; at ea de seniore scribit Plato et scribit aequalis. (N. de Nietzsche)

uma proposta amorosa a um belo jovem, mas não como um amante: ele afirma que seria preciso ceder de preferência a um não amante do que a um amante. Sócrates leva-o, brincando, a admitir que ele sabia o discurso de cor, se bem que ele o tivesse consigo: ele não está disposto a permitir que Fedro se exercite nele. Portanto, ele é lido em voz alta. Descrição da natureza altamente exuberante. Sócrates acentua que ele deixa a cidade aqui com Fedro contrariando o seu costume. Pois Sócrates só se deixa ficar ali onde ele pode saciar seu impulso de saber, o que ele não poderia fazer junto a paisagens e árvores. Mas, se alguém como Fedro quer compartilhar com ele uma obra de espírito humana fora dos muros da cidade, então ele poderia viajar por toda a Ática, mesmo para Mégara. Ele é viciado não apenas em fazer discursos, mas também em ouvi-los. O fato de que o discurso seja efetivamente lido em voz alta e não recitado de memória traz consigo todo o inconveniente de que seja possível relacionar-se com ele de maneira literal (*ungeschwächt*). Naturalmente, há de ser um autêntico discurso de Lísias, e não um tão somente imitado. Pois ele censura a pobreza da invenção e em seguida a forma circular: ele atribui a Lísias ter destacado apenas o que há de mais superficial. Que o discurso também seja moralmente duvidoso, Sócrates o indica pelo fato de que ele teime em apresentar outra palestra rica de invenções no mesmo espírito: finalmente se deixa levar a isso, com a cabeça encoberta, e aduz seu gênio inventivo dos poetas eróticos eólicos Safo ou Anacreonte, bem como das λίγειαι Μοῦσαι[112] (as que concedem a riqueza loquaz feita toda ela de palavras e pensamentos) – O discurso de Lísias motiva, porque o amado deve dar ouvidos ao não amante. O amante se

---

112. Musas melodiosas.

arrepende de ter feito o bem quando seu desejo é satisfeito. Por numerosas razões seria ele mais útil: mesmo ao aprimoramento moral (*Besserwerden*). Pois o amante louva o que quer que ele faça ou diga, pois, em sua cegueira, falta-lhe o conhecimento correto. Quem aqui se pronuncia é o ponto de vista do egoísmo nu e cru: mesmo a paixão sensível é algo melhor do que esse prazer calculado e pretensamente racional. – O discurso que então Sócrates pronuncia, sobre o mesmo tema e sob a mesma pressuposição. Sócrates pressupõe um amante que, para melhor alcançar seu objetivo, dá a si mesmo a aparência de um não amante. O discurso soa um tanto mais solene. Em seguida, Sócrates o percebe como um pecado contra Eros e quer purificar-se por meio de uma Panilódia[113], ao modo de Estesícoro. Assim haveria de começar o novo discurso: Realmente, não pode ser considerado verdadeiro um discurso que afirma que se deve antes ser solícito para com o não amante do que para com o amante, e isso pelo fato de que um está tomado pelo delírio (*Wahnsinn*) e o outro está consciente. Pois o delírio não é pura e simplesmente um mal. As videntes em Delfos e em Dodona, em pleno delírio, manifestavam muitas coisas dignas de apreço. A vidência e a mântica (formas de μανία[114]). Por meio de autênticos delírios os homens são libertados de grandes tormentos (Purificações) Assim os poetas, esses possuídos pelas musas. Aquele que, sem delírio, chega às portas da poesia, permanece sempre imperfeito, e o modo de compor (*Dichtweise*) da consciência desaparece diante do modo de compor do delírio. No amor também acontece o mesmo. Há que demonstrar que esse gênero de delírio é agraciado pelos deuses para a supre-

---

113. Retratação.
114. Loucura.

ma bem-aventurança. Aqui está a prova. Toda alma é imortal: pois o que se move ininterruptamente é imortal: apenas o que se move a si mesmo não experimenta jamais um estado de repouso do movimento e torna-se também para o outro o que se move ἀρχὴ κινήσεως[115]. O começo, porém, é algo que não começa[116]. Mas, se algo é de tal modo que não vem a ser, então ele deve ser também imperecível. A alma é o que se move a si mesmo. Agora recorre-se a uma metáfora. O que nos domina é uma parelha dupla: enquanto um dos cavalos é belo e desperto, o outro é o contrário. – Toda alma cuida de tudo quanto seja inanimado, ela percorre, de diferentes formas, todo o firmamento. Estando plena e alada, ela então lança-se para as alturas; privada de seu lançamento prossegue seu caminho, até que ela agarre algo firme, onde tome domicílio: ela é revestida com um corpo terreno, o qual então dá a impressão de mover-se. O conjunto, alma e corpo, chama-se um ser vivo. Agora a causa em função da qual desaparecem as asas da alma. A asa possui por natureza o poder de levar o que tem peso para cima, em direção à morada dos deuses. De tudo aquilo que é pertencente ao corpo, é ela que maximamente diz respeito ao divino. Por meio do feio e do ruim é que a asa desaparece. Para adiante no céu impele o grande condutor, Zeus, de um carro alado: depois, em grande número, o exército de deuses e *daímones*. Ora, há mesmo mais de uma via bifurcada para o céu, nas quais os deuses introduzem: esta é percorrida por todo aquele que tem força para isso. Pois não há inveja entre os deuses. Os carros dos deuses levam facilmente para lá, os

---

115. Princípio do movimento.
116. Mais literalmente: "O começo é algo que não vem a ser, que não se torna (*Nichtgewordenes*)."

outros, porém, com esforço. O cavalo ruim estorva o equilibrado condutor do carro, ele impele para a terra. Aqui a alma tem de travar o grande combate. – mas assim providencia-se o espaço supraceleste: apenas se a razão conduz a alma, torna-se visível o ser que é realmente, o ser incolor e sem figura: basta então que o ente apareça de tempos em tempos à alma, até que a circulação a reconduza para a mesma posição. Quanto às almas restantes, porém, o chefe dos condutores de carro, estando próximo à divindade, as eleva aos espaços exteriores, onde são perturbadas pelos cavalos e raramente veem o ente. As outras almas não se encontram em condições de emergir, precipitam-se e se chocam: aí há ruído e balbúrdia.

Aqui muitos necessitam partir novamente, com as asas partidas. É a lei de Adrasteia[117], que uma alma, que viu algo de verdadeiro, permaneça sã e salva até uma nova circulação: mas, se ela o viu e não o pôde seguir, então ela decai, não em um corpo de animal, mas antes em um corpo de acordo com a categoria do que foi visto por ela, 1) na alma de um amigo da verdade, sensível ao belo, dileto das musas, extasiante de amor, 2) de um rei legítimo, 3) de um governante, 4) de um mestre de luta ou de arte, 5) de um vidente, 6) de um poeta, 7) de um agricultor ou artesão, 8) de um demagogo-sofista, 9) de um tirano. Quem não viu a verdade torna-se um animal. O conhecimento do homem é uma recordação daquilo que nossa alma viu uma vez quando ela estava em companhia da divindade e quando ela mirava do alto o que agora chama de ser. Mas, se o homem vive segundo es-

---

117. Ninfa responsável por nutrir Zeus, ainda criança, e protegê-lo de seu pai: Cronos. Foi associada à dispensação de recompensas e punições.

sas recordações, torna-se repreensível para a grande massa, como se fosse louco. – Trata-se agora do quarto gênero de delírio, o de alguém que vê a beleza terrena, recorda-se da beleza celeste e recebe asas, olha para cima ao modo de um pássaro, e negligencia o outro: esta é a melhor dentre todas as modalidades de delírio. Agora passa-se à descrição a mais completa possível desse estado. Leia cada um por si mesmo. Para concluir, Sócrates faz referência a Eros.

Então a segunda parte. Fedro teme que agora o discurso de Lísias possa parecer-lhe trivial. – Transição para a verdadeira retórica e arte da escrita. Sem filosofia e dialética ela carece de substância. Oposição entre δόξα e ἐπιστήμη[118]. A retórica habitual move-se tomando por base as incertas razões da opinião: a tarefa de despertar e difundir os verdadeiros conceitos superiores. O critério é apresentado em três discursos, a confusão e a falta de consistência do discurso de Lísias são atribuídas a uma determinação conceitual precária e insuficiente: cuja falta primeiramente Sócrates apontou. A segunda estabelece o conceito universal de μανία: deve-se diferenciar uma μανία doentia de uma μανία divina e assim igualmente um amor irracional doentio e um amor divino – Em segundo lugar, a verdadeira retórica deve não apenas possuir um conteúdo filosófico, mas antes deve deixar entrever, em sua forma, um autêntico espírito filosófico. A forma artística superior é aqui contraposta à técnica formal e exterior da retórica. Ao invés disso, exige-se do orador um profundo conhecimento psicológico[119]. A eloquência seria um serviço divino, sua meta suprema a reclamação de uma vida consagrada a deus. – Em terceiro

---

118. Opinião e ciência.
119. Reforma da retórica. (N. de Nietzsche)

lugar, fala-se a respeito das obras escritas: ampla inferioridade em relação ao valor do discurso e da oralidade. Composição do diálogo entre o deus Tamus e o inventor da escrita, Teute. Tomado como extremamente importante. Discussão de princípio, a partir da qual pode ter sido tomada a decisão de fundar a Academia. Como os homens cultos propriamente ditos e os lugares de formação, Platão encontrou unicamente os sofistas: nem a forma nem o conteúdo faltavam a ele. Platão encarregou-se da imensa batalha: 1) contra a retórica não filosófica, 2) contra o injusto valor atribuído à escrita (Lísias), 3) contra toda a mentalidade intelectualoide daquela classe de homens. Ele definiu o novo programa de formação: a "filosofia". (Isócrates)

O banquete

A demarcação temporal do diálogo reside em um anacronismo bastante conhecido. P. 193 A. καὶ πρὸ τοῦ, ὥσπερ λέγω, ἕν ἦμεν, νυνὶ δὲ ἀδικίνα διῳκίσθημεν ὑπὸ τοῦ θεοῦ, καθάπερ Ἀρκάδες ὑπὸ Λακεδαιμονίων[120]. Segundo diz Xenofonte, nas *Helênicas*, V, 2, o [fragmentação] desmembramento[121] de Mantineia pela Lacedemônia ocorreu na Olimpíada 98, 4 (385-384 a.C.) Aristófanes o diz: a coisa deve ter estado fresca em sua memória, quando ele ercreveu o *Banquete*. Presumivelmente, há que admitir-se um dos dois anos acima referidos. Schleiermacher externou a dúvida de se a memória a tal ponto viva não se renovou quando da preparação para a reconstru-

---

120. Antes, conforme disse, éramos um, mas agora, por causa de nossa injustiça, fomos separados pelo deus, como os árcades o foram dos lacedemônios. *O banquete*, 193 a.

121. Decomposição do conselho da cidade em quatro aldeolas.

ção: o *Banquete*, desse modo, talvez possa ter sido escrito somente na Olimpíada 102, 3, isto é, em 370-369 a.C. Em todo caso, então, a ideia de restauração é bem mais próxima do que a do διοικισμός[122]. – Sobre o anacronismo: falta o sentido histórico.

A introdução. Diálogo entre Apolodoro e amigos. Os amigos perguntam pelo discurso sobre *Eros*. Apolodoro conta como ele não estava desprevenido e informa sobre uma nova conversação entre ele e Glauco, que contou a ele a história de Aristodemo, um socrático zeloso, o qual se informou sobre alguns pontos junto a Sócrates. O diálogo teve lugar quando ele (Apolodoro) era ainda um rapazola, quando Agatão triunfou com seu primeiro espetáculo trágico, um dia depois de ele ter celebrado com os coreutas a festa da vitória.

Portanto, Apolodoro narra o que Aristodemo narrou a ele. Introdução sumamente original. A sociedade ali formada está extenuada pela festa do dia anterior e não quer beber, mas somente conversar. Erixímaco assume como médico o *commando*[123] e propõe um tema de discurso. O tema provém de Fedro, que sempre se preocupou em dizer ser grave que nenhum poeta jamais tenha composto um ecômio sobre *Eros*, ele teria sido postergado. Partindo da direita, todos deveriam sustentar um discurso de louvor a Eros, a começar por Fedro, como pai da proposta e como o que está sentado à cabeceira.

Significação dos discursos: somente se deixa compreender a partir do *Fedro*. Prova da nova retórica filosófica, em uma nova forma: a fim de que seja combatida a escola de Lísias assim como todos os mestres sofísticos de retórica. Na multiplicidade de forma e conteúdo, mostra-se a fecundidade do novo princípio: este é bem o si-

---

122. Dispersão dos habitantes de uma cidade.
123. Em italiano no original.

nal da suprema *Ubertas*[124]; três discursos no *Fedro* sobre o mesmo tema, sete no *Banquete*. É inteiramente falso acreditar que, com isso, Platão quis apresentar uma orientação diferente e inversa: são, todos eles, λόγοι filosóficos e todos são verdadeiros, com sempre novos lados de uma mesma verdade.

Primeiro discurso: o de Fedro. *Eros* seria o deus mais antigo e a causa dos maiores bens, pois o que quer viver de maneira gloriosa deve conduzir sua vida somente através do amor e não através do que parentes, riqueza e posições honoríficas podem proporcionar. Por *Eros*, todo homem se torna entusiasta da coragem: os melhores Estados e exércitos são compostos de amantes e de seus favoritos. O amor supera até mesmo o medo da morte: o que é demonstrado nos exemplos míticos. É o deus mais poderoso, o deus que leva à virtude. – Aristodemo [Apolodoro] não se recorda dos discursos que se seguiram logo depois. Então

Segundo discurso: o de Pausânias. O tema escolhido, o de elogiar Eros, não foi bem colocado, pois existem dois Eros. Afrodite jamais se encontra sem Eros; ora, como existem duas Afrodites, a saber: Afrodite οὐρανία, filha de Urano e sem mãe, e a πάνδημος, filha de Zeus e de Dione, também devem existir dois Eros. Cada Eros deve corresponder a cada uma dessas Afrodites. Nem todo Eros é belo e digno de louvor, mas apenas o que impele ao belo amor. Quanto ao Eros da antiga deusa que apenas tem comércio com os másculos, este atua no amor aos rapazes, o qual, aqui, foi louvado como o puro e perfeito, no que diz respeito às relações sexuais. Este último compele os amantes, assim como os amados, a dispensarem muito cuidado à virtude.

---

124. Em latim no original: fecundidade.

Agora é a vez de Aristófanes, mas este estava com soluços: em função disso, Erixímaco toma a palavra. Terceiro discurso. Conclusão do pensamento precedente: dois Eros são ativos por toda parte, nos corpos dos animais, em tudo quanto é. A farmacologia mostra essa atuação diversificada: o que é são deseja e ama algo diverso do que o que está doente. O conhecimento dos impulsos dos corpos em direção à repleção e ao esvaziamento. Quem diferencia o amor correto e o desviado é o médico. Também na ginástica e na música: o conhecimento da relação amorosa no que diz respeito ao ritmo e à harmonia. Em seguida, a disposição das estações, a arte do vidente (mediadora dos transportes amorosos entre deuses e homens). Assim, Eros não possui simplesmente um grande poder, mas antes um poder reunido, o qual é exercido por ele, em referência ao bem, junto a homens e deuses, e neste caso ele possui o supremo poder.

O quarto discurso é o de Aristófanes[125]. Os homens, ao que parece, não reconheceram até hoje inteiramente o poder de Eros, pois do contrário teriam edificado para ele os maiores altares. Descrição dos tempos de outrora. Condição natural do homem: havia três sexos (o terceiro é o andrógino). Além do mais, o homem era redondo, com quatro mãos, quatro pés, duas faces, indo para a frente e para trás, extremamente poderoso. Eles terminam atentando contra os deuses. Zeus estabelece fendê-los ao meio e os ameaça com uma nova partição. Quando já estavam fendidos, as metades chegaram a se abraçar e desejaram

---

125. O discurso seguinte ao de Erixímaco é o de Aristófanes. É a esse discurso que Nietzsche se refere na sequência do texto. No texto da edição alemã menciona-se Alcebíades e não Aristófanes. Trata-se de um equívoco de Nietzsche ou dos editores.

unir-se novamente e se soldar uma a outra. Daí derivaram as relações sexuais. O amor é a aspiração pela inteireza. Eros deve ser louvado, pois ele suscita a esperança de que nós, pela devoção para com os deuses, retornaremos à nossa antiga condição e seremos salvos[126]. – Em seguida tem lugar uma pequena conversação jocosa entre Sócrates e Agatão, que Fedro interrompe. Agora o quinto discurso, o de Agatão.

Ele é o mais jovem dos deuses, de forma tenra e insinuante, jamais pratica a injustiça, de uma suprema moderação, mais valente do que Ares, e, finalmente, pleno da mais alta sabedoria: mais cedo ocorriam muitos males entre os deuses, quando ἀνάγκη dominava; depois do nascimento desse deus, pelo amor ao belo, procederam todos os bens aos deuses e aos homens. Conclusão bem ditirâmbica. O discurso é recebido com aplausos de júbilo. Sócrates se desculpa para todos os lados. Ele começa com perguntas a Agatão. Ele leva à confissão de que Eros é o amor por certas coisas e, a bem dizer, por aquelas que a ele próprio fazem falta. Portanto, Eros deve ser feio e também carente do bem. Agora ele relata uma lição sobre Eros que teria partido da boca de Diotima de Mantineia. O que dizes, querida Diotima, então Eros é feio e ruim? – Não blasfemes! Crês que o que não é belo seja necessariamente feio? – O que não é sábio (sapiente) e todavia não é insensato? A opinião verdadeira. Assim, Eros deve ser algo entre o belo e o feio. Então, ele também deve ser uma coisa intermediária entre mortais e imortais: um *daimon*, um intermediário entre deuses e

---

126. Eros conduz à virtude e à felicidade. Mas apenas o primeiro Eros. Este impera por toda a parte. Para o homem, ele representa a esperança de salvação e de integridade. Para deuses e homens ele é a benção suprema: Somente dele deriva todo bem. (N. de Nietzsche)

homens. Mito sobre seu pai e sua mãe, sobre πόρος[127] e πενία[128]. Eros foi gerado na festa de nascimento de Afrodite. Agora seu ser é descrito. Sempre pobre, nada delicado e belo, sujo, desamparado, calejado, sem moradia, deita sobre o chão nu diante das portas e ao ar livre; por parte de pai, é viril e destemido, um poderoso caçador com muitos artifícios, sempre à espreita da sabedoria, um feiticeiro e sofista. No mesmo dia, floresce e perece, mas daí a pouco torna a viver. Tu (Sócrates) tomaste Eros pelo amado e não pelo amante. (Isso esclarece o discurso de antes) O amor não se dirige ao belo, mas antes à geração e procriação no belo. Pelo fato de a procriação ser algo imortal, por isso Eros se dirige à imortalidade. Extraordinária descrição do impulso amoroso na natureza como um todo, ao qual tudo é sacrificado: isso todavia não ocorreu de maneira refletida? A natureza mortal busca subsistir e tornar-se imortal. Mas há diferentes formas de buscar a imortalidade, há os que são estimulados pelo corpo e os que são estimulados pela alma. Os primeiros buscam a imortalidade por meio de sua prole, gerando filhos. Em seguida ele descreve os outros, que buscam almas nobres e belas, para nelas procriar: Homero, Sólon, Licurgo pertencem a estes. Mas então a modalidade superior de amor. Segue-se uma gradação do amor: enquanto jovem ele se volta de início para belos corpos e, na verdade, para amar um corpo e aqui belos discursos criar. Depois torna-se amante de todas as belas formas. Em seguida, passa a apreciar como superior à beleza do corpo a beleza que reside na alma.

Ele deve reconhecer que tudo quanto é belo é aparentado entre si. Doravante ele reconhece a beleza da ciên-

---

127. Recurso.
128. Pobreza.

cia, com o olhar voltado para as muitas formas do belo, até que finalmente chega a alcançar a ciência do belo. Ele avista algo admirável, diante do qual todos os seus esforços anteriores não significam mais nada: algo que sempre é e que não vem a ser: o belo em si. Nesse olhar, rebenta-se-lhe, pela primeira vez, a verdadeira vida. Esta é a meta a qual Eros auxilia. Tal é o discurso de Diotima, recontado por Sócrates. Aristófanes quer replicar algo, quando chega um grupo de boêmios, com Alcibíades. A cena se altera totalmente. Panegírico de Alcibíades sobre Sócrates. Ele o compara aos Silenos com pífaros e flautas[129]: quando abertos de ambos os lados, avista-se a imagem divina. Ele louva a força encantatória de seu discurso: comparando-a ao delírio dos coribantes. Ela narra como ele fez-lhe a caça, como ele se destaca em toda modalidade de autodomínio. Manifestamente, esse discurso embriagado, isto é, verídico[130], devia rematar o discurso universal com uma exemplificação, o que seja tal erótico verdadeiro e qual efeito ele produz. – por fim, sempre mais barulho. Muitos se esticam para dormir. Agatão, Aristófanes e Sócrates são os únicos ainda despertos: Sócrates obriga-os a admitir que seja a tarefa de um e mesmo poeta escrever uma tragédia e uma comédia. Então Aristófanes também adormece e no começo da manhã, Agatão. Sócrates se levanta, toma um banho, ruma para o Liceu, passa o dia como de costume e deita-se para dormir ao entardecer.

---

129. Estatuetas de Sátiros que continham, em seu interior, imagens de deuses.

130. Nietzsche faz aqui referência ao dito antigo muito conhecido: "in vino veritas".

Lísis

Como diálogo exotérico, *Lísis* está para o *Fedro* e o *Banquete* assim como *Mênon* está para o *Fédon* (no que diz respeito à ἐπιστήμη ἀνάμνησις[131]). A doutrina das ideias encontra-se afastada. O diálogo se encerra de maneira tão abrupta quanto insatisfatória. A festa de Hermes[132] reuniu jovens em um recém-fundado círculo de estudos, perto do Liceu, a leste de Atenas. Personagens principais: o ainda muito jovem Lísis, terno e envergonhado, e o ousado Menexeno. Além desses, dois jovens homens (mais velhos que os dois primeiros): Ctesipo, o professor de erística e parente de Menexeno, e Hipotales, completamente apaixonado por Lísis, e que fez um poema para ele. Sócrates cede ao convite de Hipotales e Ctesipo para entrar no círculo de estudos. Sócrates brinca sobre Hipotales, que, por meio de sua canção, torna o amado orgulhoso e autossuficiente, e fornece um equivalente <,> Sócrates fala primeiro com Lísis de forma inteiramente elementar, em tom paternal, e estimula-o por meio do elogio do saber: em todas as relações da vida cada um de nós ama apenas quem é hábil e sapiente, ninguém deseja o ignorante. Neste ponto intervém Menexeno: o diálogo estende-se ao conceito de amizade. A atração recíproca do que é semelhante e homogêneo é a lei do mundo. Semelhante é amigo de semelhante. Mas o mau é o sempre inquieto e mutável, nunca igual a si mesmo: portanto o mau está em conflito consigo mesmo. A amizade só existe entre os bons. Mas então a lei do mundo contraposta seria esta: os desiguais se atraem; o

---

131. Conhecimento como recordação.
132. Hermes é o patrono dos ginásios e das palestras. Os adolescentes, entre os quais se encontrava Lísis, tinham entre 14 e 18 anos.

dessemelhante é amigo do dessemelhante. Então Sócrates descobre algo intermediário, o que se encontra entre o bom e o mau: o que "nem é bom nem é mau". A alma em seu estado natural seria tal intermediário: o amor seria o ímpeto obscuro da alma, que sente sua própria carência. O que nem é bom nem é mau é o amigo do bom: este é o elemento do amor e da amizade. Todo amor repousa sobre a carência e o desejo, ele se esforça em suprir a carência, por isso ele pode apenas ansiar pelo que lhe é aparentado οἰκεῖον[133]. O aparentado é semelhante a si, por isso os amantes precisam ser semelhantes um ao outro. O aparentado é ambicionado como o complemento do próprio ser carente: portanto os amantes não podem ser inteiramente homogêneos e equivalentes. O aparentado deve atrair a si: portanto não há jamais verdadeiro amor sem ser correspondido. Mas há ainda uma reflexão a ser feita. Já que o bom só é aparentado ao bom, e o mau ao mau, assim como o que não é nem bom nem mau ao que não é bom nem mau, não pode subsistir nenhuma amizade entre os que são inteiramente bons, pois o bom não é carente de nada; assim, a amizade só seria possível entre os que não são nem bons nem maus. Mas os que não são bons nem maus não podem reciprocamente se completar e se plenificar. Com isso, a essência do amor seria aniquilada. Aqui o diálogo é interrompido, chegam os pedagogos, um pouco embriagados, e levam os jovenzinhos. As soluções seguintes residem na teoria das ideias. A amizade isolada é também realmente algo incompleto e não é capaz de tornar moralmente bom: mas ela é o primeiro passo no caminho do belo: discurso de Diotima. Ela impele adiante. – É inteiramente falso chamar o diálogo de um diálogo de juventude: mas trata-se

---

133. Familiar.

da imitação de um verdadeiro diálogo de pessoas muito jovens, que fixa o que há de melhor neles.

Eutidemo

O *Eutidemo* dá continuidade à batalha contra os escritores de discursos, contra Lísias, no mesmo sentido do *Fedro*: mas então contra este professorado pretencioso dos sofistas (erística).

Um diálogo entre Sócrates e Críton, no qual Sócrates reconta uma longa conversa ocorrida no dia anterior no Liceu. Ambos os irmãos, Eutidemo e Dionisidoro, sofistas, professores de assuntos inteiramente gerais. Sócrates aparece aqui como um ancião, também os sofistas são homens já entrados em anos. Pelo contrário, são representados como jovenzinhos o belo Clínias e seu amigo, o atrevido Ctesipo (que já aparecera no *Lísis*). Clínias faz lembrar Lísis.

Ambos os sofistas são intimados a dar provas de sua sabedoria, no diálogo com Clínias. Eles o forçam, um atrás do outro, a sentenças: os ignorantes estudam para tornarem-se sensatos. Sensatos são somente os que estudam. Agora Sócrates consola o jovem e explica essas artes sofísticas como uma espécie de brincadeira: se alguém aprender todas essas artes nem por isso conhecerá melhor a natureza das coisas. Platão começa aqui a sua luta contra a lógica sofística e verbal e seus artifícios. Então Sócrates exige que eles se tornem sérios. Ele começa agora ele mesmo a perguntar. Fornece ele próprio um modelo de como se deveria incitar à aspiração pela sabedoria, um exemplo de palestras estimulantes, e convida em seguida os sofistas a fazerem o mesmo artisticamente. Dionosidoro começa agora. Logo ele passa a insultar

Ctesipo, ambos se irritam. Sócrates os tranquiliza. Agora passa-se a uma sentença sofística fundamental: Eutidemo contesta a Ctesipo a possibilidade da mentira, uma vez que ninguém poderia dizer o não ente; portanto, se o que o mentiroso diz também é um ente, então ele deve ser um ente verdadeiro: por conseguinte, a sofística suprime a possibilidade do saber e do aprender. Agora tem lugar uma nova catequese de Clínias. Então todos os possíveis jogos de ilusão dos sofistas perderam seu poder. Mas então são muito importantes as considerações gerais de Sócrates sobre toda essa dialética sofística. "Apenas bem poucos, a saber, homens que pensam e sentem da mesma maneira que vós, encontram prazer nessas coisas: os outros se envergonhariam de arrastar outras pessoas com esses raciocínios, mais ainda do que de se deixarem levar por eles. Além disso, vós costurais vós mesmos a boca, quando dizeis a eles que não há nada que seja belo, bom etc. e que nenhuma afirmação se deixa sustentar. A terceiros vossa arte é muito fácil de aprender e de imitar. Para uma comunicação rápida ela é oportuna: mas não diante de muitos, pois estes igualmente a dominarão. O melhor é que vós ambos converseis inteiramente a sós. Dai o mesmo conselho a vossos alunos, de conversarem somente entre si. O que é raro é apreciado, a água é o que há de mais barato."[134] – Com isso, eles se afastam. Sócrates então dirige-se a Críton: reflete tu mesmo se tu fosses à escola, e eles declarassem, com jeito, que tu devias pagar pelo ensino e dissessem que nem a idade nem a disposição excluiriam alguém de alcançar facilmente a sabedoria: e que nem mesmo na aquisição de dinheiro estas seriam um obstáculo. Críton responde

---

134. Todo esse passo do diálogo aqui resumido por Nietzsche encontra-se em *Eutidemo*, 303 d-304 a.

e conta a respeito de alguém, que há um bom tempo teria se afastado do círculo da filosofia, com difamações sobre a filosofia: ela seria inútil. Como Sócrates pareceria ridículo, a combater com semelhantes homens! – Tratar-se-ia de um escritor de discursos jurídicos. Sócrates caracteriza essa classe de homens: eles seriam a fronteira entre o filósofo e o homem de Estado e se consideram os mais sábios dos homens, estando na verdade em posição inferior ao filósofo e ao homem de Estado. Ocupando a terceira posição, desejam eles ocupar a primeira. Não é o caso de irritar-se com eles, mas antes de estar satisfeito com o que eles dão a pensar. Referência a Lísias e Isócrates. – O diálogo é de ponta a ponta polêmico: o principal é a forma, não aquilo sobre o que se fala.

Górgias

Um dos diálogos bem-acabados. Um diálogo entre Cálicles, Sócrates, Querofonte, Górgias e Polo. O diálogo tem início diante da casa de Cálicles: Górgias havia acabado de concluir a sua conferência. Cálicles sai de lá com outros. Querofontes e Sócrates chegam depois, vindos do Mercado. Cena semelhante à que se encontra no *Protágoras*, aí mencionado. (387, Fundação da Academia, 384, morte de Górgias) Sócrates quer ouvir Górgias: Cálicles os convida a ir à sua casa, onde Górgias se encontra hospedado. Sócrates faz questão de perguntar a ele o que ele é. Imediatamente a seguir tem início a conversação. Estás em condições de responder sobre tudo? Polo (rétor, um discípulo de Górgias) assume primeiramente o diálogo, pois Górgias está esgotado. Não se chega a nenhuma resposta direta sobre a arte de Górgias, nem quando Sócrates pergunta. Por fim, Górgias ele próprio diz: a retórica. Sócrates exige uma breve conversação, na forma de um diálogo, Górgias se gaba de poder falar de maneira tão curta e direta quanto possível. S. Afirmas exercer a arte do discurso e ensiná-la aos outros: mas com o que ela lida? – Com discursos. – De que eles tratam? – Das coisas humanas mais importantes e primorosas. Sócrates acha a resposta obscura e remete ao escólio (1. Saúde, 2. Beleza, 3. Riqueza) Diriam, respectivamente, o médico, o mestre de lutas e o comerciante. G. Tu te enganas, sua arte não é a autêntica arte, mas antes a minha. – G. diz: o poder de persuadir os outros no tribunal, na assembleia etc. A arte de falar seria a geradora da persuasão. Mas Sócrates é de parecer que também as outras artes são geradoras de persuasão. Górgias diz: a persuasão diante do tribunal e acerca do que é bom e verdadeiro. Sócrates. É forçoso distinguir dois gêneros de persuasão: um que é uma crença sem saber, e o outro que é um saber. Se a arte de falar tem em mira o fazer crer, então ela não visa à instrução. Não seria possível, em tão pouco tempo, instruir muitos. Agora ambos se certificam primeiramente da seriedade de sua reflexão: não há nenhum mal maior para os homens do que uma opinião errônea. Em seguida entram em cena as outras pessoas e dão o seu assentimento. Então, Sócrates desenvolve o argumento de que aquele que fala não precisa saber de forma alguma como as coisas elas mesmas se comportam, ele precisa tão somente ter imaginado um artifício persuasivo, para, diante dos ignorantes, dar a impressão de saber mais do que os versados no assunto. Assim, Sócrates acha que há uma contradição nisso: G. havia dito, anteriormente, como a arte do discurso seria algo injusto, quando as suas conferências se referem invariavelmente à injustiça. – então novamente ele disse que o orador também poderia fazer um uso injusto de sua arte do discurso. Mas então Sócrates força Górgias à seguinte consequência: se queres formar alguém para um saber discursivo, então ele precisa saber o que é justo e injusto, porquanto isso, nem antes nem depois, ele o aprende de você. O conhecedor do discurso que aprendeu o que é justo, sendo assim um homem justo, jamais quererá praticar o que é injusto. Aqui Polo se intromete: ele acha que nessa mudança há uma falha no modo de vida. Sócrates agora conversa com ele: Polo deve agora perguntar e deixa Sócrates responder. Pelo que ele (S.) toma a arte do discurso? Sócrates diz que a ele a referida arte não parece ser arte nenhuma, mas antes uma ocupação, uma habilidade em causar certo prazer, uma parte de uma ocupação que não pertence às mais dignas de apreço, coisa de um espírito sutil, atirado e habilíssimo, no essencial: adulação, apenas o vulto de uma parte da arte de governar. Tal como a arte da limpeza está para a ginástica, assim a sofística se relaciona com a arte do legislador; tal como a arte de cozinhar está para a medicina, a arte do discurso está para o saber jurídico. Sofistas e retóricos se confundem uns com os outros. O que a arte de cozinhar representa para o corpo é o mesmo que a arte do discurso representa para a alma. Em um longo diálogo com Polo, Sócrates demonstra que quem pratica a injustiça é mais desgraçado do que quem a sofre: deveríamos, portanto, nos proteger de cometer alguma injustiça. Mas qual é o objetivo da arte do discurso? Ela não auxilia em nada para a defesa da própria injustiça, da dos amigos e dos compatriotas: tampouco tem utilidade para quem não tenciona praticar algo injusto. Quando muito, teríamos de nos servir da arte do discurso para tornarmo-nos nós próprios acusadores, a fim de livrarmo-nos dos grandes males causados pela injustiça. Tendo alguém cometido uma injustiça, então teríamos de conduzi-lo, por meio de palavras e ações, para que ele apareça diante do juiz e não seja castigado ainda: que ele não restitua o dinheiro roubado, mas antes o empregue, de maneira ilegal; que alguém, que tenha cometido um assassinato, porventura ainda não morra, e mesmo viva tão longamente quanto possível. – Grande espanto. Cálicles e Querofonte se perguntam se Sócrates está brincando. Sócrates diz que ele se atém à filosofia como a um amante e que ele precisa seguir e ceder àquilo que ela diz. Não admires que eu diga isso, mas antes consiga que minha amada, a filosofia, cesse de afirmá-lo. Começa então um longo discurso de Cálicles, em tom semelhante ao proferido no *Eutidemo*, do λογογράφος[135]: ele exorta Sócrates a deixar a filosofia uma vez que ela conviria apenas aos moços. O sofrer a injustiça seria, por natureza, o que há de pior e mais indigno etc. Se alguém segue filosofando depois de certa idade, então ficará em tudo inexperiente em relação ao que alguém precisa saber para tornar-se um homem de valor: ele se torna ignorante das leis na cidade, não compreende mais o que circula com o povo, desconhece os apetites da multidão e torna-se finalmente risível. O amor pela verdade honra um homem jovem: mas o mesmo amor torna delicado demais um homem mais velho, que evita o espaço público e passa a sua vida cochichando pelos cantos. – Sócrates o elogia por causa de sua franqueza. Em seguida tem início um longo diálogo entre Sócrates e Cálicles. Quem quer que deseje ser feliz deve procurar imitar a prudência e exercitá-la, buscando escapar do desregramento: e, se ele necessita de castigo, então este deve ser aplicado a fim de que ele possa ser feliz. Só isso poderia ser a salvação. Uma injustiça perpetrada é o maior mal para quem a

---

135. Escritor de discursos.

perpetrou e um ainda maior seria não expiá-la: por isso, quem sofre a injustiça jamais é risível: pois o desamparo mais vergonhoso é o de nem mesmo poder ajudar os que nos são mais próximos. Na medida em que um mal é muito grande, grandes também são sempre a glória de ajudar-se e a vergonha de não poder ajudar-se. Na cidade, a tarefa poderia ser somente a de tornar os homens melhores: Sócrates lança mão de exemplos históricos para evidenciar que ninguém logrou esse fim, nem Temístocles nem Péricles. Se estes afirmam ter feito muito bem ao Estado e todavia, por meio dele, se arruínam, então isso não é verdadeiro. Algo de análogo acontece com os sofistas: estes "professores de virtude" costumam culpar seus alunos de lhes fazerem injustiça, a saber, a de lhes burlarem o pagamento. Mas como poderiam homens, que se tornaram bons e justos, praticarem uma injustiça, que todavia não é própria deles? Como seria o caso de enaltecer um homem que se arroga comandar a cidade, cuidar que ele torne alguém o mais possível bom e então, em seguida, queixar-se do mal que ele causou a alguém? Todos estes: homens de Estado, sofistas, oradores, acusam eles próprios desse modo aqueles aos quais eles afirmam terem sido úteis de não terem produzido nada de útil. Sócrates ele mesmo pergunta a Cálicles: a qual tratamento da cidade me exortas: que eu combata contra os atenienses, como seu médico, a fim de que eles se tornem tão bons quanto possível ou que eu lhes seja servil e os bajule? Sócrates diz: sou o único que agora se experimenta na verdadeira arte de Estado. Se alguma vez eu for levado ao tribunal, então se reportarão a mim como ao médico entre crianças, cujo acusador tornou-se o mestre de cozinha. (: este homem infligiu-vos muitos males, à medida que vos fez queimar, cortar, emagrecer etc.) Se ele diz a verdade: "faço isso, queridas crianças, por causa de vossa saúde", que gritos então os juízes erguerão? Apenas a consciência o consola, de que ele ajuda a si mesmo, nada tendo dito ou feito de injusto: encontrasse eu a morte por falta de uma eloquência aduladora, então ver-me-ias suportar muito tranquilamente a morte. Pois que a alma chegue injustamente ao Hades é o maior de todos os males. Agora um mito: que Sócrates narra como algo de verdadeiro: sobre o juiz dos mortos. Pronuncia-se a crença na existência ulterior da alma: as dores e os sofrimentos existem para tornar melhor: castigos temíveis aplicados aos homens de Estado e aos tiranos. ("também entre esses últimos há homens virtuosos, merecedores de grande admiração: pois é difícil e digno de admiração que alguém possua toda a liberdade para fazer uma injustiça e permaneça justo ao longo de toda a sua vida.") Os filósofos chegam à ilha dos bem-aventurados. Para concluir, exortação a este desafio: viver e morrer tão bem quanto possível.

Portanto, a eloquência é condenada como adulação: com ela protege-se contra a injustiça; mas, se se comete alguma injustiça, o castigo não tarda. Caso seja maltratado, sendo justo, então há que se dizer a verdade: a vida tem uma significação metafísica. Por toda a parte a morte de Sócrates como pano de fundo: ele que morreu por uma deficiência na arte do discurso. – Portanto, o conteúdo do diálogo é o de pesar a posição do filósofo e a do orador político: apenas o filósofo quer o bem para um povo, tal como o médico. O orador é um adulador. O diálogo é notável, pois a composição é totalmente não artística: particularmente ingênuo é um argumento a respeito da tragédia. Platão deixa-se conceder que a tragédia visa apenas ao prazer e a chama então de uma eloquência popular: aqui fica evidente que a eloquência é para ele apenas uma adulação. – Platão passa em revista todas as atividades intelectuais de seu tempo: combate a erística no *Eutidemo*, o discurso privado de Lísias no *Fedro* e no *Banquete*, a retórica política no *Górgias*. Ele se justifica, contra os que desprezam a filosofia, a respeito de sua atividade apolítica.

No que diz respeito à época do escrito: Ateneu, segundo Hermipo, II, p. 505 D, menciona que Górgias teria dito: quão acertadamente Platão sabe ἰαμβίζειν[136]. Ele morre em 384 (cf. Foss, *De Gorgia Leontino*, 1828), portanto, como ele viveu entre 492 e 384, com a idade de 108 anos. Simplesmente não histórico, como aquela palavra de Sócrates sobre Lísis: produto de uma micrologia posterior. São anacrônicas no diálogo a ascensão ao trono do rei da Macedônia Arquelau, em 414, e a pritania de Sócrates, em 406. Então, a referência ao nobre tirano anuncia já Dionísio[137], o jovem. Em todo caso, depois da fundação da Academia e antes da segunda viagem à Sicília. O diálogo é inteiramente exotérico, nenhum vestígio da teoria das ideias.

Protágoras

Sócrates encontra um amigo que lhe pergunta como vai Alcibíades. Sócrates responde: vai bem e hoje disse muitas coisas boas a meu respeito, mas nem cheguei a reparar nele. A suprema sabedoria do abderita Protágoras capturou-me. Passa em seguida a narrar a conversação. Ele teria sido acordado ainda de madrugada por Hipócrates, filho de Apolodoro: este anuncia que Protágoras

---

136. Seguir os versos iâmbicos, quer dizer, fazer poesia.
137. Referência ao tirano de Siracusa, que Platão buscou converter à filosofia.

havia chegado e que está hospedado em casa de Cálias, filho de Hipônico. Eles esperam até o dia amanhecer e então partem para lá. Que tipo de homem pensas [Hipócrates] encontrar ao ires ao encontro de Protágoras?, Sócrates lhe pergunta nesse meio-tempo. Sócrates mesmo o caracteriza como um homem de negócios com mercadorias das quais o espírito se nutre. Mas estes frequentemente não sabendo eles mesmos se as mercadorias que eles introduzem são benéficas ou prejudiciais para o corpo, louvam-nas a fim de vendê-las. O freguês das mercadorias sofísticas deve compreender o que é bom e o que é prejudicial: do contrário, coloca a perder o que há de mais precioso. Portanto, há que aconselhar-se seriamente antes de propagar seu ensinamento. – Então, logo depois, eles partem. O porteiro não os acolhe, pois os toma por sofistas: por fim, conseguem que este lhes dê passagem. Em seguida, encontram uma grande sociedade ao redor de Protágoras, que passeava no pórtico. Um grupo estava com Hípias e outro com Pródico. Depois chega Alcibíades. Nesse momento, Sócrates apresenta Hipócrates a Protágoras. É um homem já entrado em anos e franco. Ele diz que a arte sofística é muito antiga, mas que antigamente buscou disfarçar-se de poesia, magia ou música: estes tomam-nas por pretexto, mas não enganam: por isso, ele admite frequentemente que seu propósito é o de ensinar os homens. Os outros sofistas são então convocados e um grande círculo de ouvintes é formado. Protágoras promete ao jovem homem torná-lo melhor com a condição de que este passe a frequentá-lo. Melhor em quê?, pergunta Sócrates. – Em cuidar melhor de sua casa, gerenciar a cidade e tornar-se influente. Sócrates é da opinião de que a sabedoria política não se deixa aprender: pois, em Atenas, onde se sabe avaliar os que são versados em cada âmbito de atividade, nas coisas políticas, porém, todo sapateiro e ferreiro, pobre ou rico, se apresenta, sem que algum deles possa apontar um professor. Então, não ensinaria Péricles seus filhos nessa matéria, ele que os fez ensinar em tudo o que há de valioso? Depois disso, Protágoras narra um mito, o mito de Prometeu: a recém-surgida espécie humana encontra-se sujeita a toda sorte de danos e Zeus se preocupa com a possibilidade de que ela venha a perecer: através de Hermes, ele faz com que pudor e justiça sejam distribuídos. Um único homem, de posse da medicina, é o bastante para muitos, mas a um Estado não basta que somente alguns poucos tomem parte nele. Princípio: quem não pode tomar parte no pudor e na justiça deve ser eliminado como uma peste do Estado. – Cada um, diz Protágoras, faz a exigência de justiça e quem não a faz está fora de seu juízo perfeito. Portanto, todos creem que cada um tome parte nela: mas eles creem também que ela seja ensinável. Indício disso é o modo como se castiga: cada um de nós castiga por causa do futuro, a fim de intimidar, e, portanto, na crença de que a justiça deixe-se aprender. Mas por que os homens honrados não ensinam seus filhos? Seria, porém, muito estranho se eles não o fizessem: pois as punições para o não saber são a pena de morte, o ostracismo e a desgraça de toda a família: e deixaram ensinar as coisas para as quais não valiam nenhuma dessas penalidades? Antes, pelo contrário, eles as ensinam, com todo o cuidado, desde a infância. Aqui descreve-se a educação: só cabe tanto cuidado em orientar para a virtude na suposição de que ela seja ensinável. Mas se os filhos de homens valorosos fracassam nesse sentido, – na medida em que todos tomam parte na virtude e apenas junto aos desenvolvimentos superiores as diferenças de nível se tornam perceptíveis: um criminoso ateniense, entre puros selvagens, seria ainda assim um homem virtuoso: entre puros selvagens ter-se-iam saudades da injustiça ateniense. Também entre os gregos não se encontra nenhum professor. Deve-se ficar satisfeito se alguém é apenas minimamente hábil para fomentar nos outros a virtude. Protágoras se inclui entre esses últimos. Quem quer que tenha saboreado a lição pagará a soma por mim estabelecida; quando não, que se dirija ao templo, preste juramento e pague tanto quanto ele julgue que vale a minha lição. – Este longo discurso causa grande impressão. Sócrates solicita uma breve resposta a uma reserva sua: a virtude é um todo ou a justiça, a devoção etc. são apenas partes ou expressões do todo? – Protágoras as chama de partes. Grande discussão dialética. Sócrates força ambas as sentenças: 1. que a sabedoria seja algo distinto da circunspecção e 2. que uma coisa chega a se opor apenas a uma única coisa: mas, então, como a insensatez se opõe tanto à sabedoria quanto à circunspecção, sabedoria e circunspecção deveriam ser uma coisa só.

Pouco a pouco, Protágoras vai ficando irritado. Em função disso, o diálogo está a ponto de ser interrompido, mas Sócrates quer seguir adiante. Sócrates protesta contra uma fala demasiado longa; Protágoras seria proficiente em ambas as formas de discurso, mas estaria de má vontade. – Cálias o detém. Então, diz Sócrates, ajude Protágoras a ceder: são coisas bem diferentes conversar trocando perguntas e respostas de modo razoável e apresentar-se como orador diante de uma assembleia. Alcibíades se intromete: se Protágoras admitisse que, na conversação, ele é mais fraco do que Sócrates então estaria tudo certo: do contrário, que ele aprove a proposta de Sócrates. – Crítias solicita que Pródico e Hípias os persuadam a fazê-lo de maneira equilibrada. Hípias sugere a escolha de um árbitro. Sócrates discorda: ele diz que se

Protágoras preferir somente perguntar ele então, de bom grado, se limitaria a responder. Então, Protágoras se decide e faz referência a um famoso poema de Simônides. Uma vez, disse ele, que é difícil tornar-se [ser] um homem consciencioso, mas depois censurou a sentença de Pítacos segundo a qual é difícil ser um homem valoroso[138]. Isso seria uma contradição. – Sócrates pede ajuda a Pródico. Sócrates chama a atenção para a diferença entre "tornar-se" e "ser" e se reporta a Hesíodo, para quem seria difícil obter a virtude, mas, se alguém se eleva até a sua altura, ela se torna fácil[139]. Em seguida, Sócrates desdobra, de maneira coerente, sua visão sobre o poema e colhe aprovação: mas depois disso ele se posiciona por princípio contra os intérpretes de poemas; isso seria tal como as orgias de homens incultos, que pagam caro aos flautistas. Precisamos pôr de lado as composições poéticas e colocar-nos à prova na verdade. Agora finalmente Protágoras responderá (levantará) a uma pergunta determinada. Sócrates apresenta novamente o tema a respeito da unidade das virtudes: o resultado é a diferença sobre se ela é ensinável: Sócrates opina que ela não se deixa ensinar, Protágoras, ao contrário, que ela é ensinável. Agora Sócrates se empenha em demonstrar que tudo repousa no conhecimento, assim justiça, circunspecção e coragem: caso elas fossem algo distinto do conhecimento, o que Protágoras empreendeu demonstrar, então manifestamente elas não seriam ensináveis. Com isso, portanto, Sócrates impele Protágoras para o lado oposto ao

---

138. Nietzsche traduz os adjetivos ἀγαθόν (bom) e ἐσθλόν (viril, nobre), respectivamente, por *wacker* e *brav*. Em grego, ambos os termos eram usados como sinônimos. A tradução de Nietzsche acentua essa sinonímia ao fazer equivaler o ser bom, como ser desperto, ao ser valoroso e viril.

139. Alusão aos versos 289-292 de *Os trabalhos e os dias* de Hesíodo.

que se encontrava. Aqui se encerra o diálogo. Protágoras tece grandes elogios a Sócrates, diz que não é invejoso e deseja-lhe um grande futuro. – Sócrates aparece como um homem jovem.

O *Protágoras* é um enfrentamento de Platão no âmbito da sofística a fim de mostrar que ele está em condições de fazer melhor do que ela na condução da dialética, na interpretação de poetas etc. O diálogo não possui a agudeza e a aspereza dos diálogos anteriores. Em todo caso, ele é inteiramente exotérico e deve servir para adelgaçar o respeito diante da sofística, mesmo em suas melhores manifestações. Certamente não se trata de um diálogo muito antigo: ele também não é, em princípio, um dos mais importantes. As perguntas permanecem sem solução. Um sentimento de superioridade atravessa o diálogo, certa serenidade de vitorioso. Dificilmente, portanto, uma obra do período de combate, pertencendo antes ao período posterior.

Parmênides

Céfalo informa[140] que ele ouviu o que segue de Antifonte. A este contou Pitodoro: Parmênides com 65 anos e Zenão com 40 anos chegaram a Atenas para a festa das Panateneias[141] e muitos foram visitá-los, inclusive o jovem Sócrates, para ouvir o escrito de Zenão. Depois de

---

140. Céfalo conta (recordação da *República*): quando viemos de Clazômenas para Atenas, encontramos Glauco e Adimanto. (N. de Nietzsche)
141. Para homenagear Atenas, eram organizadas as pequenas e grandes Panateneias: as primeiras eram anuais, e as segundas, mais importantes, ocorriam de quatro em quatro anos. Além de sacrifícios e rituais religiosos, eram organizados, nas grandes Panateneias, concursos para a escolha do mais belo e forte jovem, eventos artísticos e atléticos.

Zenão ter feito a leitura de um escrito, Sócrates em seguida reteve a primeira hipótese, "se as coisas que são fossem uma multiplicidade, então elas precisariam ser tanto iguais quanto desiguais (iguais enquanto entes e desiguais enquanto muitas), o que é impossível, pois nem o desigual pode ser chamado de igual nem o igual de desigual. Portanto, uma multiplicidade é impossível: pois, se ela fosse, algo impossível precisaria ser declarado a seu respeito"[142]. Este seria o conteúdo propriamente dito do escrito como um todo, a saber, que não haveria nenhuma multiplicidade. Isso seria, de qualquer forma, tão somente o reverso da sentença de Parmênides: ἓν εἶναι τὸ πᾶν[143]. Sócrates contrapõe então o seguinte: haveria todavia um conceito de igualdade αὐτὸ καθ' αὑτὸ εἶδος τι ὁμοιότητος[144] como também um conceito do que lhe é contrário. As coisas acolhem em si ambos os conceitos: apenas seria de admirar-se se o igual ele mesmo acolhesse o desigual. Assim, não se pode dizer que o uno seja em si mesmo também o múltiplo, mas bem antes: que tudo é um, pois possui em si a unidade e este precisamente é também muitos, pois possui a multiplicidade. Não se pode jamais conciliar os conceitos e os predicados opostos. Em seguida, Parmênides pergunta se ele toma os conceitos pelo que é particular e assim, novamente, as coisas: se, por exemplo, para ele a igualdade parece existir por si. Sócrates responde afirmativamente: o mesmo valendo para os conceitos de justiça e de moralidade: sendo duvidoso em relação aos conceitos "homem",

---

142. *Parmênides*, 127 d.
143. "O todo é um." Nietzsche faz referência aos versos 5 e 6 do fragmento VIII do *Poema* de Parmênides.
144. "Uma certa forma em si do que é semelhante." *Parmênides*, 128 e-129 a.

"fogo" etc. Ele nega expressamente a existência da espécie junto a cabelos, sujeira. Diz ele que aqui, frequentemente, experimentou exitação: mas o temor de um palavreado vazio o impediu de seguir em frente. Parmênides pergunta se o conceito todo ou apenas uma parte dele é que se encontra presente em cada coisa específica. Sim. Então seria um e o mesmo, ao mesmo tempo, em muitas coisas específicas, tanto quanto também ele seria somente para si mesmo? Não – ele seria antes como um dia que por toda a parte e simultaneamente não difere de si. Importante objeção de Parmênides: Se para Sócrates muitas coisas parecem ser grandes, então parece-lhe que em todas está presente a mesma ἰδέα, uma vez que, para ele, a grandeza acontece como unidade. Se ele então acolhe em sua alma a grandeza em si e o grande múltiplo, então aqui deve novamente formar-se uma unidade, por meio da qual todos aqueles grandes são, ou seja, comparece um novo conceito de grandeza por meio do qual resultam a grandeza em si e as coisas grandes. E sobre todos esses três, novamente, um novo conceito, e assim por diante. Portanto, uma profusão de conceitos. Em seguida Sócrates declara que todos esses conceitos corresponderiam a um único pensamento que não residiria em parte alguma a não ser na alma. Depois disso, Parmênides: se as coisas admitem em si os conceitos, então devem todas aquelas pensar e consistir em pensamentos ou ser pensamentos e não pensar. Mas Sócrates explica: os conceitos são como que modelos para a natureza. Todas as coisas os copiam e são suas cópias. A μέθεξις[145] dos conceitos nas coisas residiria no fato de essas últimas copiarem os conceitos. Depois disso, Parmênides declara: se o concei-

---

145. Participação.

to fosse um modelo e a coisa uma imagem, então a igualdade estaria situada fora de ambos e se acrescentaria ainda a eles como um novo conceito. Assim sendo, o modelo, por causa do conceito de igualdade (que se situa fora de ambos), não passaria para a cópia, mas antes ele só poderia ser admitido por ela por causa de outro conceito. Estas seriam as dificuldades, caso se aceitasse [tomasse][146] o conceito como algo que é em si mesmo. A maior de todas seria que então não se estaria mais em condições de reconhecê-lo. Se conceitos como escravidão, conhecimento e verdade são em si, então eles não devem residir em nós. Somente na medida em que eles são nas coisas, eles se tornam propriedade de nosso espírito. Se houvesse tal conhecimento das ideias, então ele precisaria ser muito mais perfeito e acabado do que o nosso, e quem o possuísse seria simplesmente deus. Mas então conclui-se disso que aquele conhecimento em si não conhece nada do nosso conhecimento, assim como o nosso não conhece nada daquele, de modo que deus tampouco se encontra em condições de ser nosso tema de conhecimento tanto quanto nós não estamos em condições de obter algo daquele.

A admissão das ideias provoca muitas dificuldades. O contrário, para a filosofia, é ainda pior. Parmênides aconselha Sócrates, enquanto ele ainda for jovem, a que ele possa exercitar-se na dialética, a qual usualmente é tomada por palavrório inútil. Como método, aconselha a partir do zero. Seria importante não fixar algo apenas como ente, mas também como não ente: que não é muitos: movimento e repouso: ser e não ser. Parmênides, a pedidos, quer dar exemplos. O mais moço deve respon-

---

146. Correção do editor.

der, ou seja, Aristóteles. A respeito da unidade (isto é, posto que não é muitos, dialética negativa).

Recapitulação: a investigação se dirige para a μέθεξις.

1) Se a ideia entra total ou parcialmente nos objetos individuais

2) Ο τρίτος ἄνθρωπος[147] aduzido contra a existência objetiva das ideias

Sócrates busca escapar, mediante a subjetividade da ideia, que, como νόημα[148], se encontraria na alma

Recusado: a ideia é bem antes o objeto do νόημα, e, portanto, o νοούμενον[149]. Sócrates explica então de maneira objetiva. Existência das ideias, a μέθεξις, consiste na imitação: εἰκασθῆναι.

Contrário a isso, novamente o τρίτος ἄνθρωπος, a fim de esclarecer que a μέθεξις não poderia residir na ὁμοιότης[150].

Mas a grande ἀπορία[151] seria a de que então cessa toda referência de tipo teórico entre ambos.

Resultado: o conhecimento das ideias é duvidoso

Mas a não admissão das ideias poderia também não tranquilizar, com isso a dialética seria suprimida.

Sócrates admitiu as ideias sem ser exercitado o suficiente na dialética.

---

1. Não possui nenhuma parte nem é um todo.

---

147. "Terceiro homem." Argumento desenvolvido por Aristóteles no livro I de sua *Metafísica* para combater a existência em separado das ideias. Além da ideia de homem e do homem particular, teria de haver um terceiro homem do qual ambos participariam, e assim até o infinito. Esse argumento encontra-se já formulado em *Parmênides* 132 c-133 a, apenas sem a identificação de "terceiro homem".
148. Pensamento.
149. Pensado.
150. Semelhança.
151. Impasse.

2. Então também não possui nenhum limite.
3. Não está em parte alguma.
4. Não pode mover-se nem repousar.
5. Não é o mesmo nem outro de si mesmo ou de outro.
6. Faltam-lhe os sinais característicos da semelhança e da igualdade.
7. Da mesma forma, faltam-lhe os sinais característicos das relações temporais: mais velho, mais novo etc.
8. Não se encontra aí, não gera nenhum nome, nenhuma representação.

A dialética afirmativa da unidade

1. Como um existente, tem como resultado o ser, o um e a diferença e então muitas partes e o número e a multiplicidade do ser, como do um.
2. A unidade é limitada e infinita
3. Está contido no outro e em si mesmo
4. Repousa e se move
5. O um é o mesmo de si e do não uno e também do diferente
6. É semelhante e dessemelhante, tanto em relação a si mesmo quanto em relação ao outro
7. Possui relações de tempo
8. Possui um nome e produz representações

Ao um e ao outro convêm todos os predicados opostos

Diálogo sumamente notável. Überweg diz: "nem a cena, nem a forma dialética, nem o conteúdo de pensamento do todo, nem muitas expressões particulares podem valer como platônicas. Acrescentem-se o silêncio de Aristóteles e a referência aos discursos". Para Überweg é escandaloso que aqui apareça um Aristóteles que já antes deve ter falado com Sócrates a respeito das ideias. Simulação de acaso, um Aristóteles em um diálogo, no qual comparece justamente o argumento aristotélico contra a doutrina das ideias. Igualmente espantoso porque Platão não quis ter recebido o conteúdo de seu meio-irmão Antifonte, mas antes de um Céfalo de Clazômenas. Além disso, o procedimento dialético encontra-se muito raramente em todos os escritos de Platão: um procedimento antinômico, o qual consiste em conduzir uma sentença e a sentença oposta, que lhe é contraditória, ambas ao absurdo e a partir da referida pressuposição desembocar a cada vez em uma oposição. Esse procedimento dialético deve valer como exercício. O *Parmênides* prepara a solução da teoria das ideias no ceticismo.

A subordinação de Sócrates a Parmênides é algo inteiramente singular. Aliás, Platão sempre se apresenta ele mesmo em Sócrates. Portanto, manifestamente, há que admitir-se que isso também aconteça aqui. – A diferenciação de três classes de ideias soa a um tempo mais tardio. O termo γένος para ideia, como sinônimo de εἶδος, p. 129, encontra-se somente no *Sofista*[152]. Νόημα é desviante do uso platônico da linguagem. E então o τρίτος ἄνθροπος.

Portanto, Sócrates se opõe, como mais jovem, aos dialéticos eleatas: como jovem especulador ainda imaturo. Naturalmente, tampouco o discurso pode ser o de uma caracterização de Parmênides. Também Zenão não poderia ser apresentado como modelo de escritor e de dialético, de vez que, no *Fedro*, Platão nomeia o eleata "Palamedes" e o coloca em paralelo com os sofistas.

Portanto, trata-se claramente de uma crítica de Platão, mas ao seu próprio modo e seguramente publicada por debaixo de seu nome. Talvez seja mesmo a repetição de um embate entre Platão e um de seus mais proemi-

---

152. Nietzsche se refere à passagem em que Sócrates afirma que, "se os gêneros e as formas (τά γένη τε καὶ εἴδη) fossem apresentadas em si mesmas recebendo afecções contrárias, isso seria digno de espanto". *Parmênides*, 129 c.

nentes e jovens discípulos: presumivelmente, um diálogo entre Platão e Aristóteles, composto de um terceiro. Em todo caso, de idade mais avançada.

Um amigo de Zenão encontra-se frequentemente com um irmão de Glauco e Admanto: Antifonte comporta-se para com Pitodoro como Platão para com[153] –

Crátilo

Diálogo entre Crátilo, Hermógenes e Sócrates. Hermógenes pergunta a Crátilo: Aceitas que compartilhemos nossa discussão também com Sócrates? Crátilo afirma que para cada objeto haveria, por natureza, uma nomeação correspondente e sob medida a ele próprio, e nenhuma nomeação ocorreria caso alguns combinassem nomeá-lo indicando-o com um pedacinho de sua linguagem, mas antes haveria uma certa medida de nomeação, que seria a mesma para todos os helenos e inclusive para todos os bárbaros. Hermógenes, pelo contrário, diz parecer-lhe que a nomeação que alguém atribui a uma coisa seja a adequada, e se mais tarde ele vier a fornecer outra então esta será a adequada: pois, por natureza, uma nomeação não chega a convir a nenhum objeto. Primeiramente um diálogo entre Sócrates e Hermógenes. As coisas possuem um ser fixo e peculiar a elas. Quem quer que tenha inventado uma ferramenta correspondente à sua natureza precisa tê-la ajustado à matéria a partir da qual ele executará sua obra. Assim, também o legislador da linguagem precisa compreender, em sons e sílabas, as qualidades apropriadas que cada nomeação por natureza estabelece. Mas cada legislador não se ser-

---

153. Aqui o texto se interrompe.

ve das mesmas sílabas – e assim também cada ferreiro não se serve da mesma espécie de ferro quando ele apronta a mesma ferramenta para a mesma finalidade. O instrumento, porém, é adequado caso ele reproduza, em outra espécie de ferro, a mesma imagem mental. Crátilo estaria certo ao dizer que as nomeações pertencem às coisas por natureza e que cada uma não serviria ao formador de nomes, mas antes apenas aquela que tem em mira a nomeação pertencente a cada objeto por natureza e que pode apresentar a imagem mental dele através de letras e sílabas. Então Hermógenes exige que Sócrates apresente a ele o que seria a nomeação conforme à natureza. Após um gracejo sobre os sofistas, Sócrates refere-se significativamente a Homero e à sua separação entre linguagem humana e linguagem divina, a qual deixa claro que os deuses a empregam com as designações naturais. Em seguida, Sócrates interpreta uma quantidade significativa de nomes como adequados. Ele se sente tomado por uma sabedoria divina. Palavras, uma grande quantidade delas, são remetidas a outras, bem como às significações primordiais. Depois disso, ele investiga essas nomeações primordiais: as que foram copiadas por meio de letras e sons. Após essa lição, Hermógenes pergunta o que Crátilo pensa sobre isso. Sócrates ele próprio diz o seguinte: "Não gostaria de considerar nada disso como firmemente estabelecido e admitirei de bom grado o que trouxeres de melhor." Crátilo diz: "tudo o que disseste está de acordo com a minha opinião". Então Sócrates o aconselha a refletir mais uma vez sobre isso, pois desconfia de sua própria sabedoria. Em seguida, Sócrates chama a atenção para o fato de haver boas e más representações. Toda instrução nos chega por intermédio das palavras? Não: pois os legisladores precisavam já conhecer previamente as coisas antes de as terem nomeado. Por meio de que designações eles teriam aprendido a conhecer os objetos se ainda não existissem as designações primordiais? Crátilo considera ser o mais justo que haja um poder superior ao poder humano, e que este último atribua as designações primordiais aos objetos, as quais então, em todo o caso, precisam ser corretas. Sócrates diz: quando as designações discrepam entre si, precisamos, neste caso, procurar algo diverso, exterior às designações, que nos indique qual das duas visões é a correta e fornece a verdadeira constituição da coisa. Aqui Sócrates traz a doutrina das ideias. Ele se volta contra Heráclito. Algo que esteja em um fluxo eterno não pode ser conhecido. Não seria possível ter consciência dele nem confiar a formação de seu espírito às designações, enquanto se deposita nelas uma crença: mas também sentenciar de maneira tão absoluta sobre as coisas, como faz Heráclito, seria muito duvidoso. Ele fez emudecer o jovem Crátilo. Este, por fim, revela ser ainda um discípulo de Heráclito.

Predomina o tom de indecisão. Schaarschmidt, p. 245, encontra apenas um dos leitores que se deixam levar por Sócrates. Schaarschmidt acha inacreditável que Heráclito pudesse ensinar uma correção natural das palavras (φύσει ὀρθότης ὀνομάτων). Ele precisava ter encontrado, antes de tudo, ratificada na linguagem a sentença πάντα ῥεῖ. E isso seria duplamente inacreditável para Crátilo, que, tal como Aristóteles o descreve na *Metafísica*, seria um heraclítico extremado. – Ora, Platão não é um historiador. Ele é por demais arbitrário. Basta conferir seus anacronismos. – O diálogo é espantoso, somos frustrados da pior maneira, pois estamos tão habituados por meio do extraordinário conhecimento da ciência da linguagem que raramente nos permitimos refletir sobre um ponto de vista tão ingênuo.

A oposição entre uma ὀρθότης φύσει[154] e uma συθήκη (ἔ θει νόμῳ)[155] (que remete à relação entre palavra e coisa). Reconheço, porém, como resultado: na primeira parte, Sócrates procede como se a linguagem nos ensinasse as coisas, enquanto na segunda parte ele restringe isso de tal modo que nada mais resta. Portanto, ele nega a ὀρθότης em geral: enquanto os pensadores atuais partiram dele e apenas litigaram sobre φύσει e νόμῳ[156].

Não posso concordar com Schaarschmidt. Contra ele, Steinhart *Ztschr. für Philos.* de Fichte 1871, p. 211. A personagem do Crátilo falha. O aborrecido e tolo jogo etimológico (θεὸς θέω[157]).

Theopompo (aluno de Isócrates) diz: o diálogo platônico seria inútil e mentiroso, além disso, em geral, alheio, a saber, a partir de diálogos orais de Aristipo, de Antístenes, muitos de Brison[158]. – Aqui reconheço o caráter de rememoração do diálogo platônico: mas se experimenta contra quem Platão combateu e quem ele vestiu com antigas máscaras.

Assim também diz Aristóxeno, que a *República* teria transcorrido quase inteiramente a partir de um escrito de Protágoras. Não fica claro a que isso se refere.

A ordenação em forma de trilogia de Aristófanes é talvez uma ordenação cronológica. Ao menos ela corres-

---

154. Correção por natureza ou natural.
155. Correção por convenção ou costume.
156. Correção por natureza e por costume.
157. "Vejo deus."
158. Referência a discípulos de Sócrates, eles mesmos fundadores ou representantes de escolas filosóficas. Aristipo: escola cirenaica; Antístenes: escola cínica; e Brison: escola megárica.

ponde com segurança a um número de Überweg. Mas o que devem as cartas? E então haveria um sem-número de outras classificações.

Pergunta principal: se Platão e Sócrates, através de seus escritos, não queriam bem mais recordar suas próprias conversações. Ele narra apenas a gênese de si mesmo, não a de Sócrates. Ele precisa com isso ter acreditado em certa transformação das almas.

O talento dramático de Platão não é nada extraordinário. Como escritor, chega a ser desordenado e displicente.

Parmênides	Enciclopédia
Crátilo	Métrica
Teeteto	Retórica
\<Górgias\>	Poética
Protágoras	
Filebo	12| 130|
Sofista	
Político	

Teeteto

Cena introdutória entre Térpsion e Euclides de Mégara. Térpsion espanta-se por não ter conseguido encontrar Euclides. Este responde que encontrou Teeteto, ainda vivo, ao ser transportado do acampamento militar de Corinto para Atenas. Foi dar-lhe escolta. Sócrates havia tido uma visão profética. Pouco antes de sua morte esteve com Teeteto, quando este ainda era um rapazola, e então elogiou-lhe a feliz disposição e despertou esperanças. Sócrates contou-lhe novamente a conversação que teve com o rapaz. Assim que retornou à casa, Euclides a transcreveu de memória: mais tarde eu a expus de memória e corrigi o escrito com a ajuda de Sócrates. Térpsion pede que este o leia. Euclides diz: eu o escrevi não como se Sócrates o narrasse a mim, mas antes os três (Sócrates, o matemático Teodoro e Teeteto) foram colocados, um ao lado do outro, como em um drama. Teodoro louva, para Sócrates, de modo excepcional, o jovem Teeteto. Compreensão rápida, modos suaves e corajoso. Nada belo, tal como Sócrates. Filho de Eufrônios. Eis que ele precisamente chega. Sócrates começa a conversar com o jovem a respeito do que ele aprende de Teodoro. Também ele aprendeu com Teodoro geometria e astronomia: mas o conceito de ciência teria permanecido para ele obscuro. Τί σοι δοκεῖ εἶ ναι ἐπιστήμη[159]; Teeteto indica uma série de ciências. Por fim, ele diz de maneira concisa: οὐκ ἀ λλο τί ἐστιν ἐπιστήμη ἢ αἴσθησις[160]. Sócrates faz três objeções principais: 1. Fosse o conhecimento igual à percepção, então os loucos e os que sonham não teriam nenhuma incorreção. 2. Pode-se ouvir o som de uma língua estrangeira sem compreendê-la. 3. Aquele que não mais percebe atualmente alguma coisa, mas antes a tem apenas na recordação, também não poderia mais conhecê-la. A sentença de Protágoras seria a de que cada um possui a sua própria αἴσθησις e que, assim, é, para cada um, o que lhe parece. Seria exagerado pretender que, com isso, ele suprimisse toda diferença no conhecimento e todo saber. Não haveria uma opinião falsa, [mas antes], e uma opinião não seria mais verdadeira, mas tão somente melhor do que a outra. Após essa interpretação da doutrina de Protágoras, ela é criti-

---

159. O que te parece ser a ciência?
160. Ciência nada mais é do que sensação.

cada em detalhe. 1. Segundo Protágoras, cada um teria razão sempre e apenas para si mesmo. Se, por conseguinte, ninguém acredita no oráculo de que ἄνθρ. μέτρ. πάντ.[161], ele, o oráculo, seria verdadeiro apenas para Protágoras. 2. Poder-se-ia perfeitamente dizer, em relação ao presente, que o homem é a medida de todas as coisas, mas não em relação ao futuro: pois em relação ao futuro sempre há o que pode ajuizar melhor do que o outro. 3. Se tudo ao nosso redor encontra-se em um fluxo contínuo, então toda resposta seria igualmente verdadeira, nada seria de alguma forma, mas antes inteiramente indeterminado. 4. Diferentes sensações pressupõem também diferentes órgãos: mas se nós refletimos em conjunto sobre duas sensações, se nós as separamos, comparamos etc., então isso não pode ocorrer através de um órgão sensível. Não é através das afecções dos sentidos que se chega à essência das coisas, tanto quanto não é através delas que se chega à ἐπισι[162].

A segunda definição é: ἐπιστήμη = ἀληθής δόξα.[163] Aquela atividade da alma onde ela, em contraposição à receptividade sensível, se ocupa com os entes chama-se δοξάζειν[164]. Mas aqui surge o problema: como é possível errar?, ou seja, a δόξα ψευδής. Primeiramente o erro como ἃ ἐπίτανται μὴ ἐπίστασθαι[165]. Se temos uma opinião, então a opinião se refere ou àquilo que nós sabemos ou àquilo que nós não sabemos. Se tivéssemos uma opinião falsa, então teríamos de não saber que algo é, e dele, no entanto, sabermos que é. Isso é uma contradição. Assim

---

161. "O homem é a medida de todas as coisas."
162. Ciência.
163. Conhecimento = opinião verdadeira.
164. Opinar.
165. Não conhecer as coisas que conhecem.

sendo, o erro não é possível. 2. O erro como διανοίας πρὸς αἴσθησιν παραλλαγή[166]. Pense-se no interior de uma tabuleta de cera: as coisas sensíveis se imprimem sobre ela como marcas de anel. Aqui haveria um modo duplo de representação, a expressão atual imediatamente presente e a conservada na memória, sem que nossa intervenção tenha provocado potenciais representações. O erro não se deixa esclarecer nem somente pela representação atual nem tampouco pela representação potencial, mas antes pela associação na qual se pretende referir reciprocamente uma a outra, mas erra seu alvo, tal como um mau atirador. O juízo falso surge mediante uma confusão entre duas representações. 3. O erro como τῶν ἐπιστημῶν μεταλλαγὴ[167]. Pensa-se em cada alma como em um pombal e aprende-se apanhando conhecimentos tal como se apanham pombos, de modo que eles ora voam por ali em grande grupos ora sozinhos. Então começa a segunda caçada: agora caçam-se os pombos já capturados, para tê-los em mãos. Se, na segunda caçada, segura-se a pomba correta, então apreende-se o verdadeiro: do contrário, erra-se. III. A ἐπιστήμη enquanto δόξα ἄνευ λόγου[168]. Sem ἀληθής δόξα não há nem verdade nem conhecimento: contudo, há ainda algo indispensável. Se alguém, por acaso, pronuncia uma opinião verdadeira, então ela é em si mesma verdadeira, mas para ele não é nem verdadeira nem falsa, mas antes apenas para aquele que a reconhece. É necessário o acabamento da δόξα ἀληθής por meio do λόγος. Mas o conceito de λόγος não foi encontrado: ele chega ao ponto de que a [ἀληθής δόξα]

---

166. Um pensamento que toma o lugar de uma sensação.
167. Troca das coisas conhecidas.
168. Opinião sem discurso racional.

ἐπιστήμη = δόξα ὀρθή μετ' ἐπιστήμης[169]: uma definição impossível. A ἐπιστήμη não pode ser nem αἴσθησις nem ὀρθή δόξα nem ἀληθής δόξα ματὰ λόγου. Por fim, Sócrates se explica como maiêutico[170]. Em seguida, ele vai ao Pórtico do Rei para fazer frente à acusação pública de Méleto. "Mas amanhã cedo queremos encontrarmo-nos novamente."

O *sofista*

Em continuidade direta com o diálogo do dia anterior, Teodoro e Teeteto trouxeram consigo um estrangeiro de Eleia (da escola de Parmênides e Zenão) e o apresentaram a Sócrates. "Talvez não tenhas trazido um homem, mas antes quem sabe um deus no poder da refutação?" Teodoro diz que o estrangeiro é de bom temperamento e não um erista. Se não aparenta ser deus nem por isso deixa de ter parte no divino, como, de resto, todo filósofo. Sócrates diz: tens razão. Todavia, os verdadeiros filósofos são precisamente tão difíceis de distinguir quanto os deuses. Ora são tomados por políticos, ora por sofistas, ora parecem ainda inteiramente delirantes. É preciso definir se sofistas eleatas, políticos e filósofos são a mesma coisa ou se eles formam três classes distintas. O estrangeiro se pronuncia: três classes, mas é difícil separar, de forma rigorosa, os indivíduos. Sócrates pede-lhe que se estenda mais sobre o assunto, seja mediante um discurso meticuloso seja através de pergun-

---
169. Opinião correta com ciência.
170. Procedimento característico por meio do qual Sócrates pretendia auxiliar seu interlocutor a parir o conhecimento. Sócrates pretende com isso justificar o final inconclusivo e aporético do diálogo.

tas: como ele mesmo solicitou a Parmênides "quando eu, uma vez, ainda um homem muito jovem, estive com ele e o ouvi perguntando e sustentando um discurso maravilhoso". Referência manifesta ao diálogo *Parmênides*. Pois em si esse encontro, do ponto de vista histórico, não pode ter ocorrido. [Teodoro] O estrangeiro responde que prefere o perguntar e para isso aceita Teeteto como interlocutor: ele se envergonharia, por outro lado, de apresentar-se diante deles com um longo discurso. Em caso de necessidade, se Teeteto não conseguir sustentar a conversa, o jovem Sócrates[171] é prometido. O estrangeiro passa então à determinação conceitual do sofista, ele quer primeiro testar o método com um exemplo mais fácil: o conceito de pescador com anzol. Doravante ocorrem longas divisões expositivas do conceito, dicotomias e diaíresis, dividindo o conceito geral em suas espécies e estas novamente em suas subespécies. Longa disputa, que ora se acredita séria ora não (tal como no *Crátilo*). Schaarschmidt demonstrou que elas são consideradas sérias (p. 188). É importante que se torne clara a diferença com o procedimento indutivo socrático-platônico: Sócrates busca alcançar a essência da coisa ascendendo a partir das manifestações: portanto, partindo da multiplicidade sensivelmente apresentada até chegar à unidade conceitual. O sofista, ao contrário, toma o paradigma a fim de tornar sensível a essência da coisa. Assim, ele toma o tecelão como paradigma do soberano não com o propósito de a partir da arte do tecelão indicar o conceito em comum de unir e associar com a arte de governar, mas antes a arte de governar aparece-lhe ela mesma sob a imagem da tecelagem. Para a caracterização do sofista são empregadas as artes do caçador, do pescador, do comer-

---

171. Trata-se de um rapaz homônimo de Sócrates.

ciante e do ilusionista. Sofística como caça ao jovem abastado, de modo que ele negocie por dinheiro uma permuta com pretensos sábios etc. Portanto, a característica universal da sofística é aqui tão somente repetida de maneira abstrata. Por fim, ela é caracterizada enquanto ἐναντιοποιολογική τέχνη, ou seja, como arte de combate e se atribui a ela a εἰρωνεία[172]. O filósofo se ocupa com o ser, o sofista com o não ser. Aqui tem lugar uma importante discussão sobre a teoria das ideias. Concepção da ideia como movente e movida, equipada com alma e espírito, portanto: viva e pensante, forças subsistentes em meio ao agir e padecer: mas sempre como ser imóvel e inalterável, idêntico apenas a si mesmo.

Mais cedo nenhuma alma também lhes fora atribuída, já que elas não deixam de existir como as almas elas mesmas em sua ligação com o mundo sensível. Além disso, sucede que agora a ideia de ser é estabelecida como uma ideia particular em face das demais ideias: agora, manifestamente, todas as outras só *são* ideias por tomarem parte na primeira. As coisas materiais, as quais, segundo a antiga doutrina de Platão, deviam a sua existência unicamente à sua participação nas diferentes ideias, devem-na agora, igualmente, à participação na ideia do ser. Por meio disso, cessa, porém, a antiga oposição, à medida que coisas e ideias tornam-se ambas subordinadas à ideia do ser. É famoso o trecho no qual os εἰδῶν φίλοι[173] e os materialistas são confrontados. Na introdução foi mencionado que os primeiros não são os megáricos: provavelmente, Platão se refere aos defensores de seu antigo ponto de vista, o qual ele próprio, no *Parmênides*, pôs abaixo. Ele opõe às ideias imóveis suas vivifica-

---

172. Ironia.
173. "Amigos das ideias." Referência aos platônicos.

das: uma esfera divina ética e metafisicamente superior, não mais os paradigmas das coisas. Quem toma o *Parmênides* como inautêntico, como Schaarschmidt, pode apenas chegar à rejeição do *Sofista*. Totalmente infeliz é a concepção de Steinharts, segundo a qual *Parmênides* e *Sofista* são estágios intermediários, tendo Platão alcançado sua pura doutrina das ideias no *Fedro* etc. *Sofista*, *Parmênides* e *Político* são diálogos platônicos e pertencem ao último período de vida de Platão.

O político

Continuação: a definição do político, a do filósofo é prometida. Concede-se algum descanso a Teeteto e agora é o jovem Sócrates que responde. Primeiro é obtido que o político verdadeiro e régio é um protetor e tutor dos homens. Isso se comprova então ser obscuro e insuficiente. Agora se interpõe um grande mito sobre as revoluções do mundo. Descrição do tempo primordial exuberante, indicação de ambas as movimentações contrapostas do mundo que se alternam periodicamente. Domínio suave de Cronos, o estado paradisíaco da humanidade, em harmonia com a natureza, sem lei e sem Estado: esta é a vida em sociedade ideal da humanidade. Depois disso, é retomada a determinação conceitual do sofista: todavia, o conceito de tecelão de lã é preparatório. Episódios: para o perdão da verbosidade uma diferenciação da dupla arte de medição, o que resulta na justificação do método dialético empregado aqui e no *Sofista*. Em seguida, segue-se uma classificação dos artesãos em sete grupos. Depois, uma segunda classe de homens, os "profissionais liberais", que servem ao indivíduo ou ao Estado. Trabalhadores manuais, escritores, sacerdotes e profetas.

Terceira série: os falsos reformadores políticos e sofistas, comparados com rápidos leões, centauros e sátiros. Platão mesmo parte de uma monarquia absoluta e ordena as outras formas de constituição da seguinte maneira: monarquia constitucional, aristocracia, democracia constitucional, democracia sem lei, oligarquia e tirania. Em seguida, são isoladas do soberano supremo ainda três determinações: orador, juiz e general, três ofícios que não convêm a ele, considerado enquanto tal, mas antes que servem a ele e lhe são subordinados. O ideal de Estado do *Político* é o domínio do homem real, indicando-se com isso que ele comanda acima das leis, sendo possibilitado pela posse da arte de governar. Essa ἐπιστήμη é algo inteiramente distinto da elevação à ideia no sentido da política especulativa da *República*. A ἐπιστήμη política é uma subdivisão da ἐπιτακτική[174], e no interior desta ela comparece como "a preparação militar do camponês desarmado". Ele é um artista prático, não um pensador teórico. Portanto, diferença essencial em relação ao ideal de Estado platônico. Não esquecer que em *Parmênides*, *Sofista* e *Político* o eleata desenvolve sua teoria e Sócrates não é aprovado ou refutado. Deveríamos, portanto, admitir que Platão, no fim da vida, modificou de tal forma seu método de diálogo que ele se apresenta ele mesmo, duas vezes, como mais jovem e como mais velho, uma vez como Sócrates e outra vez como eleata.

O "filósofo" parece não ter escrito.

Filebo

O último diálogo que pressupõe o *Parmênides*. Sócrates, Filebo, Protarco são os que tomam parte no diálo-

---

174. Arte de comandar.

go. O jovem Protarco, admirador de Filebo, possui um papel de destaque, enquanto Filebo mesmo quase não se pronuncia. Filebo, jovem e belo, defende o ponto de vista de Aristipo: o prazer como a meta suprema do homem. Ele recua da discussão quando Sócrates questiona acerca do bem, levantando a possibilidade de que talvez este não resida nem no conhecimento nem no prazer, mas antes em um terceiro. Protarco ele mesmo o detém, para poupá-lo de ter de intervir: ele não está inseguro de sua opinião e tem fama de ser convicto. Protarco é simpatizante de Górgias na retórica e conhece a erística, ele cresce e ganha força no curso do diálogo. Sócrates é desenhado um tanto genericamente como o sábio. O diálogo não tem ponto de partida nem conclusão: já chegamos em meio à questão, outro ponto de partida é já pressuposto, a disputa entre Sócrates e Filebo sobre a primazia do prazer ou do conhecimento: no fim, remete--se ainda a um suplemento sobre a relação entre amizade sensual e amizade espiritual. Ast toma o diálogo como a parte intermediária de uma trilogia. Importantíssima é então a posição deste diálogo para a doutrina das ideias. Esta última é apresentada sob o ponto de vista da dificuldade do ἓν καὶ πολλά[175]. As ideias apresentadas, na sensibilidade, com referência aos πολλά, como um ἄπειρον[176] infinito, despedaçado e disperso, enquanto elas são representadas por meio de muitas coisas particulares em nossa fantasia. Toda coisa particular seria também, a um só tempo, um uno e um múltiplo, enquanto se constitui de partes que podem ser consideradas por si mesmas. Então várias coisas são deduzidas das aporias do *Parmênides*. Isso leva a uma observação sobre a utilização, pela

---

175. Um e múltiplo.
176. Ilimitado

erística, do ἓν καὶ πολλά, a qual faz a alegria dos jovens aspirantes a filósofos. Protarco intima Sócrates a encontrar um caminho melhor. Sócrates agora faz alusão à dialética, cujo procedimento ele caracteriza por meio de uma contraposição com a erística, e imputa a ela a determinação conceitual. Há que partir das coisas materiais, no interior das quais moram as ideias. Caso tenhamos em mãos uma ideia, então devemos examinar se não seriam duas ou mais, até que, a partir do um originário, não apenas se compreenda que ele é uma multiplicidade, mas antes que ele é uma quantidade. Este seria o método correto transmitido pelos deuses. Agora os sábios o fizeram mais rápido ou mais lento, enquanto eles o fazem a partir do um igualmente para o infinito, no qual lhes escapa o intermediário. Esta seria a diferença entre o procedimento dialético e o erístico. O membro intermediário entre o um e o ilimitado é o número ou a quantidade limitada, que toma parte em ambos. Aqui Platão remete aos pitagóricos.

A forma do *Filebo* é inteiramente similar à do *Sofista* e à do *Político*. O jogo de perguntas e respostas é um envólucro transparente para a comunicação de construções já prontas. Os interlocutores são jovens bem-dispostos, que não criam dificuldades. O mestre os repreende meio a sério meio de brincadeira, os tranquiliza e segue um caminho mais fácil. Assim, o venerável ancião lida com seus alunos: certamente não Platão no referido período megárico: são reproduções de diálogos posteriores desenvolvidos na Academia: Sócrates inclusive não é mais um imprescindível condutor do diálogo. O jovem Sócrates nos é apresentado, historicamente, como um dos membros da Academia (Arist. *Metafísica*, VII, 2, 1036 b). – Portanto, dois grupos devem ser admitidos: Em primeiro lugar, o grupo que vai dos primeiros tempos até a fundação da Academia. Este grupo é dominado pela *República* e por diálogos relacionados (a ele também pertence a parte mais significativa das *Leis*). Todos os demais diálogos são polêmicos: contra todas as diretrizes da cultura: *Górgias, Protágoras, Fedro, Banquete, Fédon* e *Eutidemo*. Em seguida, um grupo inteiramente distinto, proveniente de uma idade mais avançada: *Parmênides, Teeteto, Sofista, Político, Filebo*, transformação essencial da doutrina das ideias, do diálogo, da dialética, uma grande diminuição da força de composição, a doutrina das ideias muito mais mística, a passagem do pensamento ela mesma mais cética. Composição de exaltação mística e ceticismo efético[177]. Parece que Aristóteles [não] conhece pouco esses diálogos: ele combate os primeiros e pertence, manifestamente, aos discípulos da orientação mais antiga.

Nos últimos diálogos, Platão acentua sobretudo o método, possuindo o problema mesmo uma significação secundária. Por isso, os diálogos mais antigos devem ser mais importantes para Aristóteles, já que aqui ele tinha sentenças seguramente platônicas. Além disso, os últimos escritos são todos eles mais fracos em sua concepção. Assim, ele pôde, talvez, deixar intacto o *Parmênides*: embora nós mesmos nem sequer possamos dizer isso em face de tamanho prejuízo.

Pequenos escritos

Alcibíades I: Sócrates diz a Alcibíades que ele certamente estaria admirado de que ele, seu primeiro admirador, não o tivesse abandonado sozinho, enquanto todos os outros já haviam feito isso, e que até aqui ele nada

---

177. Nietzsche se refere à suspensão do juízo.

tivesse falado com ele, o que os outros fizeram em demasia. Antes seu *daímon*[178] o havia impedido. Agora havia compreendido como Alcibíades dominava altivamente seus amantes e os intimidava. É que acreditava não precisar de ninguém. Então Alcibíades revela seus grandes planos. Somente através de Sócrates Alcibíades pode chegar a realizar seus planos. Agora, um diálogo socrático. Somente no que se compreende dão-se bons conselhos: e só se sabe algo quando se aprende ou se reflete por si mesmo. O que Alcibíades sabia e sobre o que desejava aconselhar os atenienses? – Sobre as questões de Estado. Sobre o que há que se aconselhar? Sobre a guerra etc. Trata-se de que isso aconteça do melhor modo. Esse "do melhor modo" é aqui o justo. Alcibíades nada sabe a respeito do justo, mas gaba-se de compreender algo a seu respeito. Mas ele não aconselharia sobre o justo, e sim sobre o útil, opina ele. Todavia, o justo e o útil são o mesmo. Alcibíades hesita: pois ele acredita saber algo que de fato não sabe. Mas Alcibíades não pode permanecer ignorando, por causa de seu inimigo. Sua ignorância fez-se evidente para ele. Como alguém se torna melhor? Para poder cuidar de nossa alma, temos de conhecermo-nos melhor. A saúde própria e a do Estado devem fundar-se unicamente através do autoconhecimento. Alcibíades toma o propósito de tornar-se melhor. Sócrates diz: estou preocupado: não por desconfiança de teu coração, mas antes por medo de que o Estado, cuja poderosa influência eu reconheço, termine se sobrepondo a mim e a ti.

---

178. Sócrates aqui faz referência ao fato conhecido de ser impedido de agir por uma divindade que o acompanhava e que só se manifestava interditando-lhe certas ações e nunca as promovendo. Cf. *Apologia de Sócrates*, 31 d.

Cármides: Sócrates conta como ele, que acabara de chegar de Potideia, dirigiu-se à Palestra[179] e lá teve de contar sobre a guerra. Em seguida pergunta se havia acontecido algo de novo em filosofia e se alguns jovens haviam se distinguido dos demais. Então aproxima-se o jovem Cármides em ruidosa companhia. Sócrates deseja averiguar se ele possui uma bela alma. Crítias o chama com o pretexto de que havia encontrado o médico para a sua dor de cabeça. Sócrates quer tratar primeiro da cura da alma, antes de endireitar a cabeça. As conferências para esta seriam os belos discursos, por meio dos quais a σωφροσύνη[180] chega até ela. Ele pergunta a Cármides se ele seria σώφρων. Cármides a qualifica como certa circunspecção: ἡσυχιότης, κοσμίως καὶ [σὺν] ἡσυχῇ πράττειν[181]. Segunda explicação: ela seria um αἰδώς[182]. Terceira: ela seria o fazer a sua parte. A conversa de Crítias prossegue: segundo alguns – ele explica que ela seria o autoconhecimento e, desse modo: o conhecimento do conhecimento, de si mesmo e do não saber. Mesmo aqui ela não é encontrada e Sócrates qualifica a investigação realizada até aquele ponto como tendo sido conduzida de modo desajeitado, considerando-se ele próprio incapaz de levá-la adiante.

Hípias maior: Hípias explica que o motivo de vir tão raramente a Atenas é que sua cidade natal, Élis, necessitaria dele para todas as importantes missões diplomáticas. Em seguida, um elogio irônico de Sócrates. A menção a um belo discurso de Hípias faz Sócrates recor-

---

179. Pátio em Atenas onde eram praticados exercícios físicos e onde se reunia a juventude.
180. Moderação.
181. Agir com tranquilidade, de modo ordenado e sem agitação.
182. Pudor.

dar-se de que a questão sobre o que seja o belo havia sido colocada a ele de uma feita no passado. Ele quer agora ser instruído a esse respeito por Hípias. Primeira explicação: um belo objeto é belo. – Mas deveria ser dito por meio de que algo é belo. Segunda explicação: o que torna tudo belo é o ouro. Terceira: o que de forma incondicional e em tudo é belo é a riqueza, saúde e dignidade e uma vida longa. Sócrates quer então ele mesmo vir em seu auxílio. Ele propõe esclarecer o belo pela elegância. Em seguida, pelo útil. Depois, pelo que deleita. Depois, pelo prazer que chega por intermédio de olhos e ouvidos. Por fim, perplexidade.

Hípias menor: Entre Eudico, Sócrates e Hípias. Contra a sentença defendida por Hípias em um de seus discursos pomposos, segundo a qual Aquiles seria melhor do que o mui hábil Odisseu, Sócrates levanta objeções. O mentiroso deliberado, pelo fato de que também conhece a verdade, seria mais sábio e mais sensato do que o mentiroso não intencional, o qual, quando diz a verdade, nisso mesmo procede sem consciência. Hípias acusa Sócrates de fazer sofistaria. Então, Sócrates demonstra, em muitos exemplos, que o mais inteligente e mais forte também poderia ter ocasião de fazer intencionalmente algo incorreto e assim parecer não sábio. Apenas o homem moralmente bom pode agir conscientemente (*wissende*) de modo injusto: ao contrário, é próprio do homem perverso, e apenas dele, fazer o mal inconscientemente. Perplexidade generalizada.

Teages: Ele quer ser instruído em sabedoria. Em qual: fica claro que ele tem em vista a sabedoria política (*Staatsweisheit*). Como professores nesta sabedoria os grandes homens de Estado demonstram ser incapazes. Os sofistas o fazem por dinheiro: mas é melhor deixar-se instruir de graça por um ateniense experiente. Então, o pai de Demodoco e seu filho instam com Sócrates para que este o aceite e então ele se decide, após longa hesitação, a fazê-lo e fornece extensos esclarecimentos sobre o daímon. Pequeno e admirável diálogo.

Anterastes: Sócrates narra. Ele vem para junto do gramático Dionísio, onde encontra muitas pessoas jovens com seus namorados. Vê dois jovenzinhos com grande zelo traçarem um círculo e entrarem em disputa. Sócrates pergunta o que os ocupa de grande e belo. Um dos namorados diz: eles papeiam sobre as aparências do céu e jogam conversa fora enquanto filosofam. Surge a questão: que é filosofia? Um musicista esclarece: é o saber de tudo quanto há, a fim de compreender aquilo sobre o que se fala e poder conversar a respeito. Os filósofos são semiconhecedores: o filósofo não presta para nada, enquanto há mestres em cada arte e inclusive imprestáveis e ruins. Isso é refutado.

Hiparco: Um adversário, que não é nomeado, entra em disputa com Sócrates. O resultado é que todo homem é amante do lucro. Jogo com ἄξιος[183] e κέρδος[184] lucro, busca do lucro e vantagem. Um longo discurso sobre Hiparco (filho de Pisístrato) acabou dando o nome ao diálogo – atualmente julgado inautêntico. Böckh[185] publicou-o, em 1810, juntamente com três outros diálogos, sob o nome de Símon. Entre os 33 diálogos encadernados (σκυτικοι[186]) encontram-se os títulos: περὶ δικαίου, περὶ ἀρετῆς, ὅτι [οὐ] διδακτόν, περὶ φιλοκερδοῦς, περὶ νόμου[187]

---

183. Valor.
184. Lucro, ganho.
185. August Böckh: Filólogo e historiador alemão.
186. Sapateiros.
187. Sobre o justo, sobre a virtude, que [não] pode ser ensinada, sobre a avidez de ganho, sobre a lei.

(Minos, sobre a justiça e sobre a virtude). Φιλοκερδής[188] é o título complementar.

Minos (περὶ νόμου): Um homem já idoso conversa com Sócrates. O nome se origina do elogio de Sócrates ao sábio rei de Creta.

Axíoco: Clínias, filho de Axíoco, pede ajuda a Sócrates: seu pai encontra-se prestes a morrer e mostra-se muito assustado. Então, em uma longa conversa, Sócrates vence seu medo da morte a tal ponto que ele anseia por ela. Por fim, um mito do mago Gobrias.

Epínomis, o 13º livro das *Leis*. Alguns resíduos do antigo platonismo pitagorisante. Qual é a ciência propriamente dita do sábio na administração da cidade? O saber dos números é o saber supremo. Muito solene e místico, o diálogo é atribuído a Filipo de Opunte[189].

Περὶ τοῦ δικαίου: Sócrates com um amigo. Mesma indignidade de Símon. Não sem hesitação ética.

Περὶ ἀρετῆς: Muito semelhante ao *Mênon*, mas com a remoção de toda dialética. A sabedoria política não é nem ensinável nem inata, mas antes obtida por meio de um propósito divino.

Demódoco: I. Sobre deliberação e II. Se no agir deliberado ambas as partes deveriam ser estabelecidas. III. Quando se deve ou não conceder um empréstimo. IV. Quando se deve dar alguma coisa a alguém. Sem designar a pessoa. "Tu me convidas, caro Demódoco", é como começa.

---

188. Avidez de ganho.
189. Discípulo de Platão e membro da Academia. Passa por ter sido confidente de Platão. Após a morte do mestre, ficou responsável pela edição das *Leis*. Segundo Diógenes Laércio, é o verdadeiro autor de *Epínomis*. Nietzsche deve ter se baseado no autor de *Vida e doutrina dos filósofos ilustres*.

Sísifo περὶ τοῦ βουλεύεσθαι em diálogo com Sócrates em Farsalos[190]. Sobre o conceito de deliberação. Os que se reúnem para deliberar devem deixar-se conduzir pelos sábios.

[Διαιρέσις]. Οροι Distinções conceituais, possivelmente de Espeusipo, sobrinho de Platão. Então seria o caso de sublinhar que ele leva em consideração o *Epinomis*.

Laques: Diálogo entre Lisímaco, Melésias, Nícias, Laques e Sócrates. O benefício pedagógico do combate armado (*Hoplomachie*[191]) é seu início. Como condição fundamental para a resposta a tais questões pedagógicas exige-se um conhecimento do conceito de virtude: do qual a coragem é apenas uma faceta. Diferentes esclarecimentos. A verdadeira coragem, como de resto toda virtude, é um aspirar aos bens permanentes. Seu objetivo mais imediato é o de obter um bem futuro e escapar a um mal futuro. Coragem é o saber daquilo que se deve com razão temer e não temer. A referência aos bens verdadeiros e permanentes funda a diferença entre a coragem habitual e a audácia (*Tollkühnheit*). O conceito específico que distingue a coragem das demais virtudes não é encontrado: pois todas as virtudes se referem aos bens permanentes. Uma continuação da discussão é prometida.

Alcibíades II: Com Sócrates no diálogo. Como se deve fazer preces e orar? Nenhum conhecimento possui o mínimo valor sem o conhecimento do melhor. Se a oração encontra-se vinculada ao conhecimento do bem supremo, então ele sabe como deve lidar com os deuses. Os deuses não são determinados por meio de sacrifícios e oferendas, como se fossem seres cheios de desejos ávidos, mas somente justiça e devoção possuem valor para

---
190. Localizada na região da Tessália, Grécia central.
191. Nietzsche translitera a palavra grega ὁπλομαχια.

eles. Alcibíades, finalmente, passa a Sócrates uma guirlanda, que ele quis consagrar aos deuses, e renuncia a todas as orações o tempo que for preciso até que Sócrates o instrua sobre as coisas divinas. Um próximo diálogo versando sobre a devoção é prometido. Autenticidade duvidosa.

Eutífron: um ortodoxo culto, entusiasta de mitologia e teologia, fazendo-se ridículo com um discurso profético. Sócrates pergunta a ele sobre a essência da devoção. A devoção como conceito subordinado ao de justiça, justiça em face dos deuses. Protesto contra os perigosos e imorais ensinamentos da religião popular (Zeus, Cronos, Urano) e defesa de Sócrates diante de uma acusação caluniosa. O diálogo termina jovialmente.

Apologia de Sócrates: Veementemente atacado por Ast, então defendido por Socher. Zeller e Überweg o tomam por atestado: mas ambos têm sempre ainda a opção de escolher entre um "autêntico discurso de defesa de Sócrates" e "uma livre idealização". A apologia de Xenofonte é uma insignificante e humilde obra desgraciosa, sem qualquer importância para a presente questão. No fundo, todos os diálogos de Platão são apologias do morto. Manifestamente em um sentido muito mais elevado. Em todo caso, ela quase que unicamente fica bem ao modo da escritura platônica: mas já se deixa pensar como preciosa relíquia para o amigo assentada a partir da memória. Muitos presumem um início de sua carreira de escritor. Isto é inverossímil[192]. A composição é simples e digna, de estilo puro. Em todo caso, não se trata de um discurso de defesa ideal: pois no *Fedro*, no *Banquete* e no *Górgias*, logrou uma defesa muito mais grandiosa. Havia na escola tardia um exercício muito em voga de escrever uma apologia. Autenticidade não segura.

---

192. Menexeno, Críton, Eutífron, [Laques], [Alcibíades II], *Apologia*.

Aristóteles conhece nossa *Apologia*, mas ele não diz que a toma por platônica. Ele diz: Σωκράτης εἴρηκεν ou ἔ φη[193] etc.

Menexeno foi qualificado não faz muito tempo, unanimemente, como inautêntico. Mas Aristóteles o conhece: *Retórica*, I, 9, e III, 14. Um λόγος ἐπιτάφιος[194] de Sócrates. O conteúdo do diálogo é indigno de Platão: não há nenhum fundamento para reconhecer com que fim o filósofo haveria de compor tal peça. Sobre isso, conferir os estudos de Zeller sobre Platão: pp. 144-9. Schaarschmidt nega também o testemunho através de Aristóteles.

Críton: Talvez também um esboço como a *Apologia*, de modo que Platão não escrevesse em seu próprio nome e sob a sua própria responsabilidade. Trata-se assim, sem dúvida, de escritos totalmente isolados. Antes, Sócrates é em toda parte apenas um invólucro de Platão. Ast acredita que ele seria um escrito platônico atado à posição do *Fédon*: "de há muito esses nervos e tendões estariam em Mégara ou na Boécia, se eu não julgasse mais justo suportar a penalidade imposta pela cidade"[195]. Ambos os escritos pertenceriam ao caráter de ἀπομνημονεύματα[196] de Xenofonte: do qual Platão já havia se liberado inteiramente. Schaarschmidt deseja manter afastada do antigo amigo de Sócrates, Críton, a denúncia de ter querido levar o filósofo a uma ação assim tão indigna dele próprio[197]: tanto mais que este já poderia saber que Sócrates não aceitaria semelhante proposta.

---

193. Sócrates falou ou disse.
194. Elogio fúnebre.
195. *Fédon*, 99 a.
196. Memórias.
197. A ação indigna seria a fuga mediante suborno.

PARTE III

No primeiro capítulo, com o problema amplamente reconhecido, chamar a atenção para a minha tese. Para compreender corretamente a vida, precisamos ter como regulativa uma imagem de conjunto psicológica.

Capítulo II. A filosofia de Platão como testemunho proeminente do homem Platão
[Esboço da filosofia de Platão]

§ I. *Timeu*, p. 51 d. Dois modos de conhecimento: conhecimento racional (νοῦς) e opinião correta (δόξα ἀληθής). Eles são diferentes, pois surgem diferentes. O primeiro através da instrução, o segundo através da persuasão; o primeiro é fundamentado, e o segundo não fundamentado; o primeiro não é abalado por persuasão, enquanto o segundo muda através dela; do primeiro, somente Deus e poucos homens tomam parte, do segundo, todos os homens.

Duas espécies de objetos de conhecimento: as ideias imutáveis, inalteravelmente iguais a si mesmas, imperecíveis; as coisas materiais engendradas, cambiantes e perecíveis.

§ 2. Acerca do esclarecimento de Aristóteles, em *Metafísica*, A 6, M 4: Platão conheceu primeiro a doutrina heraclítica, segundo a qual todo o sensível encontra-se em um fluxo constante, disso concluindo que nenhum saber é possível, e permanecendo em seguida também ele fiel a essa visão. Mais tarde, por intermédio de Sócrates, pai da indução e da definição, encontrou um saber, não sobre algo sensível, mas sobre o domínio ético. Assim, ele chegou à visão de que o saber e a determinação conceitual, à qual o saber está ligado, se referem unicamente às coisas não sensíveis, e a tais objetos deu o nome de ideias. 1. Platão supõe ideias onde quer que seja possível uma determinação conceitual, um κοινός ὅρος[1]: mas o conceito não é ele mesmo uma ideia, antes a ideia é que é o objeto que é conhecido através do conceito. 2. Objetos de determinações conceituais universais não são as coisas sensíveis, mas antes outro gênero de ente. 3. A razão para cindir as ideias das coisas sensíveis reside no fato de que ele viu (*sah*) o sensível em constante fluxo e mudança e, por isso, não o considerou (*ansah für*) um objeto do saber: mas, com Sócrates, ele considerou o ético conceitualmente cognoscível. Mas os conceitos éticos fornecem apenas a ocasião para a cisão, o ético e o "ideal" não coincidem. Platão acreditou, com Heráclito, que todas as coisas individuais encontram-se em um fluxo constante, por meio de Sócrates ele encontrou a determinação conceitual universal: como as nossas percepções sensíveis (intuições) correspondem aos objetos individuais, então também nossos conceitos universais deveriam corresponder a objetos imutáveis, como os próprios conceitos.

---

1. Definição comum.

O conceito (νόημα) não poderia simplesmente ser na alma, sem que a ele correspondesse algo da realidade. Herbart: "Considerem-se esses conceitos universais como conhecimentos de objetos reais e efetivos, os quais, cada um a seu modo, tal como o conceito que lhe é correspondente, só existe separado de tudo o mais: tais objetos reais são as ideias platônicas." Aos conceitos, assim sendo, correspondem muitas coisas efetivas, que por eles são conhecidas. O imutável e persistente não é algo como o caráter genérico e a lei da natureza, mas antes existe ao lado do particular e acima da mudança (não no particular, não através da mudança).

§ 3. Referência à doutrina de Heráclito. Foi a opinião de Heráclito ou a dos heraclíticos que Platão efetivamente admitiu? O que significa a sentença de Heráclito πάντα χωρεῖ καὶ οὐδὲν μένει[2]? Caso se diga que a matéria das coisas se modifica continuamente, então isso significa que toda coisa renova constantemente a consistência de suas partes: caso se diga que toda coisa particular se vai e que nenhuma permanece, então isso significa apenas que nenhuma coisa permanece, em sua existência individual, para a eternidade, por mais que ela ao longo de muito tempo não se modifique. No último caso, todo o peso recai sobre o οὐδὲν μένει e o πάντα χωρεῖ significa simplesmente que toda coisa, um dia, deve ceder o seu posto. No primeiro caso, χωρεῖ possui um sentido bem acentuado e οὐδὲν μένει se refere, por sua parte, à substância: nenhuma partezinha dela permanece o que ela é, por exemplo: nenhuma parte da terra, por mais ínfima que seja, permanece terra e somente é terra por um momento. Então, tudo aquilo que persiste espacial e qualitativamente seria, sem dúvida, de modo radical e defini-

---

2. Tudo flui e nada permanece.

tivo, banido do mundo e seria o caso de que aquilo que Platão qualifica como sendo a visão dos heraclíticos é que nenhuma coisa é isto ou aquilo, mas antes ela apenas vem a ser continuamente. Esta interpretação é a de Platão. Nisso ele segue os heraclíticos: enquanto Heráclito, como o demonstra Schuster, pp. 207 ss., quer dizer apenas que nenhuma coisa no mundo escapa ao ocaso final. Οὐδὲν δὲν μένει possui a ênfase principal. Céu e terra perecerão: porque nada permanece, por esse motivo nenhuma meta pode ser finalmente fornecida mediante a qual tudo seguiria rumo a um aperfeiçoamento contínuo. O agir da natureza é comparado à ação de um oleiro, que modela na argila figuras e criaturas e em seguida, novamente, as amassa e desfaz. Nada pode permanecer definitivamente, julga Heráclito.

§ 4. É de Heráclito a seguinte conclusão: "tudo flui, por conseguinte não é possível nenhum conhecimento (ἐπιστήμη) sobre o ser junto às coisas sensíveis"? Não. Tampouco ela procede do heraclítico Protágoras, mas antes de Crátilo. Protágoras acreditava sim que havia uma ἐπιστήμη e que ela era o mesmo que a αἴσθησις e que sobre ela repousava a δόξα (portanto: ἐπιστήμη = δόξα = αἴσθησις). Ele crê que havia apenas uma espécie de conhecimento, mas que havia conhecimento, muito embora este último não possuísse validade universal. Heráclito não é absolutamente o pai daquela doutrina do desprezo pelos sentidos: ao contrário, foi ele quem primeiramente fundou a μάθησις[3] sobre a ὄψις[4] e a ἀκον[5], portanto reflexão sobre o fundamento da experiência

---

3. Desejo de instrução, aprender, conhecer.
4. Visão.
5. Audição.

(crença incondicional na γνῶσις⁶): contra o seu mundo, como o mundo da δόξα, polemiza Parmênides. Os discípulos de Heráclito persistiram nessa direção: "caso haja em geral conhecimento então ele provém dos sentidos, pois muito menos ainda haveria um conhecimento não sensível".: Assim puderam surgir dois direcionamentos. Os primeiros não mais confiaram nos sentidos e perderam a base para todo saber: tipos melancólicos, como Crátilo, desesperaram-se por completo e limitaram-se ainda apenas a mover o dedo⁷. Os outros (Protágoras) deixaram-se bem menos desconcertar e concederam apenas que, enquanto pertencente a ela, não resulta da αἴσθησις um conhecimento de validade universal: mas, como somente este poderia ser a fonte do conhecimento, então restaria apenas admitir um conhecimento individual. Eles negaram que alguém pudesse saber algo a respeito das representações e das percepções de outro: assim não poderia apontar a existência de contradições neste último. Conhecimentos individuais não podem ser refutados. – Platão parte assim de um ceticismo desesperado em relação a todo conhecimento em geral, e não apenas em relação às coisas sensíveis (antes de travar conhecimento com Sócrates). Ele não acredita mais na possibilidade do conhecimento, pois encontra-se sobre a base de Crátilo: "só poderia haver conhecimento através dos sentidos". Precisamos admitir, como primeiro efeito da filosofia sobre Platão, um desespero melancólico. Com isso, toda a vida moral fora reduzida a nada, não havia mais nenhuma norma a seguir, todos os conceitos

---

6. Conhecimento proveniente da experiência.
7. Referência de Nietzsche possivelmente a uma passagem do livro IV da *Metafísica* (1010 a 10), na qual Aristóteles afirma que Crátilo desistiu do discurso e limitava-se a mover o dedo, apontando.

estão no fluxo, o indivíduo não possui nenhuma sustentação e não conhece nenhuma medida, nenhum limite. Aqui restaria somente a alternativa de Protágoras: o culto ao indivíduo, o homem como medida de si mesmo. Platão não encontra essa alternativa. Temos de considerar esta aflição como sendo antes de tudo moral. Desprezo pela realidade.

§ 5. A influência de Sócrates. Platão havia formado as seguintes convicções: 1. O devir e a mudança não podem jamais ser atribuídos à verdadeira essência das coisas: isso caso haja tal essência. Pois o ente deve ser sempre idêntico a si mesmo e não pode se contradizer. 2. O erro e a aparência não pertencem à essência das coisas. Algo a respeito de que são possíveis opiniões de diferentes espécies, por exemplo, a natureza em seu conjunto, não pode ser a essência das coisas. Ou o conhecer pertence ele mesmo ao ser, e então ele não pode deixar de ser verdadeiro, ou ele pertence ao devir e à aparência, e então ele não pode deixar de ser cambiante e falso. O verdadeiro saber haveria de referir-se ao que permanece e assim ser também ele permanente e inabalável. Haveria tal saber? Crátilo nega que ele exista: então tampouco haveria um ser verdadeiro das coisas ou ele seria totalmente imperceptível e não nos diria respeito. Por conseguinte, estaríamos condenados a viver em um mundo totalmente nulo, que sempre se contradiria a si mesmo, na aparência e na obscuridade. Sócrates verifica que a maioria dos homens vive dessa maneira, e antes de todos os maiores e mais célebres: eles se prendem à ilusão: sua grandeza não tem valor, pois ela repousa sobre a ilusão, não sobre o saber. Ao desprezo pela realidade Sócrates acrescenta o desprezo pelos homens. Ele emancipa Platão da veneração. No mundo da aparência dos sentidos haveria apenas grandezas aparentes e ruidosas (o próprio Homero, Péricles etc.).

§ 6. Combate contra a "sensualidade". O desprezo e o ódio de Sócrates dirigidos contra a realidade eram antes de tudo um combate contra a realidade de todas a mais próxima, aquela que importuna o pensador, a saber: carne e sangue, cólera, paixão, voluptuosidade, ódio. Segundo o testemunho de Zópiro, ele era forte, disposto a isso e havia aqui triunfado[8]. Sócrates transferiu esse ódio contra a sensualidade a Platão: tornar-se o mais possível livre dos sentidos converteu-se em dever moral. Os sentidos como perturbadores do homem moral, os sentidos como perturbadores do pensador. É possível libertar-se deles: somente assim o verdadeiro conhecimento seria possível. Ou sem os sentidos não haveria nenhum conhecimento? Haveria um pensar ao qual os sentidos não fornecessem a sua matéria? Não primeiramente *in sensu*, mas antes *in intellectu*. Algo assim ele enconou!

§ 7. Os conceitos socráticos. O que é o justo? O que é o belo? Não vemos jamais o belo e o justo, mas antes sempre apenas nomeamos uma coisa particular de bela e justa. De onde retiramos esses conceitos? Não da experiência. Antes pelo contrário os introduzimos na experiência e a ela os aplicamos. Nós os temos em nós mesmos; não se trata de algo que existiria primeiro *in sensu* e depois *in intellectu*. Ninguém viu o belo, o igual etc.; de onde sabemos algo a seu respeito? Surge a questão capital a respeito da origem dos conceitos. Deve-se pensar

---

8. O fisionomista Zópiro provou espanto ao declarar que Sócrates possuía "olhos de pederasta", ao que este respondeu, a fim de aplacar a ira de seus discípulos e admiradores contra o primeiro: "amigos, acalmai-vos, eu sou como ele diz, só que me contenho, e isso ele não pode saber". Cf. João Cassiano, *Consolações*, XIII, 5. 3. Há referências ao episódio também em Cícero: *Tusculaneae Disputationes* 4. 80, e *De fato*, 10-11. Na verdade, o referido testemunho de Zópiro é menos dele do que de Sócrates.

que Platão partiu de abstrações tais que "bom", "belo", "justo" e não do conceito "cavalo". Ele nega que a abstração seja abstraída. Como o que sempre permanece poderia ser abstraído do que não cessa de mudar?!

§ 8. Crítica da capacidade de conhecer. Haveria: 1. Representações, dependentes dos sentidos, mutáveis, sujeitas ao erro e à contradição, que tornam o homem intranquilo, sensual e perverso. 2. Conceitos, não sensíveis, [ou] sem correlato no mundo sensível, permanentes, que tornam o homem firme, moral e tranquilo, como Sócrates. O pensamento lógico como fundamento da moralidade, a representação e a opinião ilógicas como fundamento da imoralidade.

§ 9. Distinção de duas espécies de ser. Tal como a δόξα se comporta para com a ἐπιστήμη, assim também deve comportar-se o mundo empírico do devir para com o mundo do ser. A existência da ἐπιστήμη comprova um mundo do ser. O existente (*Dasein*) empírico é uma espécie totalmente ruim e imperfeita de ser, correspondente à δόξα, a espécie ruim e imperfeita de pensar. A δόξα refere-se ao mundo sensível, mas e quanto a ἐπιστήμη? O que representa e o representado se reportam um ao outro, assim como o que pensa e o pensado. Qual é o conteúdo ou o objeto do pensamento? Qual é o ser que é conhecido pelo pensar? Qual é o correlato do conceito como o mundo sensível é o correlato da δόξα? O saber pode unicamente referir-se ao verdadeiro ser. Mas, por meio de Sócrates, Platão aprendeu que havia um saber: todavia, Sócrates não encontrou os objetos, pois ele não encontrou os puros conceitos. Mas encontrou o método de como se deveria buscar conceitos. Essa é a dialética.

§ 10. Dialética como caminho para o conhecimento do ser. Somente um conceito perfeitamente circunscrito, um conceito conhecido de todos os lados e sem lacunas pode abrir acesso ao ente. Portanto, há que esforçar-se em dar caça aos conceitos com a dialética, superar todo pensamento obscuro, e eliminar todo engano e toda ambiguidade. A missão de vida do filósofo torna-se então encontrar o reino do conceito, deduzi-los um a um e alargar o conhecimento pleno. Na Academia, todo ensinamento refere-se à dialética. Platão nada sabe a respeito de uma apreensão intuitiva das ideias, o caminho para o conceito é sempre a dialética: ao conceito correto (*richtige*) corresponde, assim, de maneira necessária, um ente que, naturalmente, não pode ser visto ou percebido senão por meio do conceito. O ensino por meio da dialética é contraposto à persuasão por meio da retórica e da escrita. Estas últimas não produzem nenhum saber, mas antes apenas uma δόξα.

§ 11. Imagem do filósofo consumado. Este vive inteiramente nas mais puras abstrações, nada mais vê e nada mais ouve, não mais tem apreço pelo que os homens têm apreço, odeia o mundo real e busca propagar o seu desprezo. Vive como em uma caverna, depois que viu a luz do dia e os verdadeiros ὄντα[9]. Os outros homens precisam tomá-lo como louco, caso ele os aconselhe a não mais acreditar na realidade das coisas que eles veem e ouvem. O homem platônico se diferencia sensivelmente do socrático: pois Sócrates diz (Xenofonte, *Memoráveis*, III, 9): "O melhor homem e o que os deuses mais amam é aquele que, sendo agricultor, cuida da melhor maneira do cultivo do campo, e, sendo médico, das coisas relacionadas à arte médica, enquanto na vida política cuida da melhor maneira de seus deveres para com a cidade. O homem, porém, que não se aplica a nada nem é útil nem é admitido pelos deuses." Sócrates era um bom

---

9. Entes.

cidadão, Platão um mau cidadão, como ousou dizer Niebuhr. Isso significa que ele travou um combate de vida e morte contra todas as relações políticas em vigor e era um revolucionário de um tipo extremamente radical. A exigência de formar os conceitos corretos de todas as coisas parece inofensiva, mas o filósofo, que acredita tê-los encontrado, trata todos os outros homens como loucos e imorais e todas as suas instituições como loucuras e entraves ao verdadeiro pensar. O homem do conceito correto (*richtigen*) quer corrigir (*richten*)[10] e dominar: a crença de possuir a verdade torna fanático. Essa filosofia parte do menosprezo pela realidade e pelo homem: logo cedo ela manifesta uma veia tirânica. Platão parece, por meio da *Apologia de Sócrates*, ter concebido o pensamento decisivo de como o filósofo deve comportar-se em relação aos homens, a saber: como seu médico, como um freio sobre a nuca dos homens. Ele intensifica o ideal e apreende os pensamentos: a ciência deve reinar: o sábio, que é quem se encontra na máxima proximidade dos deuses, deve ser legislador e fundador da cidade. Os meios que ele emprega são: associação com os pitagóricos, tentativas práticas em Siracusa, fundação da Academia, atividade de escritor e combate incansável contra o seu tempo.

---

10. Nietzsche faz aqui uma correspondência entre o adjetivo *richtig* (correto, exato) e o verbo *richten* (corrigir, dirigir, julgar). Com isso quer dizer que a busca do conceito correto tem o seu fundamento na vontade de domínio. Mais tarde, essa compreensão amadurecerá na ideia de que a "vontade de verdade" possui seu fundamento, em última instância, na "vontade de poder". Impressiona que essa compreensão tão decisiva e tão característica do Nietzsche das últimas obras já esteja aqui claramente indicada neste curso introdutório sobre a filosofia de Platão. Numa interpretação mais ousada, poderíamos dizer que o decisivo no pensamento de Nietzsche surge, ainda muito cedo, nesta confrontação metafísica com Platão, ainda sobre a forma de uma introdução à leitura de seus diálogos.

§ 12. Uma falsa dedução da doutrina das ideias de Platão. Desespero em relação ao saber, em seguida convicção a respeito da possibilidade do saber, a dialética como caminho para este – eis a gênese histórica da doutrina das ideias. Agora, admite-se, frequentemente, outra gênese, a partir da intuição estética; a expressão "ideia platônica" (idealizar) obteve cidadania na Estética. O que se entende por isso? Schopenhauer, *Parerga*, II, 78: "a escala correta para medir a hierarquia das inteligências fornece o grau, no qual elas concebem de modo sempre mais universal as coisas meramente particulares. O animal conhece como tal apenas o particular e, portanto, na concepção do individual, permanece totalmente acanhado e confuso. Todo homem, porém, reúne no conceito o individual e este conceito torna-se sempre mais universal, tão mais alta se encontra a sua inteligência. Se esta concepção do universal penetra também no conhecimento intuitivo, e não apenas os conceitos, mas antes também o intuído é imediatamente apreendido como um universal, então surge o conhecimento da ideia platônica". Portanto, apreensão intuitiva do universal – gênese da ideia platônica. Isso é historicamente verdadeiro?

§ 13. Oposição entre arte e ciência. A ciência se refere às leis, à conexão e às razões dos fenômenos. Com o auxílio dos conceitos, ela abarca o universal, do qual faz derivar o particular. A etiologia considera as modificações, a morfologia, o que permanece. A história do gênero humano, a massa dos acontecimentos, a mudança dos tempos, as formas multifacetadas da vida humana em diferentes séculos e em diferentes povos, tudo isso corresponde apenas à forma acidental da manifestação da ideia, sendo para a ideia ela mesma algo tão estranho, inessencial e indiferente quanto o são para as próprias nuvens as figuras que elas apresentam, para o regato a forma de seu redemoinho e para o gelo suas flores. Os acontecimentos do mundo, o tema da ciência, são apenas os tipos ou caracteres a partir dos quais se torna legível a ideia do homem. Está no mundo como no drama de Gozzi[11], no qual se apresentam sempre os mesmos personagens, com a mesma intenção e o mesmo destino; os motivos e os eventos sem dúvida são diferentes em cada peça, mas o espírito dos acontecimentos é o mesmo. As pessoas de uma das peças não sabem absolutamente nada do que sucedeu na outra, na qual elas mesmas agiram. O mundo da mudança, das leis e das relações é o tema da ciência. Seu material são os conceitos, seu método as razões. A arte, ao contrário, a obra do gênio, considera o único essencial do mundo, a substância dos fenômenos, ela reitera as ideias eternas compreendidas por meio da contemplação. A primeira forma de consideração é a de Aristóteles; a segunda seria a de Platão? A primeira se assemelha às inumeráveis gotas de água de uma cascata movendo-se com violência, a segunda ao tranquilo arco-íris que paira sobre esse furioso tumulto. Genialidade é a capacidade de comportar-se de maneira puramente intuitiva, de perder-se na intuição. O gênio vê nas coisas não aquilo que a natureza efetivamente formou, mas antes aquilo que ela se esforçou por formar, mas não chegou a atualizar. Ele compreende a natureza por caminhos inconclusos e pronuncia com pureza o que ela apenas balbucia; ele imprime ao duro mármore a forma da beleza, que a natureza falha em milhares de figuras e grita como que a esta última: "Sim, aí está o que tu querias dizer." Só assim o grego podia encontrar o arquétipo (*Urtypos*) da forma humana e erigi-lo como câ-

---

11. Carlo Gozzi (1720-1806), dramaturgo italiano cujos personagens são os da *Commedia dell'arte*.

non da escola do escultor. E somente graças a tal antecipação é que nos é possível a todos nós reconhecer o belo ali onde a natureza falhou. Esta antecipação é o ideal. Na arte a alma humana ultrapassa a beleza dada na natureza e esta deve ser considerada impossível caso não seja próprio da alma uma ideia do belo, a qual atende pelo nome de ideal, e cuja comparação com a natureza dada determina, em primeiro lugar, o que nela é belo e o que não é. A natureza é obtusa, o artista deve primeiro esclarecê-la, diz K. Hillebrand[12]. Quem olhar admirativamente um quadro de Ticiano descobrirá uma massa de cores: azul, vermelho, amarelo, verde, que ele jamais percebeu na natureza em carne e osso; e é precisamente com as linhas dos músculos e dos ossos que o escultor nos dá a ver. Estas cores e linhas o artista de forma alguma as inventa; elas se encontram na natureza, mas o artista as acentua e as sublinha com leveza. Nosso olho é insensível a cores e contornos; não pensamos, de forma alguma, quando vemos uma cabeça, que a pele aparece diferente sobre os ossos, sobre a cartilagem, sobre a carne e sobre a gordura: o artista nos torna visível imediatamente tudo isso.

§ 14. Platão parte da ideia estética? Para isso, seria necessário que ele tivesse partido do mundo visível. Schopenhauer representa Platão estando diante de um animal e dizendo: "este animal não possui nenhuma existência verdadeira, mas antes apenas uma existência aparente, um devir constante, um ser (*Dasein*) relativo, que tanto pode chamar-se de ser quanto de não ser. So-

---

12. Karl Hillebrand (1829-84). Nietzsche fez-lhe uma menção elogiosa em *Ecce homo*. Trad. Paulo César de Souza. São Paulo: Companhia das Letras, 1995, p. 69: "este último alemão humano a saber empunhar uma pena".

mente a ideia é verdadeiramente existente (*seiende*), a ideia que se reflete neste animal ou o animal em si mesmo αὐτὸ τὸ θηρίον, o qual não depende de nada, mas antes é em si e por si παθ' ἑαυτὸ ἀεὶ ὡσαύτως, não veio a ser nem tem fim, mas antes sempre existe do mesmo modo ἀεὶ ὂν καὶ μηδέποτε μήτε γιγνόμενον μήτε ἀπολλύμενον. Enquanto só reconhecermos neste animal a sua ideia, é totalmente indiferente e insignificante que tenhamos agora este animal diante de nós ou seu antepassado que viveu milhares de anos antes, distante como se aqui estivesse ou em um país distante, apresentando-se nesta ou naquela posição, neste ou naquele comportamento, se é finalmente este indivíduo ou outro qualquer da mesma espécie: tudo isso é nulo e diz respeito unicamente ao fenômeno: somente a ideia do animal possui um ser verdadeiro e é objeto de um conhecimento efetivo"[13]. Seria possível que alguém chegasse a admitir as ideias a partir da consideração do mundo visível, mas Platão não chegou até elas por esse caminho. Ele também admitiu a ideia do animal, mas somente mais tarde. A doutrina das ideias não tem sua gênese na consideração do mundo visível. Por conseguinte, tampouco ela possui uma origem estética, pois a contemplação estética pressupõe precisamente a efetividade do que pode ser visto. Não foi a partir do visível que Platão chegou à doutrina das ideias, mas somente a partir de conceitos não visíveis, como os conceitos "justo", "belo", "igual" e "bom".

§ 15. Outros argumentos contrários à gênese estética. 1. A dialética como caminho para as ideias. 2. O desapreço de Platão pela arte, que ele concebe de maneira totalmente não estética. 3. Sua simpatia pela matemática. É essencial que não se desfigure por completo a sua

---

13. Citação de *O mundo como vontade e representação*, livro III, § 31.

imagem: seria ele uma natureza artística peculiar que se voltou para a filosofia? Teria se inspirado precisamente nas artes plásticas? Seria alguém que venera a intuição, uma apreensão mística do coração das coisas? (O que Schelling chamou de intuição intelectual.) Seria verdade que Platão "segue mais o modo de conhecer a partir do qual se originam as obras das belas-artes de toda espécie, enquanto Aristóteles, ao contrário, era o pai das ciências, que as edifica e assinala para cada uma seu domínio específico e seu método peculiar: Aristóteles, que, tanto quanto possível, deu importância ao campo da experiência; Platão, que, precisamente, não poderia encontrar, no essencial, nenhuma abordagem científica, mas apenas uma abordagem mítica"? Veremos se a abordagem mítica é realmente conclusiva aqui. Primeiramente, portanto, a dialética, "a dádiva suprema dos deuses, o verdadeiro fogo de Prometeu (*Filebo*, 16 b), propriedade exclusiva dos καθαρῶς τε καὶ δικαίως φιλοσοφῶν[14], ela tem de dominar todas as outras ciências e artes: o dialético é aquele que, em perguntas e respostas, sabe prestar contas de seu saber (portanto não miticamente), ela consiste na formação de conceitos, συναγωγή, e em sua divisão, διαίρεσις. 1. Reduzir a multiplicidade da experiência a um único conceito genérico. 2. Decompô-lo em suas espécies, fazer descer, metodicamente, o conceito único, através de toda a escala de suas subespécies, até chegar ao particular. Como exercício preliminar à dialética, Platão recomenda a discussão do conceito por meio de hipóteses, levantando-se todas as consequências que resultam de uma suposição, mas também devem ser levantadas as que decorrem de uma hipótese contrária, a fim de ver se ela é compatível com tudo aquilo que, de outro modo, é reco-

---

14. Dos que são filósofos de modo puro e justo.

nhecido como verdadeiro (ἐξ ὑποθέσεως σκοπεῖν)[15]. De todo modo, ele prepara a lógica aristotélica, esta não teria nascido sem a acentuação platônica e uma práxis da dialética: o ofício propriamente filosófico na Academia. Isso não condiz com a suposição de um pendor natural estético e contemplativo. Quem assim percebe apenas se deixa levar, ingenuamente, pela impressão de todos os diálogos. Em segundo lugar, opõe-se a esta suposição a estranha insensibilidade de Platão para com a arte. As artes miméticas em sentido estrito, como a pintura e a poesia dramática, de forma alguma imitam as ideias, sendo antes φαντάσματος μίμεσις[16], elas não produzem nada efetivo mas antes τοιοῦτον οἷον τὸ ὄν, ὄν δὲ οὔ[17], somente um εἴδωλον[18] das coisas, são πόρρω τοῦ ἀληθοῦς, τρίται ἀπὸ τῆς ἀληθείας[19], os poetas são μιμηταὶ εἰδώλων ἀρετῆς καὶ τῶν ἄλλων[20], a eles a ἀλήθεια permanece estranha. A arte tem por finalidade o prazer, adula as inclinações das massas, seu conteúdo é na maioria das vezes imoral e errôneo, ela habitua o ouvinte desavisadamente a ações e pensamentos imorais. Imitar já é em geral algo moralmente duvidoso. Compaixão, lamúria, hilariedade, a alegria com o infortúnio alheio, cólera etc., são todas paixões nefastas, que a arte incrementa. Impressionante hostilidade para com Homero. O emprego incondicional

---

15. Examinar por hipótese.
16. "Imitação de imagem." Nietzsche cita em grego e comenta o passo do livro X da *República* no qual Platão trata das artes imitativas (*Rep.*, 598 b).
17. O que se assemelha ao que é, mas que não é (*Rep.*, 597 a).
18. "Simulacro." (*Rep.*, 598 b)
19. "Muito distante do verdadeiro, triplamente afastada da verdade" (*Rep.*, 597 e).
20. "Imitam simulacros da virtude e das demais coisas" (*Rep.*, 600 e).

da bitola moral já indica que Platão não possui nenhuma posição direta a respeito da arte, menos ainda a respeito das artes plásticas, que sempre são mencionadas de modo extremamente acessório. O autêntico prazer junto ao real, a plenitude do coração na contemplação do mundo é totalmente estranha a Platão. Seria ainda permitido, a partir do Platão crítico e conhecedor de arte, apelar ao artista Platão. Certo é que seu poder artístico na escritura (que ele próprio não valorizava tanto quanto nós) diminui consideravelmente e que apenas pouquíssimos diálogos são de todo compostos. Sempre mais cinzentos, sempre mais desestruturados (*Parmênides, Filebo*). Mesmo no *Fedro* e no *Banquete* não se deve esquecer a disputa com os prosadores de seu tempo. A força dramática de Platão foi assombrosamente supervalorizada. É bem verdade que a linguagem é de uma riqueza ilimitada, mas o juízo dos antigos era extremamente rude (oscilação entre as modalidades de estilo, exageros, modo ditirâmbico etc.). O grande encanto reside precisamente, também para nós, no fato de que os homens daquele tempo são descritos, de que possamos perceber a linguagem e os costumes da alta sociedade daquele tempo etc. Em suma: o que Platão possui de pendor artístico é apenas uma inclinação acessória de sua natureza, não um pendor principal e dominante. E na verdade esse mesmo pendor foi dominado por outro, pelo pendor moral. Ele é de ponta a ponta um tipo moral (*Ethiker*). A gênese da doutrina das ideias não há de ser compreendida sem esse pendor ético, mas ela pode perfeitamente ser compreendida sem aquele pendor artístico auxiliar. Em terceiro lugar, é notória a prevenção das naturezas contemplativas e artísticas contra a matemática, pois ela considera justamente as formas as mais universais dos fenômenos: espaço e tempo, em oposição à contemplação, que tem em vista apenas o conteúdo do fenômeno. Além disso, o procedimento lógico da matemática é repugnante para tais homens, pois esta fecha a porta ao verdadeiro conhecimento e é tão insatisfatória quanto uma simples cadeia de conclusões: antes de tudo é cansativa a memorização, para ter presentes todas as sentenças precedentes. A experiência confirma que os grandes gênios na arte não possuíam o menor jeito na matemática. Alfieri conta que ele nunca conseguiu compreender sequer a quarta proposição de Euclides. Goethe foi muito frequentemente questionado por sua falta de conhecimento matemático. A isso se contrapõe o alto apreço pela matemática em Platão. Ela é a etapa anterior e necessária para quem quiser aceder à doutrina das ideias. O objeto da ciência matemática encontra-se a meio caminho entre a ideia e o fenômeno sensível. Assim a matemática funciona também como mediadora entre o modo de representação sensível habitual e a pura ciência: ela se diferencia da representação pelo fato de ocupar-se com a essência das coisas, com o que é comum e inalterável; e da ciência, pelo fato de que ela não se ocupa puramente da ideia em si mesma, mas antes só a faz conhecer junto do sensível. A palavra μηδεὶς ἀγεωμέτρητος εἰσίτω[21]. Goethe, III, 215, 40º tomo.

§ 16. O elemento ético na gênese da doutrina das ideias. A admirável elevação e grandeza de sua natureza moral é universalmente reconhecida: no epitáfio, Diógenes Laércio, III, 43, o chama de σωφροσύνῃ προφέρων θνητῶν ἤθει τε δικαίῳ[22]. Olimpiodoro diz, no cap. 6 de *Platão e Homero*: δύο γὰρ αὖ ται ψυχαὶ λέγονται γενέσθαι

---

21. Que ninguém que não seja geômetra entre aqui.
22. Notável entre os mortais pelo caráter justo e temperante.

παναρμόνιοι[23]. O traço ético se sobressai, assim, em relação ao traço estético, que recua. O próprio Aristóteles diz expressamente que Platão partira das investigações éticas de Sócrates para a admissão de um mundo não sensível. Por isso, na culminação do sistema, a ideia do bem permaneceu a ideia suprema. Como o sol é no mundo visível ao mesmo tempo produtor de vida e de conhecimento, que ilumina o olho e torna as coisas visíveis, e ao mesmo tempo, porém, faculta a tudo o crescimento, assim, no mundo não visível, o bom é a fonte do ser e do saber, da faculdade de conhecer e do conhecimento; e como o sol é mais elevado que a luz e o olho, assim o bem é, por sua vez, mais elevado que o ser e o saber (γνῶσις, ἀλήθεια[24]. Verdade do ser, realidade) *República*, VI, 58 e. Aqui torna-se reconhecível o elemento predominante na alma de Platão: este também desempenhou um papel ativo na gênese da doutrina das ideias. A tarefa era encontrar o mundo que o homem verdadeiramente bom reconhecesse como o seu mundo, onde ele não mais se sentisse intranquilo e seduzido, onde toda sensualidade silenciasse, onde não houvesse mais nenhum ver, ouvir e sentir. O ser bom, a perfeição, pertence à essência de toda ideia; não a perfeição estética, mas a perfeição ética. O caráter ideal é algo distinto do caráter genérico comum. O primeiro encontra-se mais ou menos estampado ou negligenciado, enquanto os indícios do último precisam deixar-se encontrar precisamente tanto no exemplar mais imperfeito quanto no mais perfeito. Pense-se no homem ideal e no caráter genérico homem. Mas há duas espécies de homem ideal, duas espécies de caráter

---

23. Dizem que essas duas almas eram em tudo e por tudo harmoniosas.

24. Conhecimento, verdade.

ideal em geral. Platão tem em vista o caráter ideal, mas não como um ideal estético. O ideal estético do homem é visível: os gregos o encontraram e o representaram, ou seja, o ideal estético evidencia-se em formas e linhas fixáveis. O ideal ético nada tem a ver com formas e linhas: τό ἀγαθον é ἀίδιον[25]. Mesmo a ideia do belo é em Platão perfeitamente incorpórea e incolor, não pode ser equiparada a nada que seja particular, nem a um corpóreo particular nem a um espiritual. *Banquete*, 211 a, nada que seja aparentado à aparência pode ser-lhe imputado. A aparência bela é um ornamento incômodo, o degrau de todos o mais baixo na escada da beleza. Esta não é a linguagem do artista, mas antes a do homem moral, que dissolve τό καλόν no τὸ ἀγαθόν[26]. O mal não pode pertencer à verdadeira essência das coisas; ele se dá a sentir imediatamente como algo que não deve ser. [§. 17. Sobre a originalidade da doutrina das ideias.] O impulso (*Trieb*) é inseparável do mal, deve abalar e assim alterar o seu estado. No mal, sentimos a contradição na realidade. O ser verdadeiro só pode ser puro, bom e perfeito.

§ 17. Sobre [a originalidade] do elemento pitagórico na doutrina das ideias.

Já vimos o que significou a doutrina dos heraclíticos e o que Sócrates significou. É estranho que até agora a influência a mais essencial não tenha sido nomeada – a dos pitagóricos. Para isso, devemos, uma vez mais, considerar a posição de Aristóteles, *Metafísica* A, 6: "Depois dos referidos sistemas, diz ele, seguiram-se as investigações de Platão, as quais, a bem dizer, na maioria dos pontos, seguiram os pitagóricos, mas em alguns outros também divergem dos filósofos itálicos. Platão, com efei-

---
25. O bem é eterno.
26. Dissolve o belo no bom.

to, tendo sido, em sua juventude, primeiramente, íntimo de Crátilo e partidário das opiniões de Heráclito, que concebem todas as coisas sensíveis em um fluxo permanente, e que não seria possível um saber sobre elas, também ele mais tarde assim se posicionou. Mas então, por outro lado, Sócrates tomou como objeto de sua investigação o ético, com a exclusão da natureza em sua totalidade, e naquele buscou o universal, tendo sido o primeiro a recorrer em suas reflexões às determinações conceituais. Platão, assim, concordou com ele e chegou à visão de que os conceitos não poderiam referir-se ao sensível, mas antes a algo outro, à medida que seria impossível, junto à mudança incessante do sensível, estabelecer um conceito universal de um objeto sensível. Desse modo, ele nomeou este universal de ideias do ente, a partir das quais todas as coisas sensíveis seriam separadas e delas receberiam seus respectivos nomes, pois o múltiplo existe por causa da participação nas ideias, o qual é homônimo com elas. Aqui, Platão alterou apenas a expressão, pois os pitagóricos fazem o ente existir por meio de uma imitação dos números, e Platão, com outras palavras, por meio de uma participação. Mas o que seja propriamente esta participação nas ideias ou esta imitação, tanto os pitagóricos quanto Platão deixaram de investigar. Além disso, Platão admitiu como intermediários entre o sensível e as ideias o ente matemático, que se diferencia do sensível por sua eternidade e imobilidade, e das ideias, em contrapartida, pelo fato de existirem muitos idênticos a ele, enquanto cada ideia existiria apenas em absoluta unicidade. Portanto, dado que as ideias devem ser as causas do ser das outras coisas, ele qualificou os elementos das ideias de elementos de todos os entes. Como princípio de ordem material, valiam para ele o grande e o pequeno, e como princípio formal o um; pois a partir do grande e do pequeno ele faz surgir as ideias, isto é, os números, por intermédio da participação no um. Mas Platão admitiu, de modo semelhante aos pitagóricos, que o um seja substância e não seja dito meramente de algo outro, e ainda nisto está de acordo com eles, a saber: que os números sejam as causas para os demais seres. Ao contrário, é peculiar a Platão o fato de ter tomado o ilimitado, que para aqueles é o um, como uma díade, e tê-lo deixado subsistir a partir do grande e do pequeno; além disso, Platão separou os números das coisas sensíveis, enquanto os pitagóricos tomavam os números pelas próprias coisas e não instituíram o matemático entre o sensível e as ideias. O fato de Platão ter assim separado os números das coisas e introduzido as ideias, afastando-se dos pitagóricos, deveu-se às investigações lógicas – os primeiros não sabiam nada de dialética."[27]

§ 18. Os números nos pitagóricos. Eles tomaram algo não perceptível sensivelmente pela essência das coisas – mas nisso Parmênides os precedeu. Mas o ente verdadeiro é πολλά[28] – e nesse quesito seu precursor é Anaxágoras. Mas ambos indicam em conjunto seu novo ponto de vista: o ser verdadeiro é múltiplo e não perceptível sensivelmente. 1. Com isso, eles são os precursores de Platão. Os números são a essência das coisas sensíveis, o real propriamente dito, a um só tempo a matéria e as propriedades das coisas: as coisas são engendradas por meio da imitação dos números, pois eles observaram as múltiplas semelhanças das coisas com os números. 2. Nisso eles são, uma vez mais, precursores de Platão, ao dizerem que o mundo empírico é uma imitação dos ver-

---

27. Toda essa extensa citação de Aristóteles encontra-se em *Metafísica*, A, 6, 987 a 32- 987 b 33.
28. Muitos.

dadeiros ὄντα[29]. Os números são a substância das coisas, o protótipo destas últimas, as coisas são, justamente por isso, cópias dos números, pois os números são a essência a partir da qual elas existem, eles são a lei nas coisas, pois a lei está para a realização tal como o protótipo está para a cópia. Recordamos de determinações muito semelhantes sobre as ideias. O grande feito dos pitagóricos também fez bem a Platão: que eles digam contra Parmênides: como uma multiplicidade é possível? Somente pelo fato de que o não ser também é; tem um ser. Este não ser eles o indicam como o ἄπειρον, o *indefinitum*, que não possui nenhuma qualidade determinada; a ele se contrapõe o absolutamente determinado. Todo ente verdadeiro possui ambos os elementos; e a partir do fato de que há dois elementos resulta também a multiplicidade. Também Platão, assim como os pitagóricos, admite um tal ἄπειρον; ele o chama de o grande e o pequeno, isto é, o indeterminado-quantitativo τὸ μέγα καὶ μικρὸν.[30] Para esclarecer a multiplicidade das ideias, aquele ἄπειρον teve de ser admitido, com um elemento da ideia; da mesma forma, para esclarecer a multiplicidade das coisas sensíveis, sob o domínio de uma única ideia. É uma essencialidade invisível e sem figura, que não possui propriedades fixas, sendo antes uma indeterminidade extensiva e intensiva, um não ser. A partir do primeiro elemento τὸ ὄν (a ideia do bem) e do segundo elemento τὸ ἄπειρον (τὸ θάτερον e as ideias, suas diferenças recíprocas) surge a série de ideias particulares. 3. Portanto: Platão faz surgir a multiplicidade das ideias do mesmo modo que os pitagóricos fazem surgir a multiplicidade dos números, a partir do ἕν e do ἄπειρον. Este mesmo

---

29. Entes.
30. O grande e o pequeno.

ἄπειρον Platão o emprega a fim de esclarecer a multiplicidade de exemplares de uma única ideia: ele faz provir do ἄπειρον, da matéria primitiva, uma segunda matéria: [como isso foi narrado por ocasião do *Timeu*].

§ 19. A cosmologia de Platão. A doutrina pitagórica da imortalidade. Vimos que Platão deve a suposição de multiplicidade de ὄντα e de ὄντα não sensíveis aos pitagóricos, assim como a doutrina de que as coisas sensíveis seriam uma imitação daqueles verdadeiros ὄντα. Mas como chegamos a ser capazes de saber algo a respeito das ideias, nós que vivemos unicamente em um mundo empírico? De onde chegamos ao ἴσον[31], ao ἀγαθόν[32], já que eles não se encontram na realidade? De onde determinamos aquela semelhança das coisas com as ideias? Aqui Platão se socorre da doutrina da imortalidade da alma. As almas encontram-se ligadas ao corpo, como diz Filolau[33], por um castigo; o corpo é um cárcere, no qual a divindade a colocou como forma de punição, e do qual elas não podem se libertar por sua própria força. Uma vez tendo se separado do corpo, as almas passam a levar uma existência não corpórea em um mundo superior. Isso, naturalmente, quando ela se mostra digna dessa felicidade. Do contrário, como penitência, ocorre uma migração das almas por diferentes corpos. Platão admite toda essa doutrina. O cognoscente é uma substância

---

31. Igual.
32. Bom.
33. Filolau de Crotona (470-380 a.C.): Filósofo e matemático grego da escola pitagórica. Em Tebas, teria sido mestre de Símias e Cebes, que depois se tornaram discípulos de Sócrates e foram feitos personagens do diálogo *Fédon*. Foi autor do primeiro livro possivelmente escrito por um pitagórico, intitulado *Da natureza*, que teria sido adquirido por Platão após a sua morte. A única fonte sobre ele é Diógenes Laércio.

imaterial fundamentalmente distinta do corpo, chamada de alma; o corpo é um obstáculo para o conhecimento. Por isso, todo conhecimento que nos chega por intermédio dos sentidos é enganoso: o único conhecimento verdadeiro seria aquele que é livre e distante de toda sensibilidade (portanto, da intuição), por conseguinte, o puro pensar, que opera com conceitos abstratos. Pois este a alma o realiza inteiramente por seus próprios meios; consequentemente, ela atingirá seu melhor estado quando tiver se separado do corpo. Uma doutrina plena de consequências exteriores. Somente Locke insistiu novamente na investigação sobre a origem dos conceitos e defendeu que não há nenhum conceito inato. Portanto: 1. Há conhecimento (Sócrates), 2. Mas como ele é possível? Pela preexistência da alma, reminiscência, ἐπιστήμη = ἀνάμνησις[34], cópula (*Verkehr*) com os ὄντα verdadeiros, corpo e sentidos como "véu de Maia"[35].

§ 20. A avaliação pitagórica da realidade. Pitágoras se afigura, para nós, um reformador religioso; é totalmente certo que ele concordava com os órficos na doutrina da migração das almas e com certas observâncias religiosas. Ele busca sua salvação na interpretação mais profunda do culto já muito antigo dos deuses ctônicos. Ele ensinava a compreender a existência terrena como um estado de expiação por crimes antigos. Nele temos um protótipo de Platão, na medida em que ele quer ser um reformador, e particularmente também um reformador político. Por esse lado, Heráclito não ajuda a esclarecer a natureza de Platão. Tampouco o popularíssimo Sócrates, que se detém nos

---

34. Ciência = reminiscência.
35. Referência à ilusão por meio da expressão empregada por Schopenhauer em *O mundo como vontade e representação*, proveniente ela mesma do budismo.

marcos da cidade grega. A apreciação religiosa da realidade e o pessimismo profundo são pitagóricos. Assim como o recurso de instituição de uma seita e a Academia. (Talento para promover pequenos grupos coesos[36])

§ 21. Registro das influências sobre Platão. De Crátilo: modo de pensar desesperado sobre o mundo dos φαινόμενα[37], nenhum conhecimento é possível com o auxílio dos sentidos. Todo sensível está em fluxo. De Sócrates: Influência poderosa da idealidade moral. Modelo na luta contra o seu tempo. Exercício de formação de conceitos e de definições. Direcionamento para a reflexão ética. Dos pitagóricos: a imagem do reformador ético-político, do instituidor de seita. Há muitos ὄντα verdadeiros. As coisas empíricas são suas cópias. A alma é imortal. A vida e a união com o corpo são uma expiação, o filósofo deve, tanto quanto possível, libertar-se do corpo. – Somente depois da admissão entusiástica de elementos pitagóricos forma-se a grande concepção da doutrina das ideias: ao mesmo tempo, a fundação da Academia, e, pouco depois, aparece o primeiro escrito de Platão: o *Fedro*, pleno da exaltação característica do período em que ele foi composto.

§ 22. A gênese do filósofo no *Fédon*, 96 – 102 a. Schleiermacher, Stallbaum, Hermann, Susemihl reconhecem aqui a marcha evolutiva platônica. Boeckh, Üeberweg e Volquardsen (Rhein. Mus. XIX, 505) a supõem socrática. Questão: o surgimento da doutrina das ideias foi descrito, em geral, nesta passagem? A resposta é: não. Mas antes a gênese da διαίρεσις e da ἐπαγωγή, ou seja, da doutrina do conceito socrática. Sócrates conta: quando

---

36. Nietzsche emprega a palavra *oligagogisches* para caracterizar o que poderia ser chamado de "espírito de seita".
37. Fenômenos.

eu era um homem ainda jovem lancei-me, com grande fervor, às φύσεως ἱστορία³⁸. Isso não condiz com os pontos de partida de Platão: ele não encontrou, junto a Crátilo, um estudo apaixonado sobre a natureza. Ainda não era conhecida a doutrina de Anaxágoras; então ele ouviu, certa vez, lerem a partir de um livro de Anaxágoras. Mas, como Platão ainda era jovem, o conhecimento da filosofia de Anaxágoras era completamente genérico (ele nasceu no ano da morte de Péricles). Aí estão duas objeções essenciais. Agora o caráter da gênese: 1º período – Estudo e crítica de diferentes físicos: ele recorre ora a um ora a outro πολλάκις ἐμαυτόν ἄνω κάτω μετέβαλλον σκοπῶν³⁹. Por fim, ele funda aqui para si esta forma de σκέψις ἀφυής⁴⁰. Este é um resultado. O outro é que ele não sabe o que ele visa saber, que ele desaprendeu sua opinião firme de antes, ἀπέμαθον ἃ πρὸ τοῦ ᾤμην εἰδέναι. Sucede um estado doloroso, uma ἀθυμία⁴¹. Mas encontramos também uma ἀθυμία sobre o saber em Platão; teria ela se produzido da mesma maneira? Em Platão, ela é a sentença de Crátilo de que tudo está em fluxo e não admite nenhum saber: não há nenhum saber. No filósofo do *Fédon*, "eu não possuo nenhum saber", as razões, "eu não sei mais explicar o devir. Quando se acrescenta um ao um, πρόσθεσις, surge uma dualidade. Se um é separado, σχίσις, surge uma dualidade: assim ela surge de modos contrários, por meio de aumento e de diminuição. Por conseguinte, não possuo nenhum saber sobre o devir". O que quer dizer: minhas suposições anteriores eram ilógicas: Sócrates está muito distante de um deses-

---

38. Investigações sobre a natureza.
39. Muitas vezes mudei completamente de ponto de vista.
40. Pesquisa não favorecida pela natureza.
41. Inquietude, desânimo.

pero sobre a possibilidade do saber em geral: este se encontra em Platão. Segue-se daí que Platão não pode dizer: a) que ele seja através de si mesmo, b) através de um ir e vir das antigas δόξαι περὶ φύσεως[42], c) que primeiramente alcançou aquela forma particular de saber do não saber, d) e que ele mesmo encontrou o caminho fora. Muito mais o saber do não saber é a famosa marca registrada de Sócrates, não de Platão. 2º Período: De Anaxágoras chega até ele o pensamento fundamental de ὡς ἄρα νοῦς ἐστιν ὁ διακοσμῶν τε καὶ πάντων αἴτιος[43]. Portanto, como resposta à questão sobre o fundamento do devir: a finalidade racional, que tudo na natureza encontra-se ordenado ὅτι βέλτιστα[44]. Vemos que a filosofia encontra-se sempre ainda no interior da φυσικὴ ἱστορία[45]: enquanto Platão começou com um desespero referente à teoria do conhecimento. Quando então o Sócrates do *Fédon* leu novamente Anaxágoras, ele reparou que aquele não empregou em absoluto o grande pensamento, que ele não conhece o νοῦς[46] como αἴτιος[47], mas antes ar, água etc. O Sócrates histórico possui a clara alegria junto àquele pensamento (*Memoráveis*, I, 4, 7 e 8) "de que um νοῦς comanda na natureza, através do qual tudo se comporta εὐτάκτως[48], o todo ἔοικε σοφοῦ τινος δημιουργοῦ καὶ φιλοζῴου τεχνήματι[49]. 3º Período. Ele chega a uma maneira de pensar totalmente nova em relação àquela

---

42. Opiniões sobre a natureza.
43. Que é o intelecto que é o ordenador e a causa de tudo.
44. Em vista do melhor possível.
45. Investigação sobre a natureza.
46. Intelecto.
47. Causa.
48. De maneira ordenada.
49. Parece ter sido fabricado por algum sábio demiurgo e amigo dos animais.

que era a dos físicos. Esta nova maneira de considerar chama-se um ἄλλος τρόπος τῆς μεθόδου⁵⁰, para chegar ao conhecimento, δι' ὅτι ἓν γίγνεται ἢ ἀπόλλυται ἢ ἔστι⁵¹, uma outra ζήτησις τῆς αἰτίας⁵². É uma segunda navegação, δεύτερος πλοῦς. Declaração cortês do descobridor: "ele moldou este modo de conhecer orientando-se ele mesmo pelo acaso", τοῦτον τὸν τρόπον αὐτὸς εἰκῇ φύρω. O pesquisador dispensa a contemplação com os olhos e demais sentidos e busca estabelecer os conceitos das coisas. Seu método: ele estipula hipoteticamente um conceito, que lhe parece o melhor. Em seguida, examina-se o que se segue dessa hipótese, se algum outro está de acordo com a definição. Para cada conceito busca-se então um conceito superior, para cada hipótese, uma hipótese superior, até se chegar àquele que seja satisfatório, ἐπί τι ἱκανόν. O resultado desta δεύτερος πλοῦς são os λόγοι, os conceitos, a descoberta socrática, não platônica (*Memoráveis*, IV, 6, 1/ I, 1, 16 /III, 9; Aristóteles, *Metafísica*, N, 4). Com tal λόγος, Sócrates, em Xenofonte, acredita apreender a essência de cada coisa, e dirigiu para esse fim de maneira ininterrupta sua ambição. Também em Xenofonte todo λόγος é primeiramente introduzido apenas como hipótese e por esse motivo chama-se também uma ὑπόθεσις, IV, 6, 13. – Portanto, a gênese não corresponde à de Platão: daquelas três influências características de Crátilo, Sócrates e Pitágoras, não há nada a reconhecer. Mas antes ela se refere a Sócrates, sem que possamos dizer até que ponto Platão forneceu o desenvolvimento verossível de Sócrates ou proporcionou-lhe um desen-

---

50. Outro procedimento de pesquisa.
51. Por que um vem a ser ou parece ou é.
52. Investigação da causa.

volvimento historicamente consciente. Em todo caso, não se trata de seu próprio desenvolvimento.

§ 23. Platão como homem moral em combate. A força dominante de Platão reside no âmbito moral: e justamente aqui ele se encontra em pleno combate: de um lado, com os antigos atenienses, e acima de tudo aos καλοὶ κἀγαθοι[53], que sustentam tenazmente os costumes tradicionais, e, de outro lado, com os sofistas, que abalam toda tradição. Àqueles ele demonstra a insuficiência e inciência do seu conceito de virtude, porquanto, em lugar de sustentar a virtude na essência, apenas se atinham a esta ou àquela característica mais evidente dela. O curso dos pequenos diálogos é este: estabelece-se o conceito de uma virtude, por exemplo: σωφροσύνη[54], os momentos particulares do conceito são buscados, completados, retificados e o conceito como um todo é novamente rejeitado: um segundo e um terceiro conceito são estabelecidos, modificados e mais uma vez descartados e o diálogo inteiro se encerra com uma dúvida (*Cármides, Laques, Eutífron, Mênon*). Desse modo, Platão luta contra os representantes do conceito popular de virtude. O princípio cardeal dos sofistas é a identidade entre ἡδύ, agradável, e ἀγαθόν. Isso fica claro particularmente no *Górgias*: se Cálicles tivesse de conceder, uma única vez, a diferença entre ἡδύ e ἀγαθόν, então ele também teria de ceder em relação a todos os demais princípios da sofística. A prova contra a referida identidade encontra-se em *Górgias, Filebo* e *República*. 1. Mesmo aqueles que tomam por idênticos o prazer e o bem reconhecem que há também um prazer ruim ao lado do bem, e consequentemente se veem obrigados a tomar o mesmo por bom e

---
53. Belos e bons.
54. Temperança.

ruim. 2. Caso se tomem ambos por idênticos então deve-se tornar o sentimento de prazer a medida do juízo de valor. Isso é absurdo. Justamente no estado doentio do corpo ou da alma aumenta o sentimento de prazer. 3. O bom não pode nunca estar presente com seu contrário: o mau e ruim, ao mesmo tempo, em uma única e mesma coisa; mas o prazer está inseparavelmente ligado ao seu contrário: o sentimento de dor. O prazer consiste na satisfação de uma necessidade, e a necessidade é algo desagradável: no momento da satisfação prazer e dor estão ligados, com a satisfação eles cessam ao mesmo tempo. Esta prova pode ter validade apenas na medida em que o prazer seja compreendido como satisfação de uma necessidade, mas, segundo Platão, este é apenas o prazer impuro e mesclado. Existem, porém, muitas espécies de prazer, inclusive uma espécie de prazer puro e não mesclado. Assim, deve buscar-se um conceito comum para todas as espécies de prazer, para, a partir dele, recusar a identidade entre prazer e bem. É o que acontece no *Filebo*. Há quatro categorias de entes: o ilimitado, o limitado, o que é formado da mistura de ambos e a causa da mistura. À primeira categoria pertence tudo aquilo que não é determinável por nenhuma medida, πόσον, sendo ilimitado tanto em extensão quanto em intensidade. É aí que Platão inclui prazer e dor, com a aprovação do partidário da doutrina do prazer; pois, acreditam eles, o prazer não seria o bem supremo, se ele não fosse ilimitado em extensão e intensidade. Consistindo a natureza do prazer no fato de que ele é algo de indeterminado, algo que não é firmemente acabado em si mesmo, então segue-se daí que a ele não cabe um ser, mas sim um devir. Nesse argumento Platão enxerga a prova principal contra a identidade de bem e prazer. Pois notadamente todo devir é em vista de algo outro, em vista de algum ser, portanto ele não possui em si mesmo seu alvo e sua meta, mas antes fora de si, em um ser, o que impede o conceito de prazer, como um devir, de coincidir com o conceito de bem. Já que este possui seu fim em si mesmo. Além disso, aquele que colocasse a felicidade no prazer escolheria para si um perpétuo devir e perecer, já que este último está necessariamente ligado ao primeiro.

§ 24. Determinação geral da virtude. Sob ἀρετη[55]/, Platão compreende a qualidade de uma coisa, mediante a qual ela é capaz de corresponder à sua finalidade própria. É assim que ele fala de uma ἀρετή dos olhos, dos ouvidos etc. Cada coisa possui a sua própria virtude. A virtude de cada coisa é: a) seu bem verdadeiro: pois o bem de uma coisa não é nada que lhe seja estranho, mas antes o que pertence à sua essência mais íntima, sendo-lhe propriamente originário. A virtude é além disso: b) sua beleza, pois algo é de algum modo belo por meio de seu ser adequado, por sua essência ordenada e plena de medida. A virtude é: c) a verdadeira utilidade e vantagem para cada coisa, pois os conceitos belo e bom estão para o útil na relação de causa e efeito. Dado que, finalmente, tudo o que é conforme à natureza é também agradável, o agradável em geral é apenas um momento do belo e do bom; assim subsiste na virtude de uma coisa também d) o ser agradável ele mesmo. Por conseguinte, a virtude, por exemplo, a do corpo, é a sua aptidão, força, beleza, saúde, bem-estar. Virtude em sentido estrito é a virtude da alma. Ela é o ser adequado à sua essência, no qual ela é capaz de realizar a sua tarefa. Por isso, também o castigo é visto como algo bom, pois, tal como um tratamento médico, repõe novamente a alma em seu

---

55. Virtude.

estado conforme à natureza. Praticar uma injustiça é mais indigno do que sofrê-la, e isso não somente segundo o costume, mas também segundo a natureza. A virtude é o verdadeiro bem da alma: este princípio deve permanecer à revelia de todas as consequências exteriores, sim, mesmo se ela permanecesse oculta para os deuses e desconhecida pelos homens e fosse vista como o contrário do que ela é: tal como o vício é o maior mal possível, mesmo que ele passe por ser o contrário. A virtude é a verdadeira beleza, saúde, força e bem-estar da alma: e a pergunta sobre se é mais vantajoso ser justo e virtuoso ou injusto, caso a injustiça seja capaz de proporcionar as maiores vantagens exteriores, é risível, uma vez que sem virtude beleza, saúde e riqueza não possuem nenhum valor. A virtude não é nada penoso e enfadonho, mas antes, como ser conforme à natureza da alma, ela também deve ser agradável. Precisamente, apenas o virtuoso experimenta um verdadeiro prazer: do âmbito moral não se deve separar o justo, bom e belo do ἡδύ. Se os sofistas declaram o mandamento do autodomínio como indigno do homem livre, a virtude é assim justamente digna do homem livre, pois somente ela é o ser conforme à natureza da alma, não sendo nada que lhe seja estranho e importuno. Δουλοπρεπὲς ἄρα ἡ κακία, ἐλευθεροπρεπὲς δὲ ἡ ἀρετή[56]/. Eis aqui a conclusão fundamental: chamamos de sua ἀρετή o ser de uma coisa que é conforme à natureza e correspondente à sua finalidade. Isso quer dizer que a essência de cada coisa está em corresponder à sua natureza, à sua finalidade ou que a tarefa de cada coisa está em corresponder à sua finalidade? No primeiro caso, uma contradição entre essência e finalidade é sim-

---

56. A maldade é típica de escravos, e a virtude típica de homens livres.

plesmente impensável: toda coisa deve corresponder a seu caráter genérico, cuja finalidade ela deve realizar. Se a ἀρετή fosse essência, então haveria sempre ἀρετή, pois ela coincidiria com o caráter de gênero. Se a ἀρετή pertencesse à essência da alma, então seria impossível haver nela a κακία[57]. Portanto, é o outro que se tem em vista: a virtude é a tarefa de toda coisa de corresponder à sua finalidade. Significa: Platão não se pauta pelo conceito de gênero (o que faz toda alma ser o que é), mas antes pelo caráter ideal. A alma consumada, a ideia da alma, é, ao mesmo tempo, a essência verdadeira, é real. A ἀρετή de uma coisa significa ser conforme a esta realidade. Aqui reside, portanto, o fundamento da doutrina das ideias, ou seja, que apenas a ideia possui ser verdadeiro e essência. Todos os demais predicados são extraídos do ser verdadeiro: verdadeiro, bom, belo, útil.

§ 25. Como a κακία da alma é possível? Por que nem toda alma corresponde a seu caráter ideal? Por ignorância (*Unwissenheit*): pois todas as almas acreditam corresponder a ele por meio de seu agir. (Esta questão é, portanto, reenviada à questão: como o erro é possível?) Ninguém é sem freio e injusto na convicção de que o que ele faz seria para ele um mal, mas antes na falsa opinião de que seria para ele um bem: seria inteiramente falsa a opinião da massa segundo a qual alguém levado pela paixão da cólera, da vingança ou do prazer age contrariamente a seu saber: ninguém seria voluntariamente mau, κακός ἑκὼν οὐδείς. Platão enxerga a fonte de todo mal no desconhecimento daquilo que é bom e justo, na ignorância: ἄνοια νόσος ψυχῆς[58]. O conhecimento do bem possui necessariamente por consequência o agir con-

---

57. O mal.
58. Ignorância, doença da alma.

sequente (*das Grundhandeln*). O saber é a condição fundamental da virtude. Sem o saber, as virtudes são apenas sombras da virtude sem verdade e sem força, de vez que apenas trocam prazer por prazer, dor por dor, o menor pelo maior, enquanto a verdadeira moeda, pela qual se pode trocar todas as outras, é o saber, φρόνησις[59]. O filósofo, cuja vida é guiada pelo saber [pela virtude], possui todas as virtudes. Em função do princípio de que o saber é a condição fundamental para a virtude, segue-se que a virtude também precisa ser ensinável: tudo o que se pode saber é ensinável. Na *República* e no *Fédon* vê-se o quão sem valor Platão considera a prática da virtude por simples hábito pelo destino que ele promete a estes virtuosos (ἐξ ἔθους τε καὶ μελέτης ἄνευ φιλοσοφίας τε καὶ νοῦ[60] ou ἔθει ἄνευ φιλοσοφίας[61]). A expressão paradoxal mais forte é a seguinte: praticar uma injustiça com conhecimento de causa seria melhor (note-se bem: se isso fosse possível!) do que praticar uma injustiça sem o saber (a qual não deve fazer pensar na mentira necessária, aprovada pelo filósofo, isto é, a mentira bem-intencionada!): mas praticar uma injustiça conscientemente é impossível. Por isso, diz-se também a esse respeito em *Hípias menor*: εἴπερ τίς ἐστιν οὗτος[62]). A reflexão é, portanto, a seguinte: todo homem que age age com uma intenção, com uma finalidade: esta é sempre um bem ou parece sê-lo. Pois ninguém, conscientemente, quer prejudicar a si mesmo. Assim, a essência de uma má ação só pode residir em uma falsa opinião sobre o bem. Alguém que

---

59. Prudência.
60. Por hábito e exercício constante, sem filosofia e sem intelecto. (Passagem retirada de *Fédon*, 82 b).
61. Por hábito, sem filosofia.
62. Se alguém assim existe.

tenha reconhecido a verdadeira essência de uma coisa, sua ideia, não poderá senão tornar o bem consumado a finalidade de seu agir: pois tomar um outro bem inferior como finalidade seria agora a mesma coisa que infligir o mal a si mesmo: o que ninguém pode fazer. Caso a visão correta ocupe o lugar da falsa opinião, então, neste caso, o homem agirá sempre bem: portanto, o verdadeiro filósofo é o homem verdadeiramente bom. Enquanto o homem não conhecer a ideia ele não possuirá nenhuma medida para o seu agir; sua ignorância o torna ruim. Toda alma tende ao bem e só pode deixar-se determinar pelo bem, ou seja, ela tende ao seu modelo arquetípico, à ideia da alma. O fato de ambas não formarem uma unidade deve-se à δόξα[63], ao conhecimento multifacetado, que sempre impele a um falso bem como alvo. Parmênides teria concluído: a multiplicidade é um erro, uma ilusão da δόξα, todo mal reside nesta multiplicidade ilusória.

§ 26. As quatro virtudes principais: sabedoria, coragem, σωφροσύνη[64], justiça. Quanto à ὁσιότης[65], mencionada nos pequenos diálogos, resulta que ela é apenas a parte da justiça referida aos deuses: μόριον τοῦ δικαίου τὸ ὅσιον[66]. A alma humana constitui-se de três diferentes partes: a parte pensante, τὸ λογίστιξόν, que reside na cabeça, a parte briosa, θυμοειδές, no peito, e a parte cobiçosa, τὸ ἐπιθυμητικόν, no baixo-ventre. Platão compara o conjunto da alma às forças conjuntas de uma parelha alada e de seu condutor: *Fedro*, 254 a. Estas três partes da

---

63. Opinião.
64. Temperança.
65. Piedade.
66. O piedoso é uma parte do justo (referência ao diálogo *Eutífron*, já mencionado anteriormente por Nietzsche).

alma são estendidas para três classes: governantes, soldados e trabalhadores. Ao λογίστικόν[67] no homem individual corresponde o φυλακικόν βουλευτικὸν γένος[68] na cidade; ao θυμοειδές corresponde o ἐπικουρικὸν[69], e ao ἐπιθυμητικόν o χρηματιστικόν[70]. Pois a cidade é o homem em maior escala, assim como o homem é a cidade em miniatura. À cidade, caso ela seja perfeitamente boa, assim como ao homem individual, devem pertencer as quatro virtudes acima mencionadas; também por esse motivo Platão constrói sua cidade a fim de visualizar nela, em primeira mão, as quatro virtudes, descritas em caracteres maiores; desse modo, as referidas virtudes podem ser investigadas mais facilmente do que em caracteres diminutos, no homem individual.

§ 27. Sabedoria σοφία φρόνεσις νοῦς. A cidade não possui esta virtude em decorrência de conhecimentos particulares de seus cidadãos, mas antes somente quando este saber, que se reporta à cidade como um todo, nos assuntos internos e externos, está presente na classe dos governantes. Esta virtude está vinculada à classe dos governantes e a cidade como um todo deve ser dita sábia por causa desta ciência de seus dirigentes, por mais que esta classe seja a mais reduzida em número. Do mesmo modo, o homem particular possui sabedoria, quando o λογιστικόν[71] possui o saber do que é útil e conveniente a cada uma das três partes da alma e ao todo. À classe dirigente corresponde aqui τὸ λογιστικόν

---
67. Elemento racional.
68. O estamento que guarda e que delibera.
69. Tropa auxiliar, corpo de guarda.
70. O que busca o dinheiro.
71. Elemento racional.

como portador[72] desta virtude. Ele deve dominar sobre o homem como um todo e zelar por ele. A *sophía* é médico, timoneiro e capitão do homem, a arte de tecer do λολιτικός, que entrelaça os fios mais fortes da embalagem com os fios mais fracos da trama para confeccionar o mais belo tecido, a βασιλικὴ τέχνη[73], que nas grandes e nas pequenas cidades combina os componentes mais rudes e mais maleáveis para gerar uma unidade e uma harmonia. – Como se chega à σοφία, ao conhecimento daquilo que, para a alma do homem, é verdadeiramente útil? Pela instrução e pela educação. Mas como ele compreende estas últimas! É falsa a visão daqueles que dizem que o saber é primeiramente plantado na alma através da instrução: não se pode ao cego substituir o olho do corpo. O poder de visão espiritual já precisa estar aí, como origem divina. A tarefa da educação é apenas a de fornecer a este olho espiritual, da maneira a mais fácil possível, a direção correta, isto é, conduzir da semiescuridão enganosa do mundo dos sentidos para a plena luz do sol das ideias; do que está em devir para o que é, para a ideia do bem. Para esta conduz a dialética, que tem como estágio preliminar (προοίμα) a matemática.

§ 28. Ανδρεία[74]. Platão encontra esta virtude em sua cidade, pois ela possui a força, na classe dos guardiões, de manter de pé suas ordens contra inimigos internos e externos. A virtude da coragem na cidade é a perseverança dos guardiões na representação correta daquilo

---

72. Nietzsche utiliza aqui a palavra *Träger* em suas duas acepções de portar e suportar, sustentar. O elemento racional nos governantes seria assim portador e sustentador da virtude da sabedoria.
73. Arte real.
74. Coragem.

que a lei ordena temer ou não temer: e tão firme é ela que esta representação, exatamente como a púrpura no tecido tingido, não pode ser desgastada pela lixívia do prazer e da dor, da cobiça e do temor. O que na cidade é a classe dos guardiões, no homem é τὸ θυμοειδὲς[75]; como a classe dos guardiões deve ajudar e obedecer à classe dos dirigentes, assim este elemento da alma deve auxiliar e obedecer ao λογιστικόν. A coragem consiste no fato de τὸ θυμοειδὲς manter as ordens do λογιστικόν com respeito àquilo que se deve temer e não se deve temer, contra o prazer, a dor e os inimigos externos. Um comportamento que se volta, primeiramente, para o interior e, depois, para o exterior; sempre ligado ao entendimento (*Einsicht*) (deve-se distinguir, fortemente, o θάρρος, o ímpeto cego, da ἀνδρεία). Os deuses plantaram a parte nobre da alma mortal (*Timeu*) no peito, a fim de que ele morasse na vizinhança da razão e em comum com ela contivesse os desejos. A coragem é o cavalo nobre da alma no *Fedro*, que obedece de bom grado ao condutor do carro e o ajuda a domar o cavalo selvagem.

§ 29. Σωφρωσύνη[76]. Esta virtude não se acha vinculada, como a sabedoria e a coragem, a uma classe particular da cidade, mas antes se estende a todas as três e consiste na concórdia e harmonia delas com relação à pergunta sobre qual delas deve obedecer e qual delas deve comandar. E o mesmo se passa no homem individual: concórdia e harmonia das três partes da alma, no consenso de que τὸ λογιστικόν deve possuir o comando sobre o homem como um todo. A visão popular é a de que a σωφρωσύνη seja um domínio dos desejos e um comportamento moderado; nisso ele vê apenas ὥσπερ

---

75. O elemento brioso, irascível.
76. Temperança, moderação.

ἴχνη⁷⁷ da essência da σωφρωσύνη e não a própria essência: pois a submissão dos desejos pode provir de uma fonte outra do que a do entendimento da essência do prazer. Assim o avarento reprime suas demais paixões para satisfazer sua cobiça. Alguns escolhem a morte por temor de outros males maiores e são corajosos por temor e covardia (a verdadeira coragem não enxerga na morte nenhum mal). Assim, existe uma moderação por falta de moderação – pois por medo de ser privado de outros deleites abstém-se de certos deleites e, vencido por um prazer, subjuga outros: assim troca-se prazer por prazer, medo por medo. Muito mais, a repressão dos prazeres provém da σωφρωσύνη unicamente se ela parte do entendimento de que através deles dificulta-se ao λογιστίκον o exercício do domínio – Tampouco já é σωφρωσύνη um temperamento tranquilo e suave, o qual não possui nenhum valor moral; somente por meio do vínculo divino da opinião verdadeira sobre o belo e o bom é que ele se torna σωφρωσύνη. Mas como pode o λογιστίκον predominar sobre o ἐπιθυμητικὸν sendo este inatingível pelos argumentos racionais? O ἐπιθυμητικὸν está sediado entre o diafragma e o umbigo: ele é dirigido através do λογιστίκον por meio de imagens que são projetadas sobre o fígado como sobre um espelho. Oposição da σωφρωσύνη quando o domínio é entregue seja ao θυμοειδές seja ao ἐπιθυμητικὸν. O ambicioso τιμοκρατικός permite que τὸ θυμοειδές governe; todos os outros são regidos pelo ἐπιθυμητικὸν: o ávido de bens, ὀλιγαρχικός⁷⁸, o ávido de prazer, δημοκρατικός⁷⁹, e o tipo sem qualquer freio,

---

77. Como que um traço.
78. Tipo oligárquico.
79. Tipo democrático.

τυραννικός[80]. Livro VIII da *República*. – Como se chega à virtude da coragem e à σωφρωσύνη? Através do hábito e do exercício. Enquanto especificamente τὸ λογιστίκον da alma não mantém com o corpo nenhuma relação necessária, já que ele era antes de tornar-se corpo e continua existindo após a separação do corpo, as outras duas outras partes da alma são contemporâneas ao corpo e existem em função da alma conhecedora, encontrando-se em um vínculo originário com o corpo. As virtudes destas potências da alma são aparentadas com o corpo: e já que elas não são capazes, somente por si mesmas, de entendimento, então, por esse motivo, necessitam de uma formação que vem de fora, a fim de serem conduzidas à virtude através de um exercício que dura muitos anos. Aqui reside a tarefa da educação para a virtude, antes que seja dado o entendimento do bem e do verdadeiro. Por meio da música e da ginástica: a juventude deve crescer em uma atmosfera moralmente saudável e a música deve submeter-se inteiramente a esse fim educativo. A ginástica é uma irmã da simples μουσικὴ[81] e deve causar a abstenção da bebedeira, da voluptuosidade e do amolecimento. Sua finalidade é a de comover e fortalecer τὸ θυμοειδές. A ligação harmoniosa entre ginástica e música deve produzir na alma aquela mescla sábia de dureza e brandura, que é o fundamento natural das virtudes da ἀνδρεία e da σωφρωσύνη.

§ 30. Δικαιοσύνη[82]. Após longas idas e vindas, Sócrates anuncia, por meio de um grito de júbilo, a esperança de visualizar a justiça: reitera-se o princípio batido de que cada membro da cidade deve desempenhar apenas

---
80. Tipo tirânico.
81. Arte musical.
82. Justiça.

uma única ocupação, aquela para a qual ele possui, por natureza, a máxima aptidão. Τὸ τὰ ἑαυτοῦ πράττειν καὶ μὴ πολυπραγμονεῖν[83]. Isso mesmo precisa ser a justiça, pois após a descoberta das três outras virtudes a quarta deve ser a que empresta às outras três a força de sua existência e que as conserva nela. Esta promove a οἰκειοπραγία[84] das três classes: uma total troca de papéis, πολυπραγμοσύνη καὶ μεταβολή[85]/, seria a ruína da cidade. Na essência do justo vê-se também o vigor da definição, atribuindo a cada um o que é seu, excluindo o que é estranho. Assim também no homem individual! Justo é aquele através do qual as três partes da alma fazem o que compete a cada uma. Vê-se que tal homem é justo quando se considera sua vida exterior: fiel e honrado nas transações com os outros, polido na vida privada, totalmente respeitoso em relação aos pais e piedoso em relação aos deuses: pois o homem tornou-se internamente harmônico, de uma multiplicidade fez uma unidade, ἕνα γενόμενον ἐκ πολλῶν, sua vida exterior é consequência de sua vida interior. A injustiça é um estado interno das partes da alma, a insurreição de uma delas. Justiça e σωπρωσύνη encontram-se muito próximas. No *Górgias*, são sempre computadas em conjunto.

§ 31. O grau inferior da virtude. O saber é a pressuposição para a virtude plena e filosófica. Mas existe um grau inferior da virtude. O saber e a opinião correta são os dois guias para que se tome o caminho de vida correto. A segunda leva à virtude inferior, que é, em primeiro lugar, a assim chamada virtude política (a arte política em Temístocles, Péricles e Aristides substitui o saber por

---

83. Fazer o que lhe é próprio e não se ocupar de muitas coisas.
84. Ocupação com negócios particulares.
85. O fazer muitas coisas e mudar de ocupação.

tato certeiro e por um dom divinatório.) Nas *Leis*, ele estabelece como guardiões da cidade, ao lado dos sábios, também τοὺς δι' ἀληθοῦς δόξης ἰόντας[86]. Então, a δημοτικὴ ἀρετή[87] consiste na obediência às leis, sendo um assunto da educação e do hábito – Faltam a esta virtude firmeza e segurança. Assim sendo, ela não é ensinável. (Pois ela é θείᾳ μοίρᾳ[88] e não ἐπιστήμη[89]) É comparável aos adivinhos e aos poetas, que assim como eles dizem muitas coisas corretas, sem, contudo, possuir consciência clara do que dizem. Aos sofistas ele contesta o caráter ensinável de sua virtude: esta é adquirida apenas por ensino e habituação. Juntamente com o entendimento da essência da virtude falta-lhe também o entendimento do seu valor: ela é caracterizada como difícil e penosa, e seu contrário como fácil e agradável. Assim, a virtude é recomendada por suas consequências neste e no outro lado; já os sofistas buscam nos motivos egoísticos o ponto de partida para a sua doutrina da virtude (eles seguem adiante, de modo consequente, e explicam o prazer como virtude, o direito dos mais fortes como o direito natural do homem livre). Segundo Platão, a virtude cidadã vale tanto quanto a opinião correta, seu fundamento: "uma sombra da virtude", σκιαγραφία: como caminhantes cegos, que topam por acaso com o caminho. Por ocasião da migração das almas, serão fixados em um corpo de abelha ou de vespa ou retornarão na classe dos cidadãos cumpridores de seus deveres (*ruhigen*).

---

86. Os que seguem a opinião verdadeira.
87. Virtude popular.
88. Por destinação divina.
89. Por ciência.

§ 32. Εὐδαιμονία[90]. Todos os homens querem ser felizes, aqui eles não se satisfazem com a aparência. Todos buscam uma situação de vida, um estado de alma, no qual eles possam ser verdadeiramente felizes. Três condições são necessárias a fim de que a vida humana verdadeiramente possa ser chamada de feliz, a saber: que ela tenha o fim em si mesma, τέλεον, se baste a si mesma, ἱκανόν, e que ela seja digna de escolha por todos, αἱρετόν. O prazer não preenche tais condições: uma vida reduzida somente ao prazer, sem nenhuma atividade espiritual, sem entendimento, representação, e memória, nem se basta a si mesma nem é digna de escolha. Tampouco o entendimento preenche sozinho as condições mencionadas (cínicos, megáricos): uma vida sem sensação de prazer e dor, em pura apatia, nem se basta a si mesma nem é digna de escolha – é uma vida como a dos deuses, não compete aos homens. Ambas as teorias desconhecem a natureza humana. Portanto: mescla de conhecimento e prazer. Excluídos todos os prazeres, que são obstáculos à razão e ao entendimento, todas as paixões que extraviam a alma, e finalmente os acompanhantes da loucura, da maldade e da desrazão: tudo o que falsifica torna ruim e impuro e não perfaz necessariamente nenhum componente da felicidade. Ao final do *Filebo*, um quadro dos bens. No estágio superior, o bem supremo e a causa da mescla correta (precisamente a ideia do bem, a qual, pelo fato de ser, de certa maneira, cognoscível, também pode chamar-se um κτῆμα[91] do homem). O segundo estágio é designado nos seguintes termos: τὸ σύμμετρον καὶ καλον καὶ τὸ τέλεον καὶ τὸ ἱκανόν[92], a relação correta entre corpo

---

90. Felicidade.
91. Propriedade, bem.
92. A proporção, o belo, o perfeito e o suficiente.

e alma, a harmonia da essência humana. No terceiro, quarto e quinto estágios, os componentes dessa harmonia: razão, as formas de conhecimento inferiores, o prazer puramente sensível. Proclama-se com toda solenidade que o mais virtuoso e mais justo é também o mais feliz. A primeira condição para a felicidade é, portanto, a filosofia: se ela é a única ou se outras circunstâncias, que não estão em poder do homem, também se acrescentam, pode-se duvidar quando se lê que a escolha do destino de vida na migração para o corpo terreno não é franqueada a todos, sendo antes limitada pela ordem determinada da escolha. Na verdade, há a exortação e o consolo de que o primeiro a escolher não escolha de modo descuidado e que o último não o faça desmotivado, já que para este também haveria um bom destino: mas também se indica como algo desfavorável ter de escolher entre os últimos. *Filebo*, 22 b, nomeia como causa de um destino de vida infeliz, ao lado da ignorância, também "uma ligação funesta"[93], ἐξ ἀγνοίας ἤ τινος ἀνάγκης οὐκ εὐδαίμονος[94].

§ 33. [Razões para] a imortalidade da alma. A vida possui para Platão uma significação metafísica que ultrapassa a felicidade sobre esta terra (*Teeteto*, p. 176 a: πειρᾶσθαι χρή ἐνθένδε ἐκεῖσε φεύγειν ὅτι τάχιστα[95]). Por outro lado, todavia, a verdadeira felicidade da existência terrena é a melhor garantia para a felicidade em todo o futuro. Ela é sempre uma felicidade limitada, a saber: por

---

93. Nietzsche traduz a palavra grega ἀνάγκη por 'Verhältnis': ligação, relacionamento. De fato, segundo o *Dictionnaire Grec Français Le Grand Bailly*, a palavra ἀνάγκή pode significar além de necessidade, constrangimento, destino, miséria e sofrimento também os laços de sangue.

94. Por ignorância ou por alguma ligação infeliz.

95. É preciso esforçar-se por fugir daqui de baixo o mais rápido possível.

meio da espantosa associação da alma com o corpo. A vida presente é apenas uma vida semirreal, o corpo é uma prisão e um grilhão para a alma, sim, o sepulcro da alma. O sensível grudou-se na alma como mexilhões e sargaços. Por todo o tempo em que a alma estiver possuída por este mal ela jamais verá a verdade de modo puro. Somente quando os olhos do corpo começarem a apagar-se, os olhos do espírito verão com acuidade. Tarefa do filósofo: libertação do sensível, um morrer prosseguido. As lamentações em relação à sensibilidade valem em função da essência originariamente pura da alma. Mas quem, como o verdadeiro filósofo e virtuoso, determina sua vida segundo a ideia do bem, este alcança a maior semelhança possível com deus (*República*, X, 613, ὁμοίωσις τῷ θεῷ κατὰ τὸ δυνατόν), torna-se um amigo da divindade, que jamais o abandonará, e que a ele outorgará todos os bens, e empregará para o melhor, tanto nesta como em outra vida, a pobreza, a doença e tudo aquilo que passa por um mal, ζῶντι ἢ ἀποθανόντι[96]. Os mitos da *República*, do *Fédon* e do *Górgias* esclarecem as retribuições no além.

§ 34. Razões para a imortalidade da alma. No *Fedro*, é chamada de ἀρχὴ κινήσεως[97], de acordo com o seguinte princípio: o que é movido por outro e atua movendo outra coisa possui também um fim do movimento e um fim da vida. Apenas aquilo que se move a si mesmo jamais cessa, o sempre movido é não engendrado e imortal. Aqui, além do λογιστικόν, ele deixa participar da imortalidade e da preexistência tanto o θυμοειδές quanto o ἐπιθυμητικόν. No *Timeu*, a alma veio a ser; tampouco ela é sem mais ἀρχὴ κινήσεως, mas antes condicionada pelas

---

96. Para os vivos e os mortos.
97. Princípio do movimento.

ideias. A alma é uma composição de diferentes elementos e, por esse motivo, diluível no tempo; as duas partes inferiores perecem: na alma racional a consideração pelo bem impede o perecer: ela é totalmente disposta segundo o belo e bom, como obra imediata do deus supremo: mas seria um crime tornar a dissolver o que foi belamente disposto. Na vontade de deus como vontade do bem ela possui um laço mais firme do que em sua própria natureza. Não há nenhuma prova metafísica, mas apenas uma prova ético-religiosa. No *Fédon* aparece agora uma prova metafísica: contra ela não são levantadas objeções, resta apenas uma desconfiança decorrente da fraqueza humana universal. Também aqui a alma é condicionada pelas ideias: ela não é ela mesma uma ideia, ela não é ela mesma simples e indissolúvel. Ela é apenas, segundo a p. 79 do referido diálogo, mais aparentada ao ideal, ao simples e imutável do que ao material. Mais precisamente, p. 103: a alma está para a ideia da vida na mesma relação que o número três está para a ideia de ímpar, que o fogo está para o calor e que a neve para o frio. Mas resulta agora a diferença de que, se o número par, o frio e o calor se aproximam, respectivamente, do três, do fogo e da neve, estes não necessariamente escapam, mas antes, frequentemente, também perecem; mas a alma, quando a morte se aproxima dela, sempre escapa e nunca cessa de existir enquanto alma, pois ela se mantém numa referência necessária a uma ideia especial, à ideia da vida, a qual exclui de si morte e ocaso, não se referindo a nenhuma outra ideia em cuja essência não houvesse tal oposição à morte e ao ocaso. Portanto, não apenas todo princípio é imortal, mas também o condicionado que mantém uma relação necessária com a ideia de vida. São três estágios. O último é o da prova ontológica, a partir do conceito: uma alma morta é uma contradição lógica. Outro argumento: *República*, X, 609: A vida da alma não é destruída pela perversidade moral, que é, todavia, o mal característico da alma: o que não pode ser destruído por intermédio de seu próprio mal não poderia também ser destruído por nenhum outro. (*Fédon*, 1) a partir da passagem dos contrários um ao outro: tal como os viventes tornam-se mortos, assim também os mortos precisam novamente tornar-se viventes: daí se conclui a preexistência da alma. 2) a partir da natureza do saber enquanto uma reminiscência, tal como no *Ménon*, p. 80, o ensino de filosofia e de matemática só se deixa explicar mediante uma visão das ideias anterior à vida terrena: preexistência. 3) a partir do parentesco da alma com as ideias como seres invisíveis, simples e indestrutíveis. Esta prova exige como complemento a mencionada prova ontológica: por isso são inseridas aqui as duas objeções. || A significação do *Fédon* reside no fato de que uma doutrina, que era o segredo dos mistérios ou das seitas, foi apresentada como uma doutrina demonstrável e filosoficamente passível de discussão. Sócrates pensava de outro modo sobre isso: leia-se a *Apologia*: ele pertencia aos não iniciados. Ele considera friamente as duas possibilidades após a morte, sua filosofia como um todo não é, de forma alguma, uma μελέτη θανάτου[98]. Isso é platônico.

§ 35. Matéria. Todo devir acontece segundo um modelo eterno, as ideias, e por esse motivo todas as formas e qualidades das coisas sensíveis derivam das ideias. Mas nestas coisas reside, além disso, algo que não pode emanar da participação nas ideias, um fundamento que permaneceria imutável no perecer e no vir a ser ainda que fossem suprimidas todas as formas e qualidades (e

---

98. Exercício da morte (pode-se também traduzir a expressão como "cuidado ou preocupação com a morte").

que não se encontra além do devir, como as ideias). Este não corresponde aos quatro elementos de Empédocles, já que estes já possuem qualidades determinadas, nem em geral a uma multiplicidade, uma vez que as propriedades pelas quais os corpos múltiplos se diferenciam uns dos outros devem ser precisamente suprimidas, tampouco a um corpo individual de algum modo determinado, e menos ainda a um caos, em que todas as qualidades surgiriam misturadas e sem nenhuma ordem. É a matéria-prima sem todo e qualquer ser determinado: ἄπειρον[99], *indefinitum*. Tal como muitas estátuas, uma após outra, são preparadas a partir do mesmo ouro, e da mesma cera muitas figuras, assim aquele substrato, que Aristóteles chama de ὕλη, serve de base e fundamento para tudo o que nasce, muda e perece. Já que ela não pode jamais tornar-se outra coisa, ela possui assim certa imutabilidade, uma admirável primazia diante das coisas. As ideias são νοητα[100]\, as coisas sensíveis são δοξαστὰ καὶ πιστὰ[101], e a matéria, estando ainda mais ao fundo (pois não possui absolutamente nada a ver com as ideias) é μόγις πιστόν[102]; e todavia, porque ela é sempre igual a si mesma e imutável, ela se insere, de maneira ilegítima, sem nenhum direito de cidadania, no reino dos νοητά. A dificuldade reside no fato de que Platão a chama também de χώραν e ἕδαν[103] e chama o devir nela como um devir ἕν τινι τόπῳ[104]. A grande questão em disputa é a de saber se a assim chamada matéria nada mais seria talvez do que o espaço.

---

99. Ilimitado.
100. Inteligíveis.
101. Objetos de crença e de opinião.
102. Dificilmente crível.
103. Espaço ocupado e residência.
104. Em algum lugar.

§ 36. Derivação da matéria. Como Platão chega a conservar ainda algo restante, se ele, em uma coisa, abstrai de todas as qualidades e formas? Não se deve confundir esse algo restante com o que a ciência da natureza atomística chama de matéria. A matéria-prima não é de forma alguma este ἄπειρον, ela é um μὴ ὄν. Pense-se, por exemplo, em um cavalo: esta é a cópia da ideia de cavalo, assim como o cavalo imediatamente seguinte e etc. Todos são o mesmo, a saber: cavalos, com referência à ideia, e todavia eles são diferentes, enquanto são vários cavalos. A ideia do cavalo só pode eclarecer o ser o mesmo, ela não pode esclarecer o ser diferente, ela esclarece apenas o ταὐτόν[105], não o θάτερον[106]. Como a ideia é apenas o fundamento para o ser um, para ser o mesmo, é preciso que haja um fundamento para o ser múltiplo e diverso. E assim este se encontra junto a toda multiplicidade das cópias de uma ideia, mas também junto à multiplicidade das próprias ideias. Em uma perspectiva elas são o mesmo, uma ideia é como a outra, a saber: ideia, mas elas não coincidem entre si; consequentemente, deve haver uma diferença, um elemento do ser diferente. Toda ideia particular tem origem por meio do elemento do ταὐτόν, da unidade, e do elemento do θάτερον, do ser diferente. O elemento do ser diferente é em si diferente, isto é, porta nele mesmo todos os motivos da diferença, é indeterminado, ἄπειρον. O elemento que determina e delimita todo este elemento indeterminado, que o transforma em unidade, é τό πέρας[107]; somente através do πέρας cada ideia torna-se ideia determinada, por exemplo: a ideia do cavalo. No interior do raio de ação de uma ideia a ideia é

---

105. O ser o mesmo.
106. O ser outro.
107. O limite.

novamente τὸ πέρας, e as coisas individuais determinadas resultam do ἄπειρον, que é determinado pela ideia. Os pensamentos fundamentais são pitagóricos. No escrito de Filolau os princípios são precisamente τό πέρας e τὸ πέρας, eles se reúnem numa harmonia, que é a unidade do múltiplo e a concordância unânime do diverso. Assim, eles produzem em primeiro lugar, gradualmente, a unidade, depois a série de números aritméticos etc. O fenômeno que ilustra tudo isso é aqui a geração da oitava ou da harmonia em sentido estrito: a partir do diferente e do igual surge uma nova unidade. Assim, em Platão, toda coisa é o resultado de uma mistura de ταὐτόν e θάτερον, a partir da qual nasce τρίτον οὐσίας εἶδος[108]. Agora há em geral três reinos de ὄντα[109]: ἰδέαι, μαθηματικά, σώματα[110]. Para que surjam uma ἰδέα particular, um μαθηματικόν particular e um σῶμα particular, aqueles dois elementos, o elemento do ser um e do ser diferente, precisam se misturar; o resultado da mistura é então o ὄν[111] particular. Os nomes platônicos para os στοιχεῖα são agora: τό ἕν[112] (ταὐτὸν) (para πέρας) e τό μέγα (θάτερον) καὶ μικρόν[113] (para ἄπειρον). Naturalmente, é preciso que o um, em gênero de ὄντα seja outro gênero, assim também no que diz respeito ao ἄπειρον, pois, do contrário, caso fossem iguais, a mistura precisaria ser sempre a mesma, isto é, não poderia haver três reinos de entes. Antes o que acontece é que o ἕν e o ἄπειρον, de que se constituem as ideias, são muito mais elevados e mais nobres do que o ἕν e o ἄπειρον de que se constituem os

---

108. Uma terceira forma de ser.
109. Seres, entes.
110. Ideias, entes matemáticos e coisas.
111. Ente.
112. O um.
113. O grande e o pequeno.

μαθηματικά, e estes novamente são bem mais elevados e nobres do que os de que se constituem as coisas sensíveis. A tarefa de conciliar esses reinos e, portanto, por exemplo, a tarefa de fazer as coisas sensíveis participarem das ideias, cabe às almas, e, antes de tudo, à alma do mundo. Aristóteles, em *De anima*, I, 2, 7[114], diz que Platão forma as almas a partir dos elementos, pois o semelhante se conhece pelo semelhante, mas as coisas se originariam a partir de princípios idênticos àqueles dos quais a alma se origina. Em consequência de sua formação, ela pode conhecer as coisas de duas maneiras: ou ela apreende cada espécie com o conjunto de seus elementos ou então ela apreende cada espécie com um de seus elementos. Portanto, a alma apreende com o primeiro de seus elementos [as ideias] o primeiro elemento das coisas, com o segundo [as coisas sensíveis], o outro elemento das coisas. O segundo modo de conhecimento: a alma necessita de todos os seus elementos para conhecer cada espécie particular das coisas. A alma do mundo veio a ser em consequência de uma dupla mistura.

Primeira mistura: ταὐτὸν θάτερον
   \\   /
   τρίτον οὐσίας εἶδος

Segunda mistura: ταὐτὸν   ἡ οὐσια   θάτερον
   \\ | /
   Alma do mundo

O que significa que as coisas elas mesmas e os princípios das coisas encontram-se misturados para gerar a alma. Os dois modos de conhecimento são agora os se-

---

114. 404 b, 16.

guintes: a) a alma apreende as ideias, os μαθηματά e as coisas sensíveis com o conjunto de seus elementos; b) ela apreende as ideias, por exemplo, com ταὐτὸν [ou] e com a οὐσία [ou] e com o θάτερον, ou seja, ela busca nas ideias, primeiramente, o idêntico (o que faz de uma ideia uma ideia) [ou] pois ela conhece a diferença de ideia e ideia (o que distingue as ideias umas das outras) [ou] pois ela conhece a ideia particular enquanto tal (portanto, não em sua relação com as outras), como οὐσία. Trata-se, portanto, da διαίρεσις, a divisão de um conceito genérico em seus conceitos específicos, que esmiúça um conceito por meio de toda a escala de suas subespécies. O outro modo de conhecimento é a συναγωγή, a compactação de um conceito genérico.

A física de Platão, isto é, a exposição mais próxima de como a alma do mundo cria o mundo, eu a deixo de lado e indico o *Timeu*. Pois aqui não se trata do ser, mas sim do devir; não há então aqui nenhum saber, mas somente πίστεις e εἰκότες μῦθοι[115]. Portanto, assim como diz Platão no *Fédon*: "Que isso tenha acontecido exatamente dessa maneira, afirmá-lo com firmeza, não convém a um homem sensato: mas assim ou de modo semelhante ὅτι ἢ ταῦτ' ἐστιν ἢ τοιαῦτ' ἄττα."[116]

---

115. Crenças e mitos verossímeis.
116. *Fédon*, 114 d.

GRÁFICA PAYM
Tel. [11] 4392-3344
paym@graficapaym.com.br